中华智慧之源系列丛书

《鬼谷子》智慧全解

丁一 ◎ 编著

华中科技大学出版社
http://www.hustp.com
中国·武汉

图书在版编目(CIP)数据

《鬼谷子》智慧全解 / 丁一编著. -- 武汉：华中科技大学出版社，2017.7（2024.4重印）
　ISBN 978-7-5680-2899-8

Ⅰ.①鬼… Ⅱ.①丁… Ⅲ.①纵横家 ②《鬼谷子》-研究 Ⅳ.①B228.05

中国版本图书馆 CIP 数据核字(2017)第 107745 号

《鬼谷子》智慧全解　　　　　　　　　　　　　　　丁一　编著
Guiguzi Zhihui Quanjie

责任编辑：康　艳
封面设计：刘红刚
责任校对：祝　菲
责任监印：朱　玢

出版发行：华中科技大学出版社(中国·武汉)　　电话：(027) 81321913
　　　　　武汉市东湖新技术开发区华工科技园　　邮编：430223

印　　刷：天津中印联印务有限公司
开　　本：710mm×1000mm　1/16
印　　张：24
字　　数：401 千字
版　　次：2017 年 7 月第 1 版第 1 次印刷　2024 年 4 月第 1 版第 3 次印刷
定　　价：45.00 元

本书若有印装质量问题，请向出版社营销中心调换
全国免费服务热线：400-6679-118　竭诚为您服务
版权所有　侵权必究

编者序

中华文明源远流长，国学经典灿若群星。

什么是"国学"？简单地说就是中国传统学术文化（包括经典著作和百家学说）。人们将"国学"进行过多种分类，《汉书·艺文志》将之分为六类：六艺（《易》《书》《诗》《礼》《乐》《春秋》六经）、诸子百家学术、诗赋、兵书、术数、方技（主要指中医学）；《四库全书》将之分为四类：经学、子学、史学、文学；若将中国文化精髓提炼出来，它涵盖了两汉经学、汉赋、六朝骈文、魏晋玄学、唐宋诗词、元曲、宋明理学、明清小说，以及历代史学等一套特有而完整的文化、学术体系；而按照现代学科分类，它则又可分为哲学、史学、文学、语言文字学、中医学、古近代自然科学等。

从国学的传承来讲，许多学者将中华传统文化的基本结构定义为"一源三流"，源头是《易》，三流是儒、道、释（禅）三大派。

在中华文化的历史长河中，《易》是中华文化的源头活水，讲的是天地万物变易之道，仅对人而言，就是命和运，核心是如何认识并改变人生命运。因其成书最早，囊括万物，故被奉为"大道之源，群经之首"。

三流中，释家参悟有无相生，探究死生之道，是出世智慧；道家讲求道法自然，无为而治，是避世智慧；而儒家则是入世智慧，其思想核心是仁、义、礼、智、信、恕、忠、孝、悌，囊括修身、理家、学习、为人、处世、权谋、韬略、治平等内容。国学自夏、商、周三代以来，经过秦汉的发展，至隋唐达到鼎盛。以儒、道、释三家为核心的"国学"，在五千年的历史变迁中，是凝聚中华民族的纽带；在各个朝代的更迭中，国学是牵引中华民族走向一个又一个巅峰的精神力量。作为中国文化主流的儒道两家，正好构成了中国思想当中的两条路向，这两条路向又是互补的。它们像是中国思想中的两条大河，气势磅礴、亘贯古今，两者既相辅相成，又相得益彰，在交融互设中维护着民族精神的平衡。

十九世纪中叶，西学渐进，自然科学的飞速发展，深刻影响、改变了人们的生活方式和思想观念。在这一背景下，一些著名学者将国学看成是中国固有的学术文化，与西学加以区别，代表人物是章太炎和邓实等。显然，这种意义的"国学"就是"中国学"，是针对"外国学"而提出的，这一定义经过几代学者的努力坚守，已为大众普遍接受。

广义的"国学"之兴亡与国家的兴亡紧紧联系在一起。中国是目前世界上惟一一个具有五千年有文字可考历史的国家。人类有很多古代文明，比如两河文明、尼罗河文明、印度文明、玛雅文明等，但它们都断了线，唯有中华文明仍在不断地丰富和发展着，更为博大精深，意境深远。国学是有生命力的东西，一直在中国百姓中世代相传，作为中华传统文化的精华，它已经深深植根于每个中国人的血液与骨髓中，其绵延不绝的文化张力直到二十一世纪的今天依然滋润着人类的心灵，是国人生活行动的指南。

中华民族的伟大复兴，最根本的就是中华文化的复兴。复兴、延续中华文明，是重塑中华民族形象的根本之举。习近平主席在2014年文艺工作座谈会上说："没有中华文化繁荣兴盛，就没有中华民族伟大复兴。一个民族的复兴需要强大的物质力量，也需要强大的精神力量。没有先进文化的积极引领，没有人民精神世界的极大丰富，没有民族精神力量的不断增强，一个国家、一个民族不可能屹立于世界民族之林。""中华优秀传统文化是中华民族永远不能离别的精神家园。"对一个民族来讲，思考如何"为天地立心，为生民立命，为往圣继绝学，为万世开太平"，在全社会重构道德理性与文化情怀，让中华文化的根与魂得以发扬和传承，塑造贯通古今的中国价值和中华精神，恰恰是我们学习国学的积极意义所在。中国文化的发展应该更多地采取融合的方式，在实践的基础上，根据实际需要，有机地融合古今中外文化中一切好的东西，特别是国学中的精华，才能创造出既继承中国传统又适应现代社会，既有民族特色又能够与世界接轨的中国新文化。

今日的中国，物质空前繁荣，造就了重利轻义、追逐物欲、享乐等不良思想倾向，急功近利的浮躁心理使人们的内心不再平静，信仰、诚信、慈爱、友善等传统道德观念面临着严重的挑战。人们向传统文明寻找智慧的渴望，从未像今天这样强烈。国学的智慧可以帮助我们静观己心、自我省察，去除物欲识见，用长远的目光和通达的胸怀，"观物外之物，思身后之身"，将个体的有限生命放到历史长河中去衡量审视，树立正确的人生观和价值观，从而看轻世俗的名利权势、浮华荣耀，忍受道义之路上的寂寞孤独。美国著名作家彼得·圣吉这样说过："西方工业化的力量也是强大的分割的力量，而在中国传统文化中，仍然保留着那些以生命一体的观点来了解万事万物运行的法则，以及对于奥妙的宇宙万有本源，体悟出极高深、精妙而广博的古老智慧。"因此，不管时代如何发展、经济如何与国际接轨，国学都是不能丢弃的瑰宝。

我们在此谈到的国学，主要是指传统经典著作，它们是我们民族文化教育精神的一个庞大载体，高度浓缩了中华五千年文明的精华，是我们民族生存的根基。绝大部分经典，都是关于对真善美的追寻，对人的灵魂的拷问，对人性的深层反思，以及关于信仰信念、思想真理、价值标准的阐释。传统经典中承载的"仁义忠恕孝悌礼信"的道德伦理观，构成了中华传统文化的核心价值体系，凝聚着中华民族的精神密码和文化基因，包含了中华民族生存、发展、富强的大智慧，其中的至理名言、思想精髓，对我们处理人与人、人与社会、人与自然的关系，仍具有普遍的借鉴意义和时代价值。

国学，从来不是仰之弥高的图腾，振兴国学，就是要把国学请下神坛，学以致用。但现代生活节奏越来越快，人们可能很难有精力、有时间去大量阅读国学经典，而且国学经典对普通读者而言，存在语言文字和历史知识的障碍，这使很多人虽有研读的欲望，但因其晦涩难懂，这种冲动往往很容易被扼杀。为了便于读者看懂国学、学好国学，我们在编撰本丛书时经过精挑细选，重视其实用性，并通过精心的排列设计，将原文以点带面地进行了拆分，拆分后的句子短小精悍，独立完整。同时，为便于读者悟透其中的道理和智慧，我们将句子分成五个版块加以注解：一是在句中直接对生僻字作注音；二是对字、词作注解；三是将句子翻译成现代文；四是贯通古今，对书中的道理智慧进行点评；五是提炼句中的哲理，列举生活中的案例加以诠释，使读者能够举一反三，让智慧回归现实。只要我们每天坚持学习一点点，日积月累，有了一定的知识积累后就能事半功倍，再顺藤摸瓜，对整个知识体系形成一个树型框架，抓住了主干和清晰的脉络，所有的难题也就能迎刃而解了。

研读国学经典仿佛徜徉在思辨的王国和知识的海洋里，那么，对于中华文明而言，研读国学经典就是在保护民族精神血脉，建设精神家园，弘扬文化传统；对于个人人生而言，研读国学经典就是在正心修身，提高素养，修炼气质，培养健全高尚的人格，借助古代圣贤的智慧去解决生活、工作中的棘手问题，塑造完美人生。

由于编者水平和知识结构的限制，书中难免会有谬误和纰漏，在此真诚地恳请读者批评指正。

编 者

前　言

鬼谷子，一个传说，一代传奇，有人传他能撒豆成兵，有人说他能呼风唤雨、预知吉凶。这些传言或许有些夸大其词，神乎其神，但在中国古代历史上，鬼谷子的确是一位上知天文、下知地理的博学家。鬼谷子，生卒年不详，姓王名诩，又名王禅，春秋战国时期卫国朝歌（今河南淇县）人，也有人说他是楚国人，纵横家之鼻祖，著名的思想家、谋略家、军事家。因他常入云梦山采药修道，隐居周阳城清溪之鬼谷，故自称鬼谷先生，世称鬼谷子，后人又称其为"王禅老祖"。

关于鬼谷子，史料记载得很少，最早的记载出现在司马迁的《史记》。司马迁在《史记·苏秦列传》中说："苏秦者，东周洛阳人也。东事师于齐，而习之于鬼谷先生。"在《史记·张仪列传》中说："张仪者，魏人也。始尝与苏秦俱事鬼谷先生。"不过，野史以及民间却有很多关于鬼谷子的传说。明代著名小说家冯梦龙所编著的历史小说《东周列国志》中这样说道："其人通天彻地，有几家学问，人不能及。哪几家学问？一曰数学，日星象纬，在其掌中，占往察来，言无不验。二曰兵学，六韬三略，变化无穷，布阵行兵，鬼神不测。三曰游学，广记多闻，明理审势，出词吐辩，万口莫当。四曰出世学，修真养性，服食导引，却病延年，冲举可俟。"鬼谷子不仅被历代纵横家们奉为鼻祖，兵家也相当崇尚其谋略，甚至民间占卜、相面之人也视其为自己的祖师爷。由此可见其影响之深远。

而集其思想之大成者《鬼谷子》一书，思想内容极为丰富，涵盖了哲学、政治学、军事学、心理学、社会学、文学、情报学等多种学科门类，是一部价值独特、色彩神奇的经典著作，历来享有"智慧之禁果，旷世之奇书"的美誉，在中国的传统文化当中享有"奇正诡诈"的评价。说它奇，因为它奇招妙计层出不穷，且招招见血，出奇制胜，令人防不胜防；说它正，因为它遵循自然阴阳之道，紧随事物发展规律，可用来治国安邦，匡行大道；说它诡，因为两千多年来，它在生活中无处不在，人们虽然经常用它来解决问题，可是对它知之甚少；说它诈，因为它犹如一把锋利的宝剑，用于正道可成就功名，无往不利，用于邪路则残害忠良，无恶不作。这就是鬼谷子的思想，用正则更正，用邪则更邪，囊括了奇谋佳策，充满了阴谋奸诈，无所不出，无处不入，究竟如何用，就看你走哪条路了。

当今社会，纷繁复杂，竞争激烈，所有人都在奋力拼搏，以求在竞争中占据一席之地。在这些竞争中，人们不仅要遵守法律、坚守道德，很多时候更需要运用智慧谋略、揣度分析等手段，尤其在商业竞争中，诡辩、技巧、谋略几乎无所不在。所以，在知识经济时代，人们更应该学会运用智慧去量权、揣情，去辨识来自对方的诡辩形式或韬略智谋。于是《鬼谷子》的谋略便格外受到人们的重视。在现实生活中，人们不仅借鉴其军事谋略、外交谋略、政治谋略，而且还将其谋略思想广泛运用于经济活动甚至人与人的交往当中，以助自己平步青云，永立潮头。

《鬼谷子》一书虽然是文学宝库中的一部奇葩精品，但它毕竟年代久远，内容深奥，文字晦涩，现代人阅读起来相当困难。为了让这部经典著作绽放异彩，为在竞争潮中遨游搏击者尽一份绵薄之力，我们特将《〈鬼谷子〉智慧全解》一书奉献给广大读者。本书根据《鬼谷子》的权威版本，甄别、博采众家之长，力求对原文做出精当而顺畅的注释与翻译，并对其精华思想进行细致的解读，精选最具代表性的经典案例，对鬼谷子思想进行佐证、诠释，使鬼谷子的智慧更加大众化，希望能对广大读者有所帮助。

目录 CONTENTS

捭阖第一：掌握规律，顺势而为
　　阴阳开阖，变化之朕 / 2
　　守司门户，察其先后 / 6
　　随其嗜欲，以求其实 / 10
　　开而示之，阖而闭之 / 13
　　阖而取之，阖而去之 / 17
　　变动阴阳，四时开闭 / 21
　　关之捭阖，制以出入 / 25
　　阴阳其和，终始其义 / 28
　　捭阖之道，阴阳试之 / 32
　　阴阳之道，万事之先 / 35

反应第二：知己知彼，方圆有度
　　反史知今，鉴人知我 / 40
　　听话听声，锣鼓听音 / 44
　　钓人合事，得人实也 / 47
　　善反听者，以得其情 / 52
　　欲高反下，欲取反与 / 56
　　量能射意，符应不失 / 60
　　知之始己，而后知人 / 64
　　圆以道之，方以事之 / 68

内揵第三：审时度势，巧言善谏
　　事有内揵，素结本始 / 74
　　善用其意，莫之能止 / 77
　　以变求内，若管取揵 / 82
　　事有不合，不与为谋 / 86
　　必得其情，乃制其术 / 89

· 1 ·

　　　　　　　　合者用内，去者用外 / 93
　　　　　　　　良禽择木，良臣择主 / 97
　　　　　　　　莫知所为，退为大仪 / 101
抵巇第四：见微知著，防微杜渐
　　　　　　　　近不可见，不察其辞 / 106
　　　　　　　　巇始有朕，可抵而塞 / 110
　　　　　　　　通达计谋，以识细微 / 113
　　　　　　　　萌牙巇罅，抵之以法 / 117
　　　　　　　　或抵反之，或抵覆之 / 120
　　　　　　　　时有可抵，则为之谋 / 124
飞箝第五：恩威并施，知人善任
　　　　　　　　度权量能，招贤纳士 / 128
　　　　　　　　诱其吐实，飞而箝之 / 132
　　　　　　　　乍同乍异，说而服之 / 136
　　　　　　　　不可善者，重累毁之 / 140
　　　　　　　　投其所好，崌而箝之 / 145
　　　　　　　　知其好恶，以箝求之 / 149
　　　　　　　　以箝合之，飞箝之缀 / 152
　　　　　　　　空往实来，缀而不失 / 156
忤合第六：进退自如，灵活应变
　　　　　　　　是合是反，因事为制 / 160
　　　　　　　　先而知之，与之转化 / 164
　　　　　　　　站稳立场，随势而变 / 168
　　　　　　　　高瞻远瞩，进退自如 / 172
　　　　　　　　谋虑计定，而后行之 / 176
　　　　　　　　看清时势，利我则合 / 179
　　　　　　　　度己知人，纵横天下 / 183
揣篇第七：揣情度意，权衡得失
　　　　　　　　量权揣情，知其强弱 / 188
　　　　　　　　度于大小，谋于众寡 / 191
　　　　　　　　甚喜之时，不能隐情 / 195

以其见者，知其隐者 / 198
若非揣情，无所索之 / 202
最难守司，时有谋虑 / 205
揣情饰言，而后论之 / 208

摩篇第八：谋之于阴，成之于阳
摩之在此，符应在彼 / 212
主事日成，而人不知 / 216
谋之于阴，成之于阳 / 219
圣人独用，众人皆有 / 223
谋难周密，说难悉听 / 227
摩之所欲，焉有不听 / 231

权篇第九：巧言善辩，量身而说
饰言利辞，假之益损 / 236
言或反覆，欲相却也 / 239
参调而应，利道而动 / 243
口可以食，不可以言 / 247
避其所短，用其所长 / 252
精则用之，利则行之 / 256
言之多类，事之多变 / 259

谋篇第十：多谋善断，出奇制胜
审得其情，以生奇计 / 266
相益则亲，相损则疏 / 270
循序渐进，以制于事 / 274
仁人轻货，可使出费 / 278
因事而裁，此道术也 / 281
因其疑之，因其见之 / 284
符而应之，乱而惑之 / 287
正不如奇，奇流不止 / 290
人之不欲，勿强于人 / 294
不美不恶，至情托焉 / 297
事贵制人，勿制于人 / 301

  顺应自然，无为贵智 / 305
  圣人之道，在隐在匿 / 309
决篇第十一：趋利避害，决情断疑
  决之有利，去利不受 / 314
  欲成其事，微而施之 / 319
  度以往事，可则决之 / 323
  断其可否，可则决之 / 327
  决情定疑，万事之基 / 331
符言第十二：明察秋毫，从善如流
  安徐正静，居上之守 / 336
  辐凑并进，垂拱而治 / 340
  德术正静，勿坚而拒 / 344
  用赏贵信，用刑贵正 / 348
  不耻下问，荧惑不存 / 351
  因循赏罚，为上不劳 / 355
  人主贵周，不周生乱 / 359
  谦恭为上，洞悉天下 / 363
  名实相生，反相为情 / 367

捭阖第一：掌握规律，顺势而为

"捭"，开启；"阖"，闭藏。"捭阖"即为开合的意思。鬼谷子说："此天地阴阳之道，而说人之法也，为万事之先，是谓圆方之门户。"在鬼谷子的思想中，"捭阖之术"是世间万物发展变化的普遍规律，只有掌握了"捭"与"阖"的关系，才能更好地解决事物矛盾，更好地为人处世。

阴阳开阖，变化之朕

粤若稽古①，圣人之在天地间也，为众生之先②。观阴阳之开阖（hé）以名命物，知存亡之门户③，筹策万类之终始，达人心之理，见变化之朕④焉，而守司⑤其门户。故圣人之在天下也，自古及今，其道一也⑥。

【注释】

①粤若稽古：顺着一定的规律去考察历史。粤，发语词，没有实在意义。若，顺着。稽，考察。②众生：指自然界一切生灵。先：先知先觉。③知存亡之门户：知晓生死的关键所在。④朕：征兆，迹象。⑤守司：把握，掌握。⑥其道一也：指圣人的道是恒一不变的。

【译文】

考察古今历史，可以知道圣人是天地间芸芸众生的先导者。圣人们能够通过对世界上万事万物阴阳开合的变化来揭示它们的本质并给它们命名，能够知晓世间万物生成、发展、灭亡的关键所在，洞察万物发展的始终，而且能够深入人们的内心，洞察世人的心理变化规律，掌握事物、人事的发展征兆，从而把握其关键所在。所以，圣人在人世间、在社会上立身处世，从古到今，都遵循同一个大道。

【智慧全解】

鬼谷子认为，圣人之所以为圣人，关键是懂得阴阳开阖之道，用现代的话来说，就是要与时俱进，顺应时代发展的潮流，遵循天下兴衰更替的规律。孙中山提倡"兴亡之道，敢为天下先"，其实也是这个道理。"敢为天下先"的先决条件，就是要顺应时代之潮流，遵循一定规律：一是要顺应历史大势，二是要顺应领袖贤愚，三是要遵循民心向背。这三个要素直接决定着事情的发展趋势及事业的成败。

无论在战争中，还是在商界里，要想占据领先地位，取得成功，都要懂得阴阳开阖之道，万物变化之理，遵循"敢为天下先"的兴亡之道。一个企业，只有顺应时代发展的需要，洞察商业先机，坚持自己的品牌战略，并由一个卓越的领袖带领，才有可能迈向辉煌。就拿微软公司来说，该公司引领着全球信息化的浪潮，倾力发展小型家用计算机，给人们的生产和生活带来了巨大便利。至于这艘商业巨轮的舵手比尔·盖茨，即使除去"世界首富"的炫目光环，我们依然能感受到他那份难得的执着与睿智。在一次接受《金融时报》采访时，比尔·盖茨诚恳地说："我也曾有过颓废和虚怯。微软公司在起飞过程中遇到的困难和阻力一次比一次大，从技术难关、竞争对手的围攻到政府的指控，如果我不是最终以勇气和毅力战胜颓废和虚怯，把难关变成发展的机会，恐怕早就被市场竞争的浪潮淹没了。"

无数事实证明，"兴亡之道，敢为天下先"的道理从古至今都是一样的，它不仅需要领袖具有远见卓识的能力、"冒天下之大不韪"的勇气，还需要其顺应时代的发展潮流，并具有坚定不移的气魄。

【阅读延伸】

春秋前期，齐国出现了一个大政治家，名叫管仲，他辅佐齐桓公九合诸侯，一匡天下，使齐国成为五霸之首，使鲁国也不得不臣服于其下。然而，管仲去世后，齐国就一蹶不振了，直到齐景公时，齐国又出现了一位贤相晏婴，齐之国势才又逐渐上升，鲁国又被齐国压制于其下。

然而，就在这时，鲁国出了一位名叫孔丘的大思想家。孔丘学识渊博，颇受鲁定公器重。在齐鲁夹谷之会上，鲁国因为有孔丘的辅佐而占了上风，齐国落败。齐景公为此甚为担忧，便召来大夫黎弥征求应对之策，"如今，鲁国慢慢地强大起来，并有了压倒我国的势头，你看我们该如何是好呢？"黎弥也是一个颇有智慧之人，他回答说："这有何难，俗话说，擒贼擒王，只要我们制住关键人物，鲁国就压不到我国头上。也就是说，只要我们想办法把孔丘挤走，鲁国就强盛不起来。"齐景公说："嗯，我也知道这个道理。可是鲁定公如今非常信任孔丘，我们怎么才能把他挤走呢？"黎弥说："这个容易，鲁国国君本来就是一个好色之人，他的手下里也会有这样的人物。而孔丘却要求'政者正也'，一再强调国君要为全天下人做表率。我们可以给鲁君送一队女乐，让他沉迷其间。孔丘见国君如此，一定会又生气又担忧，一定会去劝阻，劝阻得多了，鲁君一定会生气，进而疏远他。如此一来，孔丘必定会感觉前途黯淡，一定会自动离开。"景公一听，连连称好，于是依计而行，命令黎弥去挑选了 80 名美女，教以歌舞，授以媚术，训练成熟之后，又选出 120 匹好马，特别修饰，配以雕鞍，连同美女，一起送到鲁国，暂时被安排到鲁都城南门外驿馆中。

鲁国有一位很受鲁定公宠爱的大臣，名叫季斯，此人也是一个好色之辈。他首先得到了这个消息，心中别提多高兴了，为了探知虚实，便换了便服，乘车去南门外偷看。只见齐国美女轻歌曼舞、妖声遏云、舞态弄风。季斯直看得涎水直流、意乱神迷。从那以后，他天天微服去南门外欣赏，甚至把朝见君主的事都抛在了九霄云外。直到鲁定公三番五次宣召，才把他召进殿里。定公把齐国赠送美女、名马的信交与他看，商量定夺之策。季斯一个劲儿地怂恿鲁定公答应下来，并添油加醋地描述起齐女之美态，直把定公说得心荡神迷、按捺不住，当即换上便服，与季斯前去偷看。

齐国的使者认出了鲁定公，心中窃喜，知道事情已经成功了一半，于是暗中传令，让舞女使出全身解数，卖力表演，以诱惑鲁定公，直把鲁定公看得神荡魂飘，齿酸涎流。他立即回宫，传令召见齐国使者，表示愿意接受齐国的美女名马。从此以后，鲁定公果然沉迷于美色之中，疏于朝政，把国家大事抛到九霄云外。

孔丘听说后，赶紧前往劝谏，可是鲁定公哪里肯听呢？孔丘接二连三地劝说，鲁定便疏远了他。孔丘受到冷落，心灰意冷。他的弟子子路劝他离开鲁国，四处周游，访求贤明之君。可是孔丘不甘心，说："再过几天就是郊祭大典了，看看国君的表现再说吧！"谁料，到了郊祭那天，鲁定公完全不在状态，一副心不在焉的样子，草草祭完，连祭肉都没顾上分割发送，便急急忙忙回宫享乐去了。孔丘心中长叹，终于下定了决心，离开鲁国，开始了他那长达14年的周游。自此之后，鲁国一蹶不振，成了齐国的附属国。

在这一场较量中，齐国取得了胜利。之所以有这样的结果，正是因为齐国懂得阴阳开阖之道，知道决定存亡的门户所在，他们通过观察阴阳、分合等自然现象的变化，对世间万事万物的变化进行辨别，并进一步了解和掌握事物的本质属性，从而找到解决问题的关键所在——鲁定公的好色，孔丘的失望，于是对症下药，使了个美人计，离间了鲁定公与孔丘的关系，气走使鲁国走向强盛的关键人物孔丘。鲁国因此而落了下风，逐渐沦为齐国的附属国。

守司门户，察其先后

变化无穷，各有所归①，或阴或阳，或柔或刚，或开或闭，或弛或张。是故圣人一守司其门户，审察其所先后，度权量能，校（jiào）其伎巧短长。②

【注释】

①各有所归：世间万物的发展变化都有一定的规律。②度权量能，校其伎巧短长：度量万物的才能，比较万物各自的优劣。权，权变。能，才能。校，比。伎巧，工巧的意思。

【译文】

世间万事万物的变化尽管是无穷无尽的，但都有其自身的本质和发展规律：有的阴，有的阳；有的柔，有的刚；有的开放，有的闭合；有的松弛，有的紧张。所以，圣人掌握了事物关键，就能考察事物的先后顺序，度量万物的才能，比较万物各自的优劣。

【智慧全解】

鬼谷子认为，世间万物千变万化，但都有其固有的规律可循，这些规律是客观存在的，我们可以认识并掌握它。随着时间与知识的增长，我们对规律的认识会越来越深刻，慢慢地，我们就可以把它们整理成知识，然后利用这些规律进行实践活动。

阿基米德曾说："给我一个支点，我就能撬动地球。"这个支点之所以能撬动庞大的地球，最重要的一点就是他找到了其中的客观规律，这就是杠杆原理。这个支点是起着决定作用的关键点，也就是做事的突破口。

在处理事情的时候，如果遇到瓶颈或是碰到麻烦，不要死磕，不妨停下来，仔细寻找一下事情的规律，从中寻找突破口。这就好比遇到一头犟驴，如果驴不愿意走，无论怎么拉它、抽它，它都不为所动，这样的犟驴，人们很难制服，之所以这样，主要是因为驱使者没有找到驴的死穴，即驴子肚皮中点至脊柱中点这条弧线的左侧方约五分之一处的地方，如果驱使者往那里踢上一脚，驴就会乖乖听话，什么驴脾气都没有了。这个死穴就是收拾驴的突破口。找到了突破口，问题解决起来就变得容易多了。

古今中外，大凡成功者之所以能够世事洞明，显名远扬，功成名就，其最关键的因素就是他们始终遵循着事物变化的规律行事，或阴或阳，或刚或柔，或开或闭，或张或弛，守司门户，察其先后。

【阅读延伸】

话说刘邦建立西汉后，想到的第一件事要犒赏那些跟随自己出生入死打天下的众将士，也就是分封功臣，他一口气分封了张良、萧何、曹参等20多个大功臣，然而，他的做法却引起了众多中小功臣的不满，这些人争先恐后地在刘邦面前表功，希望得到分封，可是到头来分封名单中却没有自己，抱怨之声盈满朝堂。刘邦为此很是发愁，不知道该如何安抚这些人，一来二去，分封的事就耽搁下来。

他这一耽搁不打紧，更大的危机降临到汉家王朝。原来，那些还没有得到封赏的众将领整日仰望权贵齐天的汉朝皇帝，内心开始不平衡起来，他们认为，楚汉争霸多年，自己在其中立下了不小的功劳，现如今，刘邦得到了天下，却忘记了自己的功劳，这些人哪里能服气呢？他们纷纷焦急万分地观望着朝廷的动向。

有一天，刘邦坐在洛阳南宫，放眼望去，见远处不少将领三五成群地聚集在沙地上，神情激动地低声交谈。他心中纳闷至极，便问陪在身边的留侯张良："那些人神神秘秘地在说什么？"

张良当然知道下面众将领的不满，于是便直截了当地回答："陛下不知道吗？他们在谋反。"

"什么？"刘邦一听，震惊不已，"天下刚太平安定，他们为何要造反？"

张良解释道："陛下由布衣起兵，依靠他们才夺得天下。如今陛下做了天子，封赏的功臣都是同陛下关系密切、受陛下喜爱的人，杀掉的都是陛下平时切齿痛恨的仇人。他们既担心得不到您的封赏，又害怕您记恨他们平日的过失而杀了他们，所以聚在那儿准备造反呢！"

刘邦听后，觉得张良所言似乎有些道理，马上担忧起来，急切地问道："那现在我怎么办才能阻止他们造反呢？"

张良沉思良久，之后反问刘邦："陛下平日在众将中对谁最憎恨、最讨厌而且是群臣都知道的？"

刘邦说："雍齿啊，他曾好几次背叛我投降他军，让我蒙受奇耻大辱，逼我陷入困境，还差点丧命，这是很多人都知道的。提起他我就恨得牙根直痒，真想把他杀了，只是念他功劳显赫，又和我是同乡，所以一直不忍心下手。"

张良认真地说："那就先封雍齿，群臣见陛下连痛恨的雍齿都能封赏，就确信自己也能得到封赏了，军心也就安定了。"

刘邦尽管心有疑虑，但是为了朝廷的稳定，还是采纳了张良的建议，马上摆酒设宴，召集群臣开怀畅饮，对自己所憎恨的雍齿论功行赏，封其为"什邡侯"。

这场酒宴可谓是满朝上下一片祥和，大臣们个个笑逐颜开，酒宴结束后，私底下纷纷议论："陛下把平时最憎恨的雍齿都封侯了，我们还有什么可担心的呢？"

捭阖第一：掌握规律，顺势而为

　　消除了大家的疑心后，刘邦命令丞相和御史们加快论功封赏的步伐，对有功之臣加官晋爵。如此一来，众将领的不满平息了，政局也得以稳定。此举为汉初的发展打下了坚实的政治和群众基础。

　　张良之计之所以能取得如此好的效果，关键在于他的做法抓住了行赏的"门户"，分封雍齿，让众将领安了心——皇帝最憎恨的人都得到了封赏，自己还担心什么呢——这样一来，这些人的心就安定了，把可能使汉王室时局不稳的因素消灭于萌芽之中，减少了汉王室的后患。如果没抓住这个突破口，就算刘邦分封再多的人也无法达到赢得人心、稳定政局的目的。

随其嗜欲，以求其实

夫贤不肖、智愚、勇怯有差，①乃可捭（bǎi），乃可阖；乃可进，乃可退；乃可贱，乃可贵，无为以牧之②。审定有无与其实虚，随其嗜欲以见其志意。微排③其所言而捭反之，以求其实，贵得其指④；阖而捭之，以求其利。

【注释】

①贤：有德才的人。不肖：不具有德行、才能的人。有差：等级。②无为：顺应自然。牧：治理，处理。③微排：暗中排查。④得其指：得到对方的真实目的。指，通"旨"，主旨。

【译文】

贤良者、不肖者、智慧者、愚蠢者、勇敢者、怯懦者，是有差别的，应该根据情况区别对待，或捭或阖，或进或退，或贱或贵，顺应每个人的特点控制他。如果想审察对方的有无、虚实，通常要顺着他的爱好和欲望来发现他的志向，暗中排查其言辞，然后根据已经知道的情况反问过去，以便探清实情，了解他的真实意图，先不开口，诱导对方说话，就可以探知对方的利益所在。

【智慧全解】

　　鬼谷子认为，世上之人有贤良与不肖、智慧与愚蠢、勇敢与怯懦等区别。无论是在国与国之间游说，还是在现实生活中与人交往，都应根据具体情况，分清不同对象，区别对待。要善于找到对方的优势与弱点，见缝插针，来达到自己的目的。

　　在人际关系中周旋，最好的策略就是抓住对方的弱点并使之为己所用。人无完人，世上的任何一个人都不可能完美无缺，都有会各种缺陷、弱点，这就好比孔雀，在开屏的时候仪态大方，美得不可方物，可是却把丑陋的屁股显露了出来。成功之人之所以成功，就在于他们善于洞察对方的特点，从中寻其弱点，抓住其弱点，对之进行攻破。由此可见，练就一双识人的慧眼，隔着肚皮去读懂人心，是立足于这个以人为本的社会中成就一番大事业的必备条件。

　　我们中国人有句俗话，那就是"打人不打脸"，每个人都"好面子"，这是人们普遍具有的特点，也是人性的一个弱点。任何人都有虚荣心，都希望在他人面前挣面子，因此，在与人相处中，我们要善于利用人性的这一弱点，在人的虚荣心上大做文章，给足对方面子，使其为我所用，我们就可能从中获得巨大的实惠。

【阅读延伸】

　　春秋末期，齐国举兵攻打鲁国。鲁国比较弱，而齐国很强大，这一形势对鲁国而言相当危急。子贡得知后立刻跑到齐国游说，他首先拜见了田常。因为他知道田常是个野心家，正谋划着篡位夺权，想借助这场战争来铲除异己，于是子贡对田常说："忧在外者攻其弱，忧在内者攻其强。"劝田常不要攻打弱小的鲁国，而应该去攻打强大的吴国，这样做才能制造更大的声势，达到自己不可告人的目的。

　　田常听了子贡的话，有些动心，可是当时齐国已经做好了攻打鲁国的准备，怎样才能使其掉转矛头去攻打吴国呢？田常找不到借口，发了愁。这时子贡笑着说："我可以为你效劳，我马上前往吴国，说服吴王夫差救鲁攻齐，这样一来，您不就有理由跟吴国开战了吗？"田常痛快地答应了。

子贡马不停蹄地跑到吴国，对吴王夫差说："大王，如果齐国攻下鲁国，势力增强，一定会掉转过头来攻打吴国，到时您可就麻烦了。常言道：'先下手为强，后下手遭殃。'为了避免以后麻烦，您为何不现在就与鲁国联手攻打齐国呢？吴国也正好借这个机会成就一番霸业。"夫差觉得子贡说得很有道理，不过，他也有些担心，怕自己的老对手越国趁机在背后攻打自己。看到吴王夫差有些犹豫，子贡马上说："大王不用担心，这事交给我吧！"

子贡离开吴国，马上赶往越国。到了越国，他又费尽口舌说服越王跟吴国一起攻打齐国，这样就解除了夫差的后顾之忧。做完这一切后，子贡转念又一想：吴国战胜齐国后，一定会趁机要挟鲁国，那样的话，鲁国照样会有麻烦。想到此，子贡又悄悄来到晋国，向晋定公讲明利害关系，游说他赶紧备战，以防止吴国进犯。晋定公压根没朝这方面去想，现在听子贡这样一讲，顿时吓出一身冷汗，心想："对啊，吴国如果取得了胜利，国力一定大涨，而夫差又是一个野心极大的人，到时说不准真的会来攻打晋国。我怎么没想到这一点呢？幸亏子贡提醒！"于是赶紧下令全国进入战时状态，做好战前准备。

后来，齐国兴兵伐鲁，夫差果然率十万大军攻齐救鲁，越鲁两国也派兵参战，齐国大败，只得求和。夫差也果然趁着胜利之势，转而攻打晋国，而晋国早有防范，很快就打退了吴国。如此一来，鲁国不仅得救，前来救鲁的这些国家，也没能从鲁国得到什么便宜。

子贡真可谓是一个擅长洞察人性、善于捭阖之术的人物，他知道人有勇怯、贤愚之分，国家也有利益矛盾之别，于是他充分抓住各个国家的需要与国君的心理，利用他们之间的矛盾，区别对待，向他们讲明各自的利害关系，巧妙周旋，实现了自己的预期目的，从而解除了鲁国面临的亡国之危。

开而示之，阖而闭之

或开而示之，或阖而闭之。开而示之者，同其情也；阖而闭之者，异其诚①也。可与不可，审明其计谋，以原其同异。离合有守，先从其志②。

【注释】

①异其诚：考察对方诚意如何。②从其志：掌握对方的思想。从，跟从，掌握。志，意愿，意志。

【译文】

或者把自己的真实情况向对方公开，或者不公开自己的真实情况，而是隐藏起来，不让对方知道。向对方展示自己的真实情况，是用赞同的办法使双方思想相合；把自己的真实情况隐藏起来，是用反对的办法来试探他的诚意。以上办法可用还是不可用，首先要弄明白对方的想法与谋划，以此来查明己方与对方是相同还是不同。是离是合需要等待时机，先尽量满足对方的意愿，然后适时而动。

【智慧全解】

日常生活中，有人口若悬河，有人沉默寡言。不过，人们普遍认为，喜欢说话要比不喜欢说话好一些，人们似乎也更愿意接近那些爱说话的人，这样的人至少显得情商高一些，在社会上似乎更吃得开。这话听上去好像有些道理。但是，喜欢说话并不等于会说话，这一点一定要区别开来。鬼谷子认为，真正会说话的人，懂得什么时候该说，而且一开口就能说到点子上，能发挥最大的效用；到了该沉默的时候，他们一定会保持沉默。

很多人认为，直言上谏是一种应该褒奖的行为，历史上也曾涌现出很多可歌可泣的谏臣，可是再来细看，那些直言上谏的忠臣们都落得个什么样的下场呢？善终者少之又少，大多数遭到祸患、无疾而终。会说话的人绝对不会不顾一切地直言，以至于落得个人头落地的悲惨结局，他们该直言时才会直言，直言时一定会斟词酌句，说出的话掷地有声，以达到救人危困的目的。假如直言变成了激愤之辞，就有可能言而无功，甚至殃及自身，所以进谏也要瞅准时机。

俗语说："病从口入，祸从口出。"在日常生活中，每个人都经历或是遇到过因为说话不当而产生矛盾的事情。所以，古往今来，许多人都把"沉默是金"作为自己立身行事的一条原则。唐朝诗人刘禹锡的《口兵诫》说："我诫于口，唯心之门。毋为我兵，当为我藩。以慎为键，以忍为阁。可以多食，毋以多言。"可见人们对言多语失是何等的慎诫。时至今日，我们虽然不再崇尚"沉默是金"的信条，但在某些场合，还是少说为宜。

与直言相比，沉默好像很简单，其实不然，要做到沉默还真的不容易。历史上，面对高高在上的君主，很多名臣都曾面临说与不说的抉择。尤其在涉及道义问题的时候，这种抉择将变得非常艰难。一言不慎而杀身成仁者，哪个朝代都有。尽管赢得青史美名，但毕竟是悲剧结局。"伴君如伴虎"这句话，道尽了臣子们的这种尴尬与无奈。而对于一些朝臣而言，让他遇到一些当讲之事却一直保持沉默，又有违自己的良心或职责。所以，在说与不说的问题上，确实集中反映了一个人的智慧与谋略。

鬼谷子认为，在敌我双方的局势尚未完全明朗，或者说敌方的力量远大于自己的时候，采取附和或者沉默的方式来应对，同时积极谋划以图大事，才是一个智者所为，而这也正是鬼谷子捭阖之道的精髓所在。

【阅读延伸】

大家都知道唐太宗是一代明君，善于纳谏，把唐朝治理得井然有序，繁荣昌盛。然而当唐太宗看到举国上下一片祥和之时，便产生了骄傲情绪，身为谏臣的魏徵哪能置之不管、沉默不语呢？所以他一直想找机会向唐太宗进谏。

有一天，唐太宗又新添了一个皇孙，高兴之余，便设宴庆贺，大臣们都受宠若惊地去了。席间，太宗高兴地说："贞观之前，随我夺取天下的是房玄龄；贞观以来，帮我纠正错误的是魏徵。"说完便差人取来两把漂亮的佩刀，赏给了房玄龄和魏徵。房玄龄爽快地接受了，而魏徵却一副忧虑重重的样子，坚决不接受，并言明他受之有愧。太宗很纳闷，不知他为什么要这样说，急问："你说这话是什么意思？"魏徵说："这些年来，政事已经比不上贞观之初了，这说明我没有尽到纠正各种错误的职责，所以臣受之有愧。"太宗更加不解，问："难道我的政事比不上过去了吗？"魏徵说："陛下权威比贞观初年高了很多，但是人心悦服这一点却不如过去了。"太宗追问道："从何说起呢？"魏徵说："陛下以往始终为国事担忧，所以政绩越来越好。而现在则以为国家治理得很好了，心安理得起来，所以不如以前了。"太宗说："我现在做的，还是过去那些事啊，你为什么会说不同了呢？"魏徵回答说："贞观之初，陛下唯恐群臣不提意见，经常鼓励大家，遇到有人进谏，都是很愉快地接受。可是近年来，虽然也能接受一些意见，可是从内心里感觉不舒服。"太宗听了有点吃惊，急忙问："何以见得？"魏徵顺势说："陛下刚即位时，判元律师死罪。大臣孙伏伽进谏，认为按照法律不应该判他死罪。陛下欣然接受了意见，并赏给他一座很大的园子。有人说赏得太多了，陛下却说，'即位以来，还没有人向我提过意见，孙伏伽是头一个，所以朕必须厚赏他。'这是您主动引导人们进谏。"魏徵看唐太宗并没有因为自己的话而发火，就接着说："前不久皇甫德上书，说修洛阳宫是劳民伤财的事情，收地租是剥削百姓，妇女流行高髻是宫中传出的奢靡之风。陛下却发怒了，不仅狠狠地训斥了皇甫德参，还以诽谤之罪惩办了他，臣苦苦劝说陛下，陛下才没有将其治罪，陛下虽然接受了意见，但接受得非常勉强。"

唐太宗因为得了皇孙，心情特别好，所以听了魏徵的谏言，没有恼怒，而是拍掌大笑道："好，我要把你刚才的话抄录下来，早晚阅读，以提醒自己，并要史官写入史册中。"

魏徵批评唐太宗，很会挑时机，挑在唐太宗心情愉悦之时，这才使皇帝欣然接受了劝谏。这说明魏徵非常精通"开而示之，阖而闭之"的道理，知道什么时候该说，什么时候该保持沉默。

阖而取之，阖而去之

即欲捭之贵周，即欲阖之贵密。周密之贵微，而与道相追。①捭之者，料其情也；阖之者，结其诚也。皆见其权衡轻重，乃为之度数。圣人因而为之虑，其不中权衡度数，圣人因而自为之虑②。故捭者，或捭而出之，或捭而内③之；阖者，或阖而取之，或阖而去之。

【注释】

①微：隐蔽。道：阴阳之道。追：相随，相合。②自为之虑：自己另作谋划决策。③内：同"纳"，接纳，吸收。

【译文】

如果要用捭的办法，必须做到周全；如果要用阖的办法，务必做到严密，若要谋划周全、精密，关键是行事要隐蔽、不露声色，隐蔽的最高境界在于它极为微妙，而且与自然之道相合。使用捭的办法使对方开，是为了探测对方的虚实真假；使用阖的办法，则为了争取对方的真诚合作。圣人都是根据对方的实际需要来揣度对方的想法，然后再根据他的想法来为对方谋划。圣人因势而考虑，如果与对方的意愿或实际需要不合，就根据自己的情况另行考虑。因此，对人使用捭术，或能让对方将真实情况暴露出来，或能让对方开而接纳己方的观点；使用阖术或能使己方有所收获，或能使己方顺利地躲过祸患。

【智慧全解】

鬼谷子认为，一个人要想做事成功，不能只有胆量，还要有城府，空有胆大就是鲁莽无脑，无论是开是阖，无论是示还是闭，都要考虑周全，策划缜密。假如捭阖得不好，就会让自己的门户大开，让对方乘虚而入，占据上风。捭阖之道的一个关键之处就是要懂得"闭"，以确保自守门户，韬光养晦，渡过难关，从而占据先机，一举成功。古今中外，但凡有所建树之士，都懂得这个道理。

无数事实证明，捭阖之术用于政治斗争，能使强弱形势相互转化。弱者通过自守门户，能使强者不自觉地打开门户，放松警惕，从而达到以弱胜强的效果。

在当今这个社会中，捭阖之术也有其用武之地，无论是在经济活动中，还是在与人交往中，如果没有一点手段和谋略，是行不通的，坦荡、直白即使一时得利，也不会长久，胜利果实最终会被他人抢走。只有了解对方的实情，抓住对方的心理，进而将其攻破，才能让自己占据主动。

楚霸王项羽自诩"力拔山兮气盖世"，是历史上名垂后世的英雄，但他也只是历史上的英雄而已，并不是那场战争的最后胜利者，究其原因就是因为他不懂得"欲捭之贵周，即欲阖之贵密"的道理。事实上，古往今来的胜者，不仅要有开创大局的雄伟气魄，也要有处理细节的缜密心思。胆大与心细二者缺一不可，这是每一个真正成就大事业者的必备素质。在实力超群时高调宣扬，在不如他人时低调做事，一高一低，运用自如，懂得这一道理的人才能拥有辉煌的未来，创造精彩的人生。

【阅读延伸】

提到中国古代历史上善于布局、精于用兵之人，就不能不提诸葛亮。其实，诸葛亮不仅善于谋划，他还是一个善于抓住敌人弱点，进而拉拢人心的高手。"七擒孟获"的故事正体现了他的这一特质。

刘备去世后,诸葛亮授命辅佐后主刘禅,主政蜀国。这时,南方的一些小部落便想趁蜀国国丧之时挑起事端,以捞得一些利益。以孟获为首的一个部落首先向蜀国发了难。

当时诸葛亮正在筹划着北伐,得知孟获的动向后,为了避免后患,诸葛亮决定先下手为强。他认为对付孟获要采取攻心为上的策略,使其彻底臣服,以解除北伐之后患。

诸葛亮知道孟获在当地颇有声望,很受百姓爱戴,于是就向全军下达了"活捉孟获"的命令。他命令王平等人分三路夹击孟获大军,很快生擒孟获。孟获当时心想,这下自己玩完了,性命不保了,然而让他没想到的是,诸葛亮不但没杀他,还亲手为他松绑,然后带着他去军营里参观。

孟获也不是泛泛之辈,他趁机记下了蜀军的阵式布置,然后对诸葛亮说:"之前我不知道你军的虚实,现在我知道了,也没什么了不起的,如果再给我一次机会,我一定能打败你。"诸葛亮哈哈一笑,就放孟获回去再战。

孟获回去后,加紧备战,准备偷袭蜀军。可是等他到来时,又一次被活捉了。诸葛亮知道他还是不服,就又放了他,给他机会再战。就这样,诸葛亮一连活捉了孟获七次,可孟获每次都以失误为借口,拒不认输。当他第七次被活捉时,他以为这次诸葛亮肯定不会放过自己了,结果他再次被放了。这下孟获感动了,一把鼻涕一把眼泪地说:"丞相对我七擒七纵,真的做到了仁至义尽,我彻底服了,以后再也不会跟你做对了。"孟获不但保证不再有反心,而且还出面说服其他蠢蠢欲动的部落放弃反抗。那些部落首领都很佩服孟获,有他做说客,也都同意了。就这样,蜀国南中地区又安定太平了。

后来,诸葛亮开始率军北伐,他离开的时候,在南中地区没有设置一兵一卒、一官一府,把一切事务都交给南中当地的人处理。有人担心会出乱子,便劝说诸葛亮:"如今我们刚刚平定了南中地区,按理说应该安插一些朝廷官员去治理,你怎么让他们自己管理呢?如果有一天他们翅膀硬了，肯定会再起反叛之心的。"

诸葛亮听了，丝毫没在意，说："无须担心，这里远离中原，生活条件很差，如今粮食短缺，又刚经历了大战，我如果在这里留下兵马，他们如何生活啊？再说了，留守官吏容易与当地民众发生冲突，现在让他们自己管理自己，汉人和少数民族互不干涉，这不是两全齐美的事情吗？"

南中地区不再动荡不安，扰乱后方，诸葛亮没了后顾之忧，也就可以专心谋划北伐之事了。

由这个故事可以看出，诸葛亮实在是一个深谙"阖而取之，阖而去之"之策的人物，他不仅胆大，而且心细，"七擒七纵"成功地拉拢了以孟获为首的南中部落首领，为自己解除了北伐的后顾之忧，为蜀国赢得了安定的局面。

变动阴阳，四时开闭

捭阖者，天地之道。捭阖者，以变动阴阳，四时开闭，以化①万物。纵横反出，反覆反忤（wǔ）②，必由此矣。

【注释】

①化：化育。②纵横反出，反覆反忤：均为阴阳的具体表现。反：同"返"。忤：相背。

【译文】

所谓捭阖，就是天地阴阳之道。捭阖可以使阴阳发生变化，阴阳变化可以产生四季，而四季的更替使万物化育产生。纵和横，返和出，反和覆，反与忤，都是阴阳之道的具体表现，都是由捭阖产生的。

【智慧全解】

鬼谷子所说的"变动阴阳，四时开闭"的道理，说白了就是我们常说的"识时务者为俊杰"。时务就是变化的时机。遇事不通，被迫改变，你就晚了一步；预料在前，主动求变才能取得成功！无论做人还是做事，都要懂得变通，如果只知因循守旧，钻进死胡同出不来，肯定会一败涂地。

中国人历来对"变"的智慧理解深刻，做事情通常会有很多备选方案，这种方案行不通，就用另一种；这条路走不通，就选择另一条。所以在外国人眼中，中国人大多聪明、善变。

善变，并不是什么缺点，因为世间万物都是变化着的，原来的办法行不通，就得改变，这就是识时务，知四时，从而变动阴阳，以化万物。正如鬼谷子所说"纵横反出，反覆反忤。"这就是变的智慧，只有不断尝试，充分运用捭阖之道，从多个角度去考察事物，选择最恰当最好的办法，才能将事情做好。

"变动阴阳，四时开闭"的道理不仅适用于个人，告诫个人要善于变化，要通时务；还适用于国家，一个国家也要为了全局的需要，改革内部机制，调整对外政策。无论是国家、企业，还是个人，如果不懂得顺应时务而改变，就一定会在竞争中被淘汰。

大家都知道，在这个不断变化的世界里，没有什么永恒不变的事物，任何事情都是处于变化之中的，有时事情的发展会出乎我们的意料，思想僵化、行为保守，显然无法应对眼前的形势，所以我们必须培养变通意识，养成灵活应变的习惯。当原定计划收效不大、遇到阻力时，这时就不要一味地苦干蛮干，而是必须停下来反省一下，想一想是不是有些错误的步骤，然后做出修正，直到圆满实现。

另外，"识时务"是一种变革思想，是处理事情时的权变与变通，变化是为了解决自己的问题，达到自己的目的，并非一般人理解的投降主义，对此我们要分辨清楚！

总之，无论是作为个人，还是组织，如果不识时务，不懂得变通，肯定就运用不好捭阖之道。只有坚持原则，坚守理想，然后灵活处事，才能立足社会，取得成功。

【阅读延伸】

我国著名军事家孙武出生于齐国的贵族家庭，优越的生活条件为他提供了好的学习环境，孙武自小就喜欢阅读古代军事典籍，再加上当时战乱频仍，兼并激烈，这样的环境使孙武见惯了战争，同时培养了他的军事才能。

当时齐国内部极为不稳，孙武觉得自己没有用武之地，很想远走他乡去施展自己的才能。他见南方的吴国国势强盛，呈现出一副新兴的气象，于是便长途跋涉，投到了新兴的强吴之下，开始了他的军事生涯。

孙武在吴国结识了从楚国投奔而来的伍子胥，二人十分投缘，很快成为密友。

公元前515年，吴王阖闾即位，任用了一批贤臣，三年后，阖闾见吴国国内稳定，仓廪充足，军队精悍，便产生了向西进兵征伐楚国的念头。这时，伍子胥便把孙武举荐给了吴王。

孙武把自己刚完成的兵法献给了吴王。吴王阅读后，对孙武说："我逐篇拜读了你的兵法，实在是耳目一新，受益匪浅。但不知实行起来怎么样，先生是否演练一下？"孙武回答说："可以。"吴王便把自己的宫女召集起来，让孙武演练。孙武把宫女分成左右两队，指定吴王最宠爱的两位美姬为队长，让她们带领宫女进行操练，同时指派自己的驾车人和陪乘担任军吏，负责执行军法。

安排就绪后，孙武站在指挥台上，认真地宣读操练要领，然后击鼓发令。尽管孙武三令五申，宫女们只是觉得好玩，根本不听号令，队伍里不时传来嬉笑声。孙武便召来军吏，根据军法，要斩两位队长。

这一下，吴王舍不得了，马上派人传命："寡人已经知道了将军的能力，没有这两个美人的陪伴，寡人会吃不好睡不香的。请将军赦免她们吧！"可孙武丝毫不给面子，说："臣受命为将，将在军中，君命有所不受。"孙武执意砍了两位队长的头，重新任命了两位队长，继续操练。当孙武再次击鼓下令时，谁也不敢造次了，全都认真起来，前后左右，进退回放，跪爬滚起，全都一板一眼，阵形十分齐整。

孙武请吴王检阅，吴王因为失去了爱姬，心中不爽，就没去，孙武对吴王说："令行禁止，赏罚分明，这是兵家的常法，是为将治军的通则。对士卒一定要威严，这样士兵才会听从命令，打仗才能克敌制胜。"孙武的这番话终于使吴王消了气，孙武就被拜为将军。

在孙武的严格训练下，吴国军队的军事素质有了明显提高。后来，孙武指挥吴军攻克了楚的属国钟吾国、舒国。这样的胜利冲昏了吴王的头脑，他想一举攻下楚国国都郢。孙武认为这样做很不恰当，便对吴王说："楚军很强大，舒国和钟吾国根本无法与之相提并论。我们已经攻克了这两个小国，士兵们已经很疲惫了，军资跟不上，不如暂时收兵，让军队休整一下，再等良机。"吴王听从了孙武的劝告，班师回朝了。

为了彻底灭掉楚国，孙武和伍子胥经过一番商议，制订了一条妙计，组成三支劲旅，轮番袭扰楚国。当吴国第一支部队袭击楚国边境时，楚国见来势不小，就全力以赴，派兵迎击。等到楚兵出动，吴军就撤了回去。而当楚军返回后，吴国的第二支部队又出动攻楚，如此轮番袭击，把楚军搞得头昏脑涨，疲于奔命。由于连年应付吴军，楚国的人力物力都耗费不少，国内出现亏空，属国接二连三地叛离，而吴国在轮番进攻中抢掠到了不少物资，在与楚国的对峙中完全占据了上风。

之后，楚国攻伐蔡国，而蔡国当时已经归附了吴国，于是吴国便以此为借口讨伐楚国。孙武指挥训练有素的 3 万精兵，直奔蔡国与楚国的交界。楚军见吴军来势凶猛，赶紧放弃对蔡国的围攻，调集主力抗击吴军。然而令他们没想到的是，孙武却突然改变了进军路线，改水路为陆路，直插楚国纵深。

吴军一向善于水战，而孙武却弃长取短，这让伍子胥非常纳闷，于是便问孙武为何这样做。孙武回答说："用兵作战，一贵神速，二贵出其不意，以便打它个措手不及。逆水行舟，速度迟缓，楚军必定乘机加强防备，那样的话我军就很难破敌了。"

就这样，孙武在 3 万精兵中选择了强壮机敏的 3500 人作为先锋，身穿坚甲，手持利刃，连连大败楚军。公元前 506 年，吴军攻入楚国国都郢。孙武以 3 万精兵击败了楚军的 20 万大军，开创了中国历史上以少胜多的光辉战例。孙武的胜利正是很好地运用捭阖之术，顺应事态发展，灵活变通的结果。

关之捭阖，制以出入

捭阖者，道之大化，说之变也。必豫①审其变化，吉凶大命系焉。口者，心之门户也；心者，神之主也。志意、喜欲、思虑、智谋，此皆由门户出入②。故关之捭阖，制之以出入。捭之者，开也，言也，阳也；阖之者，闭也，默也，阴也。

【注释】

①豫：同"预"，事先有所准备。②出入：这里是指表现、表述。

【译文】

捭阖之术是阴阳之道的无穷变化，是游说之应变的关键所在。游说之前，一定要对各种变化有所准备，吉凶死亡的关键全在于捭阖之术。口是表达内心思想的门户，心是人的精神世界的主宰。心所产生的志向与意愿、喜好与欲求、思念和焦虑、智慧和谋略等，都是由口这个门户表述出来的。所以，应该用捭阖之术来把守自己的口，控制言语的出入。所谓捭就是开，就是开口说话，就是阳；所谓阖就是闭，就是沉默不语，就是阴。

【智慧全解】

古代先贤一向提倡"慎言"，意思就是，说话之前要对后果多加考虑，千万不可信口开河，不知深浅，没有轻重。鬼谷子也不例外，他也认为，一个人在说话前，应该三缄其口。事实的确如此，有的时候哪怕是多说一句话，或者在不恰当的时候说了不该说的话，都会给自己带来麻烦，甚至会让自己付出惨重的代价。

老话说得好，"东西可以乱吃，话却不可以乱说。"说话的时候一定要看好时机与场合，针对不同的对象，要说不同的话，这才是聪明人的做法。所以做事之前，我们要先管好自己的嘴巴，即鬼谷子所说的"关之捭阖，制之出入"，这样才能不让自己陷入麻烦之中。

那么，怎样才能管好自己的口呢？

第一，无论什么场合，面对什么人，我们一定要对自己的言辞慎之又慎，精心组织，想好之后再开口。生活中有不少人说话太急，竹筒倒豆子般一股脑儿往外吐，说完之后，才发现自己根本没说到点子上。还有一些人说话不看对象，该说的不该说的全都朝着一个人说了，事后后悔不已，可是悔之晚矣。

第二，说话一定要客观，不能杜撰，不能瞎编乱造，不能使用贬低或蔑视的言辞，多用"我们"来拉近彼此的距离和关系。说话恰当，可以为自己增加盟友，而说话不当，只会给自己创造敌人。

第三，说话的时候还要注意语气，无论遇到什么事情，都要控制好自己的情绪，不可大呼小叫。冷静是一个人最基本的涵养，愤怒则只会表现自己内心的怯懦。另外，说话时，语气中不可带有讥讽之味，也不要使用卑微口吻，不可当着别人的面随意开另一个人的玩笑。

生活中，为人处世，一定要讲究说话之道，当你开口伤害一个人的时候，其实你也伤害到了自己。所以，要想在人际交往中游刃有余，如鱼得水，必须学会运用捭阖之术，管好自己的嘴，该说的说，不该说的一定要三缄其口。

【阅读延伸】

据传，古时候有一个皇帝，他认为自己国家生产的所有东西都是全天下最好的，尤其是绳子，结实坚固，任何国家都比不了。有一年，一个做绳子生意的商人来到这个国家，大肆宣扬自己卖的绳子才是最好的，其他的绳子都不结实。他四处散播这样的言论，鼓吹自己的绳子，而贬低其他的绳子，为自己谋取利益。此商人的言辞极大地伤害了该国国民的自豪感，激起了民众的爱国热情。很快，他的言论便传到了皇帝的耳中。

皇帝听后不禁大怒，立刻派人将这个商人抓了起来，并判处他绞刑。

到了行刑那一天，皇帝让人用绳子捆绑着那个商人将他押到了绞刑架旁。谁都怕死啊，商人也不例外，于是他左摇右晃，上踢下蹬，不停地挣扎。在他的不断挣扎下，用于绞刑的绳子竟然被他弄断了，商人一下子被摔到了地上。

在古人看来，如果行刑时遭遇这样的情况，就是上天在保佑犯人，说明此人不该死，犯人将得到赦免。当监斩官飞快地把此情况报告给皇帝时，皇帝也无话可说了，虽然很恨这个商人，但也不敢违背上天的旨意，只得下令将他释放。商人意识到自己将会得到赦免时，不禁得意起来，忘形之下管不住自己的嘴了，竟然向围观的人群大声叫道："你们看到了吧，你们国家的绳子根本不行，差劲极了，连个人都吊不死！你们连一根小小的绳子都制造不了，还能制造出什么好东西来呢？"

这话在这个场合说出，不是太伤人了吗？于是监斩官又快马加鞭地汇报给了皇帝。皇帝一听，顿时火冒三丈，马上收回了赦免之令，命人将商人重新捆上，这次着着实实地捆了个结实，里三层外三层，任凭商人如何挣扎，也没有挣断的可能了。商人又被推上了绞刑台，然后就一命呜呼了。

这个商人在冒犯了皇帝遭到意外赦免后，本应该见好就收，紧闭上嘴巴，保命为上。可是，他似乎根本没意识到这一点，反而不知深浅地继续攻击这个国家的绳子，抓住皇帝的痛处不撒手，皇帝哪里还会放过他呢？这就是管不住嘴巴的下场。

阴阳其和，终始其义

阴阳其和，终始其义。①故言长生、安乐、富贵、尊荣、显名、爱好、财利、得意、喜欲，为"阳"，曰始。故言死亡、忧患、贫贱、苦辱、弃损、亡利、失意、有害、刑戮、诛罚，为"阴"，曰终②。诸言法阳之类者，皆曰始，言善③以始其事；诸言法阴之类者，皆曰终，言恶④以终其谋。

【注释】

①阴阳其和，终始其义：事情从开始到结束，都以捭阖行之。和，调和。②终：穷。③善：此指善言。善言为阳。④恶：此指恶言。恶言为阴。

【译文】

阴阳相互调和，从开始到终结，都要符合捭阖之理。所以，我们把长生、安乐、富贵、尊荣、显名、爱好、财利、得意、喜欲等归为阳类事物，称作"始"；把死亡、忧患、贫贱、苦辱、弃损、亡利、失意、有害、刑戮、诛罚等归为阴类事物，称作"终"。凡是在言谈时采用"阳"一类的事情来立说的，我们都可以称之为"始"，因为他们从事情好的方面来进行游说，劝诱对方开始行动，以促成游说获得成功；凡是在言谈的时候采用"阴"一类的事情来立说的,我们都称之为"终",因为他们从事情坏的方面来进行游说,阻止对方实施谋划,试图终止行动。

【智慧全解】

鬼谷子认为,说话不仅要分清对象,还要根据对象选择合适的话题,根据话题的性质,选择正确的语言,根据对象的性格、需求,来精心设计表达自己的观点。说白了,就是根据对方的喜好,包装自己的语言,别人喜欢听什么,我们就说什么,然后根据事态的发展变化来引导谈话的走向,使之朝着有利于己方的方向发展。

现实生活中,很多人信奉"对事不对人",意思是他的立场只是针对问题与事情,绝对没有针对对方的意思。然而,事情是人做出来的,你在批评事情的同时,也等于批评了做事的人,你感觉自己没有针对他,他却不一定这样认为。事情的结果往往是事情没有解决,你却与对方结了仇。所以,鬼谷子提倡,"阴阳其和,终始其义",直话要拐个弯儿去说,拐个弯,换个说话方式,给话语穿上漂亮的外衣,对方就容易接受。言善为阳,言恶为阴,阴阳操纵,就可说人于无形。不过,不论阴阳,都要紧扣我们的目的,阴阳操纵之术只是手段,直话弯话也只是我们说服别人的工具。只要能达到我们的目的,又何必在意用什么方式说出来呢?

曾听一位公司管理者说,在管理中纠正下属太难了,下属有了缺陷,稍微提醒一下,对方压根不会在意,有时还会越变越坏,变本加厉地与自己作对。这令他头疼不已。纠正下属的错误,是管理者常做的事情,这位管理者遇到的麻烦不仅来自于那些下属,他自己也存在着问题。如果他能换一种方式,在指出对方缺点的时候,先肯定一下对方的优点,然后再委婉地提醒对方,如果把某些不足纠正过来会更好,结果会怎样呢?或者他索性说得更隐晦一些,将批评蕴含在另一种意图之中,用对方能够领会的方式传达出去,这样劝说,对方是不是更容易接受呢?

人们在听人讲话时,总是对最后的结论印象深刻,当你进行批评时,附加上赞美之辞，对方便认为你是在赞美自己，就算其中有一些令人不愉快的话，也就不那么计较了。反之，他可能觉得你在针对他，有意跟他作对，那后果就严重了，你的好意很可能给你结下一个仇人。

说话就是要讲究技巧，正如鬼谷子所说："言善以始其事，言恶以终其谋。"意思是，当你需要说服别人做某件事时，就从"阳"的方面去劝说，让他看到好处，以及他可能得到的回报；当你想阻止某件事的发生时，就要从"阴"的方面去阻止，将这件事的后果放大并用合理的方式传递给他，让他知道做这件事的坏处，以及带来的巨大损失。如此以利去说服他人，以害去制止他人，就没有办不成的事情。

总之，我们在说话的时候，只要很好地运用鬼谷子的这些智慧，正话反说，硬话软说，好话先说，坏话后说，给自己的言辞穿上美丽的外衣，让自己的舌头打个弯再张嘴，就能在与人交往中游刃有余，得到自己想要的，去除自己所厌恶的。

【阅读延伸】

春秋时期有个能人名叫烛之武，此人深谙"阴阳其和，终始其义"之道。僖公三十年（公元前630年）九月，晋文公和秦穆公想联合起来攻打郑国，因为郑国曾对晋文公无礼，而且还偷偷地与楚国结盟。很快，晋军便在函陵驻扎下来，而秦军则驻扎在了氾水的南面。

郑文公得知消息后，焦急万分，这时一个大臣上谏道："我们的国家正处于危险之中，如果您派烛之武出使秦国的话，他一定能说服秦穆公撤回军队。"郑文公听了，心中大喜，马上采纳了此人的建议。

烛之武很快被召进大殿，可是当他听了郑文公的提议后，却百般推辞，烛之武说："我年轻的时候，尚且不如别人，现在我都老了，更加没什么用了。"郑文公一听，马上明白了烛之武的意思，知道他在为一直不受重用而抱怨，于是说："我之前没有重用您，现在国家处于如此危急的情况下才来求您，这是我的过错。然而，现在郑国已经危在旦夕了，如果郑国灭亡了，您也会受到牵连啊。"于是，烛之武就答应了。

到了夜里，郑文公命人用绳子捆着烛之武，将其从城墙上放下出城去见秦穆公。

烛之武见到秦穆公说："现如今秦晋两国围攻郑国，郑国知道自己将要灭亡了。如果这样对秦国有好处，那我也不会来这里拜见您了。您想啊，秦国如果越过一个国家而把遥远的郑国作为边邑，这该是多么困难的事情啊！您灭掉郑国不是给邻国增加土地吗？您为什么要这样做呢？邻国的国力雄厚了，就意味着秦国的实力被减弱了。如果您放弃攻打郑国，而把它作为往东道路上接待客人的主人，秦国使臣来来往往，郑国就可以随时为其提供所需的物资，这对您也没有什么坏处吧！而且我还听说，您曾经给过晋惠公恩惠，晋惠公也曾答应过把焦邑和瑕邑两座城池送给您。可是他一回到晋国，就开始修筑防御工事，这事儿您是知道的。晋国什么时候满足过？现在，晋国已经在东边把郑国变成它的边境了，又想往西扩大疆土。如果不攻打秦国，它的疆土该从何扩充？削弱秦国对晋国十分有利，还请您好好考虑这件事！"

听了烛之武的这番话，秦穆公觉得非常在理，便答应与郑国签订盟约，而且还专门派人守卫郑国，而他则率领大军回国了。

这件事很快传到了晋文公的耳中，一个大臣要求率兵攻秦，晋文公则说："不可！如果没有那个人的力量，我是不会到这个地步的。用别人的力量去损害别人，这是不仁义的；失去自己的同盟国，这是不明智的；用分裂来代替联合一致，这是不勇武的。我们还是打道回府吧！"于是，晋文公也率领大军离开了郑国。

烛之武为什么能劝退秦军呢？原因就在于他很懂得说话的技巧，知道"言恶以终其谋"，用攻打郑国对秦国产生的坏处来阻止秦穆公，"言善以始其事"，用留下郑国对秦国产生的好处来促使秦国与郑国结盟。世上没有谁会愿意丢下好处而遭到失败或祸害，所以当秦穆公明白所做之事对自己不利时，必然会放弃自己的主张。

捭阖之道，阴阳试之

捭阖之道，以阴阳试之。故与阳言者，依崇高；与阴言者，依卑小。以下求小，以高求大。① 由此言之，无所不出，无所不入，无所不可。② 可以说人，可以说家，可以说国，可以说天下。为小无内，为大无外。

【注释】

①下：卑下的阴言。小：此指小人。高：崇高的阳言。大：此指君子。②出：这里指被策士、说客们启发。入：这里指听从游说策士的话。

【译文】

捭阖之术，就是反复运用阴阳之言辞去试探对方。所以，和品行高尚的人谈论时，要说"阳"类的事；与品行卑劣的人谈论时，要说"阴"类的事。下与小都为阴，所以可以用卑下的言辞去游说志向渺小的人；高与大都属阳，所以可以用高尚的言辞去游说志趣高远的人。照此而论，用捭阖之术去游说，可出可入，就没有什么人不可以去游说的。用捭阖之术去游说，可以游说他人，可以游说每个有封地的大夫，可以说游说每个诸侯国的国王，甚至可以游说天下的君主。从小的方面着眼，可以小得不能再小；从大的方面入手，可以大得不能再大。

【智慧全解】

其实，鬼谷子的游说之道很简单，用两个字就可以概括，那就是"阴""阳"。仔细观察，大家会发现，谈判或是说服不能只靠口才流利、能言善辩，还要学会揣摩对方的志向所在，知道对方的品性与性格，然后决定采取阴谋还是阳谋。

如果不了解对方的心意所在，不了解对方是崇高还是卑下，就贸然做出不符合对方实情的决策，那么说出的话对方一定听不下去，有谁会愿意聆听与自己心意不符的言论呢？这样一来，不管对方是否提出反对意见，你的说服一定不会成功，其结果招致非议不说，还会暴露自己的真实意图，这岂不是得不偿失吗？

所以，我们在与人谋事或是谈话之前，一定要先给对方归一下类，看看对方属阴属阳，然后再决定采用什么样的谋略去对待他。有些人看不上阴谋，认为阴谋就是在背后搞小动作，根本登不了大雅之堂，应该人人诛之恨之。是的，阴谋的确存在着很大的弊端，这个时候我们就要采用阳谋。阳谋是光明正大、顺应趋势的谋略，有时候明明知道是个硬骨头和圈套，有人照样会往里钻，就像一块石头从山顶上滚下来，谁能控制得了它呢？这就是阳谋。

说白了，在谋事或说服中采取什么样的谋略，一定要先认清对方是阴是阳，然后决定采用阴谋还是阳谋，这就是鬼谷子所说的"捭阖之道，阴阳试之"。

说服他人要讲究技巧，任何人都不愿意听到与自己意愿相反的话，这是人的本性。如果你去劝说自己的领导，就要阴阳结合，既给对方留足面子，又要以理服人，这便是捭阖之道。

不懂"阴阳试之，捭阖之道"的人，往往不会落得好下场。历史上最典型的就是杨修、祢衡这种人了。这些人在与主君打交道时，丝毫没有顾忌，只管尽情地挥洒自己的个性，出言不逊，一逞口舌之快，结果触怒了主君，断送了自己的性命。作为现代社会的人，说话狂放大多不会招致杀身之祸，但也会给自己带来损害。说话不讲方式，不注意场合，就会处处碰壁，失落至极。与人交往，从来不是一件容易的事，只有阴阳结合，才能做到滴水不漏。

【阅读延伸】

春秋时期，齐国在齐宣王执政时十分强大，齐宣王一心想称霸四方，于是便找机会把孟子召至跟前，问："先生，您看像我这样的人能否一统天下呢？"

孟子是不赞同齐宣王的想法的，在他看来，齐宣王当下最应该关心百姓的疾苦，让齐国民众都过上富足的日子。不过，孟子可是个人精，他知道齐宣王最爱听奉承之语，如果直接说出自己的想法，一定会惹怒齐宣王，自己一定会遭到驱逐。于是，孟子决定采用一点技巧。他先是不动声色地说："在我回答大王这个问题之前，我是否可以先问大王一件事呢？"

齐宣王不解地问："先生要问什么事？"

孟子说："我听说，曾有人铸成一座钟后，想杀掉一头牛来祭钟，大王您觉得这牛没有犯什么罪，就要被杀掉，非常可怜，于是就没杀它。有这种事吗？"

齐宣王一听，没想到孟子竟然还记着自己的这件善事，心里非常高兴，便立刻回答说："是的，是有这么一回事。"

孟子说："大王，您真是一位富有同情心的君王啊！您心地善良，一定可以一统天下，让天下归顺的。"孟子的这一番话说得齐宣王心花怒放，频频点头，他示意孟子继续往下说。孟子接着说道："问题就在于您愿不愿意做了。有人曾这样说过，'我力能举起千斤东西，却举不起一根羽毛；我眼睛能看得清毫毛，却看不见满车的柴火。'大王，你相信这句话吗？"

齐宣王正高兴，便哈哈大笑起来，说："我怎么可能会相信这种话呢？"

孟子也笑了，说："这就对了。如果有人说您能善待一头牛，却不善待百姓，谁会相信呢？这不是跟不能举一根羽毛和看不见一车柴火是同样的道理吗？现在我国百姓流离失所，生活得很是困苦，这都是因您不关心他们造成的，跟您有没有才能没有关系。所以我说，您能行王道，能统一天下，关键是您不干，而不是不能啊！"

听了孟子的这一席话，齐宣王恍然大悟。

孟子深谙"捭阖之道，阴阳试之"的道理，他想劝齐王放弃称霸的念头，可是又担心自己的话会惹怒齐宣王，于是便以称赞作为批评的陪衬，向齐宣王讲道理，结果，他不但说服了齐宣王，还保全了自己。

阴阳之道，万事之先

　　益损、去就、倍反，皆以阴阳御其事。①阳动而行，阴止而藏，阳动而出，阴隐而入。阳还终阴，阴极反阳。以阳动者，德相生也；以阴静者，形相成也。②以阳求阴，苞以德也；以阴结阳，施以力也。③阴阳相求，由捭阖也。此天地阴阳之道，而说人之法也，为万事之先，是谓圆方之门户。④

【注释】

　　①倍：通"背"，背弃。御：驾驭。②德：内在本质，自身规律。形：外在形态。③苞：通"包"，包容，规范。结：连接，引申为辅助。施以力：施以外力，由外影响内。④先：先导，这里指既定法则。圆方：指天地。

【译文】

　　所有的裨益或损害、离去与接近、背叛和复归，都是阴阳之道的行为表现，可用阴阳之道加以掌控和驾驭。阳就是动，表现为进取；阴就是静，表现为闭藏。阳动必然显现，阴止必然潜藏。阳发展到极致就成为阴，阴发展到极限就变为阳。阳动，道德就生成了；阴静，形体就产生了。以阳求阴，主要用道德包容对方；以阴结阳，就要走出暗处施以实际行动。阴阳相辅相成，相互依赖，这是由捭阖之术决定的。这就是世间万物阴阳变化的基本规律，也是游说他人的根本原则。捭阖是处理万事万物的根本，是天地运行的关键。

【智慧全解】

鬼谷子说："以阳动者，德相生也；以阴静者，形相成也。以阳求阴，苞以德也；以阴结阳，施以力也。"旨在告诉我们，形势千变万化，要想做到积极应变，除了要顺应时代潮流之外，还要根据对方情况的变化而变化，制订出相应的计划。

市场经济时代，市场变化多端，企业竞争激烈，职场人才辈出，要想在这个社会中立足，不被淘汰，就要掌握竞争优势，增加自身价值。要想在社会中占据有利位置，战胜对手，必须时刻关注对手的情况变化，灵活地制订出应对措施。无论是组织、企业还是个人，能不能顺应这种变化而动，是能否生存、发展的关键。

很多时候，就算对方没有什么变化，我们也要不停地调整自己的思路，以及行为的基本策略，因为整个社会是在不断发展变化着的，不变就要落后，落后就会挨打。只有做到敌变我变，敌不变我依然在变，才能打败对方，最终立于不败之地。

变化是这个世界的永恒存在，任何人所走的路都不可能是笔直、顺畅的。不管你是畏惧还是担忧，无论你是承认还是拒绝，每个人无时无刻不在发生着变化。没有变化就意味着停滞不前，意味着倒退，意味着被淘汰。为了生存，为了发展，为了成功，为了不被别人牵着鼻子走，每个人都在变化中寻求新的谋略、新的招数。正所谓"时移则势易，势易则情变，情变则法不同"，这是处理万事万物的根本，是天地阴阳之道。鬼谷子阴阳变动的思想精髓正在于此。

【阅读延伸】

曹操挟天子以令诸侯，有一年，他假借天子之命，举兵讨伐南阳张绣。而南阳城易守难攻，曹操久攻不下，为此内心焦躁万分，苦思不得其解。

为了寻找出其不意、攻其不备的进攻办法，曹操亲自骑马围着南阳城巡视，可是张绣却防守严密，根本找不到可乘之机。

曹操一连巡视了三天，终于功夫不负有心人，他惊喜地发现张绣守城的一个破绽：东南角城墙的砖石，新旧不一，而且墙角多遭毁坏。

曹操足智多谋，看到这个情况，不由自主地就想到了韩信的"明修栈道，暗度陈仓"之策，他立刻传令在城西北堆积柴火，召集诸将，摆出了集中攻击西北方向的架势。实际上，他却秘密命令军队准备攻城器具，从东南角突袭入城。

张绣也一直在关注着曹操的动向，知道曹操骑着马围城巡视了三天，现在又见曹军在西北角堆积了那么多的柴火，心中一阵窃喜，准备下令军士们严守西北角。

这时谋士贾诩劝道："假如我们在西北角防守，南阳城必定失守。"

张绣惊诧，急问："你这话是什么意思？"

贾诩说："曹操绕城看了三天，我也在城墙上观察了他三天。我看到他在观察到东南城角砖石多有毁坏的时候，面露喜色，我猜测，他肯定打算从那个薄弱环节进攻。如今他却在城西北堆积柴火，意在蒙骗我们，让我们把主力放在西北方向守卫，而他好趁黑夜从东南角突袭进城。"

张绣闻言，大吃一惊，问："那我们该如何应对呢？"

贾诩沉思良久，说："这个好办，我们不妨将计就计，可以让精锐士兵饱食轻装，埋伏在城东南房屋内，而让百姓们假扮成士兵，做出全力防守西北的样子。等到了晚上，曹军在东南角突袭的时候，伏兵突然出现，打他们一个措手不及，他们肯定会落荒而逃。"

张绣于是采用了贾诩的计策。

曹操得知张绣把兵力全集中到西北角，而城东南防卫空虚的时候，不禁大笑道："哈哈，张绣中计了。"于是命令部分军士伪装进攻西北角，而把精锐主力秘密派往东南角，做好爬墙入城的准备。

到了晚上二更时分，曹操亲自率领精锐主力，悄悄地爬上了城墙，只见城中一片寂静，他们以为得计，便一拥而入。这时，张绣的伏兵突然从四面冲杀出来。曹军突遭意外，顿时手忙脚乱，又经不住对方精兵的勇猛拼杀，慌乱之际只得败退出城，溃逃数十里，损兵折将5万余人。

贾诩正是运用了鬼谷子"以阳动者，德相生也；以阴静者，形相成也。以阳求阴，苞以德也；以阴结阳，施以力也"的理论，根据曹操的攻城计划，及时调整守城策略，从而大败曹军。敌变，我变；敌不变，我仍在变，神出鬼没，神秘莫测，真可谓是奇谋，把鬼谷子的阴阳捭阖之道运用得出神入化了。

反应第二：知己知彼，方圆有度

「反」，反复；「应」，反应、应和，「反应」即通过正面或反面的反复观察、了解，准确掌握对方的反应，以掌握事物的真相。鬼谷子认为，要想了解对方实情，就要把自知与知人结合起来，制订出行之有效的应对之策，反复试探，仔细观察对方的反应，综合运用周密的计谋和应对的技巧。

反史知今，鉴人知我

古之大化者，乃与无形俱生。①反以观往，覆以验来；②反以知古，覆以知今；反以知彼，覆以知己。动静虚实③之理，不合于今，反古而求之。事有反而得覆者，圣人之意也，不可不察④。

【注释】

①大化：指天地万物的生成、变化。无形：指天下大道，即自然界和人世社会阴阳变化的基本规律。②反：同"返"，返回，回顾。覆：回复。③动静：运动与静止，这里代指世间一切事件。虚实：代指世界上一切物质。④不可不察：必须看到由反得覆是由阴阳之道决定的。

【译文】

从古到今，天地间万事万物的生成变化，都是与天下大道共同存在的。圣人都是从事物正反两个方面来思考事情。返回去回溯历史，再回首可察验未来，既可以看到过去，也可以查明现在的情况；运用"返"可以了解对方，运用"覆"可以看清自己。世间的一切事件、一切物质假如与现在不符，就回溯到历史的长河中去寻求答案。任何事情都可以运用"返"而得到"覆"，这是圣人教导我们的，任何人都不能不详细地审查研究。

【智慧全解】

鬼谷子说："反以观往，覆以验来；反以知古，覆以知今。"它与"以铜为鉴，可以正衣冠；以古为鉴，可以知兴替；以人为鉴，可以明得失"所说的道理是一样的，讲的都是要从历史反观现在，以他人反观自我。

人生在世不可能一路坦途，每个人多多少少都会遇到一些波折和坎坷。聪明人经过了波折、困境之后，会从中得到一些教训、经验，在以后的成长道路上就不会再犯同样的错误，这就叫"吃一堑长一智"。生活中还有一些人，他们会从这些挫折中推出某种既定的规律，在以后的生活中做到未卜先知，提前预防，以避开波折，避开可能遭遇的伤害。这样的人才是真正具有大智慧的人。

网络上曾流传过这样一则寓言：说一只狮子和一只狐狸联手去打猎，一下子捕到了很多猎物。狮子让狐狸来分配这些猎物，狐狸便把猎物分成一大一小两份，然后让狮子来拿那份大的。狮子问狐狸为什么要这样来分配，狐狸回答说："长期以来，狐狸和狮子一起打猎的情况有很多，凡是平均分配猎物的狐狸都没有好下场，通常都会被狮子吃掉。"故事虽短，但寓意深刻，充分说明了"反以观往，覆以验来；反以知古，覆以知今"的道理。

借鉴过去的历史事件，才能以更稳健的步子走过今天，迈向未来。利用历史去劝说别人，才能让对方肃然警醒，如醍醐灌顶，立即停止当前的错误行为。

古人说"观今宜鉴古，无古不成今"。人类文化源远流长，博大精深，饱含先哲们的无穷智慧，是一笔丰富的遗产。如何使这一文化瑰宝为己所用，为己服务，应该是大智者追求的目标。

【阅读延伸】

秦朝末年，朝廷昏聩，社会动荡，农民起义四起，刘邦也率兵加入起义行列，很快领兵攻破武关，并长驱直入，一直打到蓝田，一举歼灭秦王朝的主要兵力。

秦王朝岌岌可危，秦王子婴眼见败局已定，无法挽回，就穿上丧服、脖子上系着丝绦，捧着传国玉玺，打开城门，双膝跪地，请求投降，把玉玺双手献给了刘邦。

得到江山固然高兴，但是当时的江山已满目疮痍，破败不堪。下面的戏让平民出身的刘邦如何唱下去呢？经历多年混战的刘邦进入秦国国都咸阳后，乍一见秦王宫室的富丽堂皇，又看到其中珍宝无数，美女成群，心中顿生羡慕之意，他当然想留在宫中享受一番。当时的他似乎一点也没意识到时局的紧张，可是有些大臣却看到了，武将樊哙首先站出来劝说："大王，此时山河破败，江山还不稳固，我们可不能留在咸阳贪图享乐啊！"

这话让刘邦听着实在不爽，刘邦顿时板起面孔说："什么？我贪图享乐？这一仗打了这么长时间，我们刚取得了胜利，我只是想好好犒赏一下全军将士，你怎么能这样说呢？我认为自己做得没什么错，你就不要再说了。"

一顿训斥，把樊哙训得满面通红，又气又恼又无奈，只得摇头离开了。

当时的谋臣张良对眼前的局势看得更清楚，且看看他是如何来劝说刘邦的吧！

只见张良走过来，向刘邦拜了拜，问："恭贺大王今天取得了如此的胜利。不过，臣想问一下大王，当初我们为什么要灭掉秦国呢？"

"当然是因为秦王残暴无道，穷奢极欲，弄得民心涣散，民不聊生，我们是在替天行道啊！"刘邦哪里会忘？想也没想就回答出来了。

"对，秦国正因为奢侈淫逸才亡了国，我们既然为天下除去暴君，就应该改变这种风气，以艰苦朴素来号召天下。"张良顿了顿，继续说道，"如今大王您才占领了秦国，就想像秦王一样享乐，岂不等于重蹈秦国的覆辙，因小失大吗？"

刘邦听了这番话,低头不语了,张良见此,马上接着往下说:"樊哙将军的话虽然说得有一点偏激,但这也是为了您着想,现在正是宽恤百姓安定民心,让咸阳百姓心悦诚服的好时机,所以还是希望您能接受他的建议。"

刘邦沉思片刻,下令封闭宫门,紧锁府库,撤出咸阳,把军队驻扎在灞上。随后,刘邦当众宣布废除亡秦旧法,如诽谤官府夷族、偶语者弃市等,又规定杀人者死,伤人者、偷盗者抵罪等新法。

咸阳百姓一直处于暴秦统治之下,听到这样的消息,顿时欢声笑语,人人都希望刘邦留在咸阳,生怕他离开咸阳。这就为刘邦一统天下奠定了良好的群众基础和政治基础。

樊哙和张良劝说的内容是一样的,对象也是一样的,可是樊哙的劝说却得到了一顿训斥,而张良却收到了良好的效果,其原因就在于樊哙太直白,而张良没有直接进行劝说,而是巧妙地点出了秦朝因奢侈淫逸由强变弱,最后导致灭亡的教训,使刘邦从秦朝的历史中预见到了自己的未来,进而认识并改正了自己的错误。

听话听声，锣鼓听音

人言者，动也；己默者，静也。因其言，听其辞。①言有不合②者，反而求之，其应必出。

【注释】

①因其言，听其辞：根据对方的言辞来判断其话语背后的实际情况和真实意图。因，顺、根据、依循。②言有不合：对方话语中透露的意思有与己方的想法不相符合的地方。

【译文】

别人在侃侃而谈，是动；自己沉默不语，是静。可以根据别人的言论，来探听其话语间所透露出来的真实想法。如果对方言辞透露出的意思与己方的想法不相符合，就运用"反"的办法去求，对方的真情必然在应对中有所透露。

【智慧全解】

鬼谷子这段话的意思是在告诉我们，要认真聆听别人说话，领会说话者的弦外之音和潜台词，也就是我们常说的"听话听声，锣鼓听音"，要善于听出话外音。

人们总说："最难猜的是人心。"是的，人类的心思是最为复杂、最为深沉的。有时候，人们会因为形势所迫，场合所限，或者为了顾及一些人或某个团体的立场和颜面而说一些言不由衷的话，或者为了更长远更宏大的战略而表达一些似是而非的意见。如果这个时候你简单地从字面的意思去理解，或者认为对方偏离了主题，那你就大错特错了。此时，你就要结合具体环境、实际情况来分析对方的言辞，仔细揣摩对方隐藏在字面意思背后的真实想法，这样就能很容易地体会出对方的真正意图了。

　　日常生活中，我们一要善说，二要善听。因为很多人说话总是"话中有话，话外有话"，有些人说话很含蓄，也有一些人碍于面子或惧于你的威信，不会简单直白地告诉你真话，而是采用迂回委婉的策略来暗示你，这个时候，我们要仔细聆听，认真体悟，领悟到对方的"话外音"。这会让别人觉得你很有"情商"，跟你沟通很容易，也愿意和你沟通。

　　与此相反，假如你只听对方的表面意思，而没有领悟对方的"话外音"，听不出话中的意思和背后的目的，就不能设定正确的说话策略，要么误会对方的意思，要么是自己被讥讽了还不知道，就会给交际带来麻烦，带来不必要的损失。

　　那么怎样才能正确解读对方真正的想法，听懂对方的"话外音"呢？这就要求我们平时要多训练自己的观察力和解读能力，要善于结合当时的环境、场合、时令来分析语言，仔细留神对方的神情，就不难听懂对方的"话外音"了。

　　生活就是一场博弈，要想在这场博弈中取得优势与胜利，就要做一个会听话和会说话的人。只有这样，才能获得更多的机会，取得更大的成就。语言是心灵的大门，一个人是智慧的还是愚蠢的，只要听他的言语就可做出判断。做语言的智者，你就可能成为人生的赢家。

【阅读延伸】

　　春秋后期，齐国的君主齐景公是一个非常喜欢捕鸟的人，他经常将捕获的鸟儿养起来赏玩，而且还专门指派了一个名叫烛雏的人主管捕鸟事宜。

有一天，齐景公又捕到了一只非常好看的小鸟，把玩一会儿后便把小鸟交给了烛雏，走的时候还千叮咛万嘱咐让烛雏要好生看护那只鸟。没想到，齐景公没走多久，烛雏一个不小心，小鸟飞走了。齐景公一怒之下扬言要杀掉烛雏。

为了一只小鸟就要杀掉一个臣子，这实在有点说不过去，相国晏子觉得不可行，便上前对齐景公说："烛雏把大王的爱鸟放走了，的确犯了罪，理应受罚。现在请让我来列举一下他的罪状，然后大王按照他所犯的罪过来处死他吧！"

齐景公点头应允。晏子用手指着烛雏，开始历数他的罪状："大王派你专门看管鸟，你却粗心大意让鸟飞掉，这是第一条罪状；你使大王因为鸟飞掉的缘故而杀人，让大王背上好杀人的名声，这是第二条罪状；如果让别的诸侯听到这件事，认为我们的大王把鸟看得比人命还重，势必会坏了大王的威望，这是第三条罪状。"

晏子围绕着鸟的事情一口气列举了烛雏的三大罪状，然后转过身对齐景公说："大王，烛雏的罪状已经说完了，您也听清了，您就按照他的这些罪处决他吧！"

其实，当晏子历数烛雏的罪过时，齐景公已经听出了晏子话里的意思，脑子也清醒过来了，意识到了自己的错误，听到晏子让他处决烛雏，连忙摆手道："算了，不要杀烛雏了，不要杀烛雏了，寡人盛怒之下差一点做了错事，多亏爱卿指点。"

就这样，在晏子的劝说下，齐景公不仅没有杀烛雏，而且向烛雏表示了歉意，还向晏子表达了感谢之情。

晏子顺着齐景公"烛雏有罪"的意思列举了烛雏所犯的三大罪状，从字面上看，他说的的确是烛雏之罪，而话里的意思却在旁敲侧击齐景公，杀烛雏会让齐景公背上杀人的名声，毁坏齐景公的威望。所幸齐景公并非糊涂之人，他听出了晏子的"话外音"，避免了一场祸事，也让齐景公避免了声誉上的损失。

钓人合事，得人实也

言有象，事有比。其有象比，以观其次①。象者象其事，比者比其辞也。以无形求有声。其钓语合事，得人实也。②其犹张罝（jū）网而取兽也，多张其会而司之。③道合其事，彼自出之，此钓人之网也，常持其网驱之。其不言无比，乃为之变。以象动之，以报其心，见其情，随而牧之。④已反往，彼覆来，言有象比，因而定基⑤。重之袭之，反之覆之，万事不失其辞。圣人所诱愚智，事皆不疑。⑥

【注释】

①次：后边的，下边的。此处指言下之意。②其钓语合事，得人实也：像钓鱼投鱼饵一样，如果对方所说的与实情不相符，就用引诱性的言辞做诱饵，去引发他说话，以得到实情。③罝网：捕捉野兽的网。会：聚合，此指野兽经常出没之处。司：通"伺"，侦察。④报：应和。牧：察知，驾驭。⑤定基：确定根本。⑥圣人……不疑：陶弘景注，"圣人诱愚则闭藏，以知其诚；诱智则拨动，以尽其情，咸得其实，故事皆不疑也。"愚智：愚昧的人和智慧的人，此指所有人。

【译文】

言语中有"象"，事物中有"比"，通过"象"与"比"的手法来探求言语背后的真实意图。所谓象，是用形象化的手法来比喻事物；所谓比，是以同类的言辞做类比。采用象与比的手法，可以在无形之中得到对方的回应，了解到对方的实际情况，因为这两种手法都不直说，很隐晦。如果使用这两种手法说出的用作诱饵的话与对方所想相符合，那么对方的回应一定会暴露事实，这些实情将为己方所得。这就好像张着捕兽之网等着猎物投奔一样，多用反诘之语去多方试探，一旦方法得当，符合情理，对方必然会自己吐露实情，这便是引诱别人说出真实情况的罗网，在实际生活中，常常要持钓人之网，用这样的钓人方法去驱遣、掌握他人，使其为我所用。如果对方沉默不语，或者话语中没有可以用来推理、类比的信息，那么，我们就要改变方法。我们可以用"象"的方法使对方感动，主动迎合对方的心意，从而窥探到他的真实感情，进而驾驭对方。我们与对方经过几个来回后，通过揣摩对方话语中的"象"和"比"来把握对方的底细，这样我们就可以确定基本策略了。这样经过多次的重复与反复，任何事情都可以从对方的话语中察知。圣人把这种反听之法用于任何人或事，不会出现任何差错。

【智慧全解】

　　孔子说："文质彬彬，然后君子。"一个有魅力的人，不仅具有通晓事理的内在涵养，而且具有恰如其分的语言修饰能力。可见，运用语言的能力也是相当重要的。

　　语言是我们最重要的交际工具，是我们表达感情和思想的重要载体。掌握了语言修辞的人，说出的话会通俗易懂、生动活泼；不懂得运用修辞的人，说出来的话往往枯燥难懂、了无生趣。与人交往中，有些人为什么能够成为众人瞩目的对象，轻松获得成功，而有些人却无人关注，在角落里郁郁寡欢，暗自啜泣，总是徘徊在失败边缘呢？其中一个重要的原因就是前者掌握了语言修辞这根变化莫测、奇妙无比的魔杖。

　　鬼谷子说："己反往，彼复来，言有象比，因而定基。"说的也是语言的魅力。如果别人不愿意听你说话或者无论你怎么讲对方都听不明白的时候，你最好不要再一味地灌输自己的意见、主张，要及时改变说话方法。只有这样"反往覆来，言有象比"，才能钓出对方的实情，更好地驾驭他人。

在劝说上级、说服他人时，如果能随机应变地、巧妙地运用比喻、类比等修辞方法，可以让或枯燥或深奥的道理，变得通俗易懂、生动有趣，往往容易达到化被动为主动，让对方茅塞顿开、心服口服的目的。

毫无疑问，在竞争极为激烈的现代社会中，善于措辞的人肯定会抢占先机，争取到更多的利益或避免更大的损失。不过，运用语言修辞有一个重要的前提条件，那就是要保证对方能够听得懂，如果对方对你的话压根听不明白，那么你的一切努力都将变得苍白无力、徒劳无功。

【阅读延伸】

春秋时期，吴王阖闾企图派兵攻打楚国，于是便把自己的想法向各位大臣讲了："我想现在攻打楚国，各位认为怎么样？"

当时的楚国正处于强盛时期，此时攻打楚国，吴国会冒很大的风险。所以众大臣听了阖闾的想法纷纷表示反对，劝说吴王三思而行。

自己的想法遭到反对，吴王当然很生气，便气愤地说："这又怎么了？以我们现在的实力，一定能取胜！况且，打败了楚国我们就可以多点地盘。"

一个大臣站出来说："大王，在攻打楚国期间，我们的兵力将会全部集中在楚国身上，这时如果其他诸侯乘虚而入，我们自然会难以抵抗，导致无法想象的灾祸啊！所以……"

这个大臣的话还没说完，吴王就听不下去了，怒气冲冲地打断了他，并拔出寒光闪闪的宝剑，大声呵斥道："寡人心意已决，谁若再来劝阻，寡人就处死他。"众大臣听了吴王的话，再也不敢出来劝说了，大臣们都知道吴王一心称霸四野，劝说无益，只会枉送自己性命，于是全都三缄其口，垂头丧气地走了。

大臣们走在路上还在唉声叹气地议论此事，没想到他们的谈话被一位侍奉吴王的卫士听到了,这个卫士也认为这次出兵并非正义之战,对吴国也不利,很想劝阻吴王,可是吴王已经下了死命令,自己一个小小侍卫,怎么敢面对吴王直谏呢?可是不劝也不行啊,到底该如何是好呢?卫士陷入冥思苦想中……

那个卫士绞尽脑汁地想了好几天,还真的想出了一个办法。过几天,他一清早就走进王宫的后花园,手里拿着一把弹弓,转到东,转到西,连衣服被露水打湿了也毫不在乎。就这样,他在那里转了三天,终于被吴王发现了!

吴王觉得很奇怪,就把卫士叫到跟前,问:"这几天你天天早上都在花园里走来走去,看吧,你的衣裳都被露水打湿了,你这是在做什么啊?"

卫士稽首行礼后,恭敬地回答说:"禀报大王,我在打鸟。"

吴王问:"哦,那你转悠几天了,有没有打着鸟呢?"

"回大王,鸟我没打着,不过我遇到了一件特别有趣的事情!"卫士有些兴奋地说。

"哦!什么事情这么有意思?说来听听!"吴王也有了兴趣,面带微笑地问道。

"大王,你看,那棵树上趴着一只蝉,它在树的高处悠闲地叫着,自由自在地喝着露水,却不知道有只螳螂在它的身后,举着前爪,准备扑上去捉它呢!可是那只螳螂,也完全没有料到在它的身后有一只伸长脖子的黄雀呢!"

吴王夸奖道:"嗯,你看得真仔细!那黄雀要捉螳螂吗?"

卫士笑笑说:"是的,黄雀正要啄食螳螂,它却不知道我拿着弹弓正瞄准它呢!"

吴王笑道:"呵呵,还真的很有意思。"

卫士继续说:"大王,蝉、螳螂、黄雀,它们都一心想得到眼前的利益,却没考虑到自己身后正隐伏着的危险啊!"

吴王哪里会不明白卫士的意思呢?他沉默了那么一小会儿,就恍然大悟了：原来卫士在用"螳螂捕蝉，黄雀在后"这样一个形象的比喻，来表达攻打楚国其他诸侯会乘虚而入的道理。于是吴王呵呵一笑说："你讲得太有道理了！螳螂捕蝉，黄雀在后，我真是太糊涂了，差点铸成了大错。"于是，他取消了攻打楚国的计划，重赏了卫士。

试想一下，如果这名卫士也像其他大臣一样直白地去劝说阖闾放弃攻打楚国的计划，那么，他不但达不到劝诫的目的，还会赔上自己的性命，吴国的历史或许就会被改写了，幸好，这名卫士相当聪明，他没有赤裸裸地直劝，而是通过"螳螂捕蝉，黄雀在后"的生动事例来启发、刺激吴王，使吴王自己悟出其中的道理，明白自己的错误，从而取消了自己一意孤行的攻楚计划。

善反听者，以得其情

故善反听者，乃变鬼神以得其情。①其变当也，而牧之审也。②牧之不审，得情不明；得情不明，定基不审。变象比，必有反辞，以还听之。

【注释】

①反听：指发出信息去引诱对方，进而从反馈回来的信息中测得对方的真实情况。变鬼神：指犹如鬼神般灵活多变、玄妙莫测。②当：恰到好处。审：审查，摸清。

【译文】

所以，对于那些善于反听的人而言，就像神鬼一样变幻莫测，能刺探到实情。只要我们的言语应变恰当，就能详尽地查明对方的实情。不能查明对方的实情，主要是因为从对方那里获得的言辞信息不明，因为获得的言辞信息不明，所以就不能明了对方的真实意图，也就定不下控制对方的策略。如果对对方的实情不明了，就要使用"变象比"的手法，不断地变换我方话语中透露出的"象"和"比"，那么，对方言辞中一定有反应，然后我方再返回来听。

【智慧全解】

鬼谷子说："必有反辞，以还听之。"这里的"反辞"是一种"激气""励气"和"怒而挠之"的言辞，是能够激发对方有所反应的言辞，是一种利用逆向思维的游说技巧。鬼谷子认为，人人都有自尊心，但有时由于某种原因，这种自尊心会受到自我压抑，这个时候采用这种激将之法，就能反听出对方的实情。

每个人都有不服输的心理，激将法正是利用人的这个心理，有意识地运用反面的刺激性语言，将其潜能激发出来，从而有意地让对方的思维能够按照自己希望的路线发展。

古人云："水激石则鸣，人激志则宏。"这种以激燃自尊火花为目标的游说艺术，往往能在短时间内激发出巨大的力量。试想，有哪个人愿意被人说成"不行"呢？当别人说自己"一定不行"之类的话时，相信每个人都会不甘认输而认真起来。

"反辞以还听"的说服办法既可用于己，也可用于友，还可用于敌。它的目的不是激化矛盾，而是鼓动人去做某事的一种手段。运用这种办法一定要注意以下几点：

首先，凡事皆有度，失去了度，就会适得其反，所以要掌握好"反辞"的分寸，不要简单地贬低、讽刺、羞辱或挖苦对方，而要在"反辞"中加以"引导"，将对方的情绪引导至事先规划的情况，以达到激励他人的目的。

其次，常言说得好，"过犹不及"，运用"反辞"切不可过急或过缓，过急会欲速则不达，只会激怒对方，使事情往相反的结果发展；过缓，对方则会无动于衷，根本激不起对方的自尊心，那当然也无法达到激将的目的了。

再次，不同的人有不同的性情，也要使用不同的"反辞"，切不可千篇一律地滥用。对于过于世故、沉稳、保守、多疑的人来说，"反辞"往往难以奏效，还会使对方心生警惕。

【阅读延伸】

东汉末年，曹操率兵南下，企图夺取荆州。当时据守荆州的刘备势单力薄，根本无力抵抗，一败再败，陷入困境。而要解除眼前的困局，办法只有一个，那就是与江东的孙权联手共同抗曹。于是，诸葛亮主动请缨，前往江东求援。

当时的孙权势力不弱，拥有江东和10万精兵，而且有长江天堑作为天然屏障，他本想坐观江北各路豪杰恶斗，坐收渔翁之利。他一看到诸葛亮前来，就明白其此行的目的，所以一露面，劈头就问："先生此来东吴，是因为刘备被曹操逼得无路可走了吧？"

诸葛亮向来善度人，一见孙权一表人才，便明白这种人是难以用言语说动的，于是只字不提联吴抗曹的请求。

寒暄之后，孙权忍不住问诸葛亮："现在曹操共有多少人马？你可知道？"

诸葛亮微笑着回答："共100余万。"

"曹操在兖州时，就有青州军20万；平定河北，又得五六十万；在中原招新兵三四十万，现在又得荆州兵二三十万。如此算来，曹兵不下150万，你怎么说只有100余万呢？"孙权反问道。

诸葛亮不卑不亢，依然面露微笑，说："我之所以说只有100万，是怕惊吓了江东之士。"

孙权的谋士鲁肃也倾向于联合刘备共同抗曹，他一听诸葛亮所言，顿时大惊失色，一个劲地向诸葛亮使眼色。

岂料诸葛亮只是装着没看见，继续说道："现在曹操几乎将天下完全平定了，名震天下，各路英雄纷纷投到他旗下，以目前的情势，没有人能与曹军相抗，尽快解除武装，臣服于曹操才是上策。将军你是否已定好方针？时间剩下不多，再不做决定就来不及了。"

听完诸葛亮这一席话，孙权心生不满，但还是不露声色，问道："照你的说法，刘备为何不向曹操投降呢？"

诸葛亮答道："当年的田横，不过是齐国的一名壮士罢了，尚能笃守节义，为了不服侍二主，在汉高祖招降时不愿称臣而自我了断，更何况我主刘皇叔乃堂堂汉室之后。钦慕刘皇叔之英迈资质，而投到他旗下的优秀人才不计其数，不论事成或不成，都只能说是天意，怎可向曹贼投降？"

诸葛亮的这番话表明了他不把孙权以及整个江东放在眼中，孙权听后忍不住火气直冒，拂衣而起，退入后堂。鲁肃也埋怨诸葛亮方才不该大谈曹军兵力之雄壮。诸葛亮笑而不语。

过了一会儿，孙权又转了回来，而且面带笑容，他重新坐下与诸葛亮相谈，说："刘皇叔一连失败，尚且不愿投降曹军，我堂堂东吴怎么愿意受曹操控制呢！但如果我们联手抗曹，一定可以将曹军赶回北方。"

不久，孙、刘联盟共同对抗曹操的局面正式形成了。后来，就有了举世闻名的赤壁之战，并为三国鼎立局面的形成奠定了基础。

大家知道，诸葛亮出使江东就是为了联吴抗曹的，目的明确，他明知血气方刚、年轻有为的孙权不会屈居曹操之下，却做出一副强硬的态度，劝说孙权投降曹操，激发了孙权的自尊心和斗志，很顺利地完成了使命。试想，假如诸葛亮不用"反辞"刺激孙权，而是低声下气、百般讨好，能否劝说成功，达到联吴抗曹的目的呢？肯定不容易。从这个事例可以看出，针对特殊性情的人，正面劝说真的不如反面刺激有效。

欲高反下，欲取反与

　　欲闻其声反默，欲张反敛，欲高反下，欲取反与。欲开情者，象而比之，以牧其辞。①同声相呼，实理同归。②

　　或因此，或因彼，或以事上，或以牧下。此听真伪，知同异，得其情诈也。动作言默，与此出入，喜怒由此以见其式。皆以先定为之法则。以反求覆，观其所托③。

【注释】

　　①开情：让对方吐露情怀。象而比之：在引诱言辞中描绘同类事物的形象，或列举历史上同类的事例做类比，以此来引发对方。②同声相呼，实理同归：声音相同就会相互呼应，看法一致就会走到一起。③托：指言辞之中背后的实情。

【译文】

　　总而言之，要想听到对方的声音，我方必须先要沉默；要想让对方张口，我方必须先要收敛；要想升高，我方必须先要下降；要想取得，我方必须先要给予。想要让对方吐露情怀，我方要先设表象引诱他，并用类比的办法来驾驭言辞。声音相同就会有所呼应，看法一致就能走到一起。

反听的办法或者用在这里，或者用在那里，或者用在侍奉上司，或者用来管理下属。这是辨别真假、分析同异、分清真诚与虚伪的方法。对方的动作、言语、口气，都可以用此方法去考察；对方的一喜一怒，都可以用此方法见其端倪。所有这些，都以我方首先做好准备为法则。用"反"来求对方回应，然后观察对方的真实意图。

【智慧全解】

相信大家对下面这则故事都不会陌生吧？

传说有一个人遇到上帝，向上帝请教什么是天堂。上帝见他一片赤诚，便说："请随我来。"此人跟随上帝来到一个房间，看到房间内放着一口大锅，锅的四周围坐着一群手执汤勺的人，汤勺的柄很长，尽管这些人争先恐后地把盛满汤的勺子往嘴里送，可是就是无法送到嘴里，这群人很痛苦。上帝对那人说："这里是地狱。"

然后上帝又带着此人来到另一个房间，这间房里的摆设跟前一个房间一样，不过这里的人都在津津有味地喝着汤，因为他们全都举着汤勺先往别人嘴里送，大家相互给予，过得十分幸福。上帝说："这里就是天堂。"

此故事虽短，却很有哲理，此寓意正如鬼谷子所说"欲闻其声反默，欲张反敛，欲高反下，欲取反与"。

无论在生活中还是工作上，我们身边都不乏抱怨他人虚伪冷漠、世态炎凉的人。其实，这都源于自己一味地求得，却不知道怎样去给予。与其抱怨，不如自己先走出自私自利的泥潭，先学会给予。

给予就好比是两群人手中的长柄勺，运用得当，可以把地狱变成天堂。给予与收获如一对不甚亲密的伙伴，总是给予先行，收获才姗姗来迟。当你给予别人的时候，别人也在以同样的方式回报你。

生活就是这样，人们都习惯用相同的方式去回报他人为我们做的一切，我们一旦接受了别人的东西，就有了偿还的义务。正如生活中的一个普遍现象，如果有人请我们吃了一次饭，我们总要找个机会回请他；

如果一个人帮了我们一次忙,我们也会愿意帮他一次。当一个人接受了别人的东西后,他的偿还义务就开始了。这就是人际交往中的"互惠原则"。

所以,要想收获更多,我们就要首先学会给予,就像歌德说过的"若要实现自己的价值,就得先给世界创造价值"。学会给予吧,相信成功和幸福会不知不觉地降临到你身边。

【阅读延伸】

春秋时期,齐相国孟尝君是一个礼贤下士的贤相,他的门下有很多门客,其中一个名叫冯谖。冯谖来到孟府很长时间了,却什么事都不做,如同一个游手好闲的吃客。孟尝君虽然觉得很奇怪,但好客的他每次都会热情招待他。

转眼过去了一年,孟尝君想派一名门客前往封地薛地去收债。冯谖自告奋勇地说自己能去,孟尝君高兴地叫总管把合同契据给了冯谖,并备好了马车。

临出发前,冯谖向孟尝君询问道:"债收齐后,买些什么东西回来?"

孟尝君答道:"先生自己看吧,我家里缺少什么就买什么吧!"

冯谖驱车到了薛地,那里的劳苦百姓听说孟尝君派人来收债了,一个个叫苦连天。原来,这一年薛地的收成非常不好,老百姓们勉强够温饱,哪还有余钱交利息呢?

见此情形,冯谖有些为难了。但他略一沉思,便对大家说道:"大家不要慌张,我不是来收债的。孟尝君知道你们今年收成不好,便令我前来烧契据,说把那些钱赏赐给你们了。"说完,便当众烧掉了契据。

老百姓们全都高呼万岁,纷纷称赞孟尝君的大恩大德。

冯谖很快返回到孟尝君家中,孟尝君见他两手空空地回来了,便奇怪地问道:"事情办得怎么样?你买了什么回来?"

冯谖丝毫不慌张,淡定地回答道:"我什么都没有买,而且把所有的契据都烧掉了。"

孟尝君一听，火了，"什么？我的封地本来就少，而百姓很多时候还不按时还利息，宾客们连吃饭都怕不够用，所以请先生去收缴欠债。但现在你不仅没有把债收回来，居然还烧毁了所有的契据！"

尽管孟尝君雷霆大怒，可冯谖一点也不示弱，依然一脸平静地说："但我替您把'义'买了回来！收回了民心。"

孟尝君问："你这是什么意思？"

冯谖回答："临行时您曾说过，让我看您家里缺少什么就买什么。我看您府上堆满了财宝，畜栏里养满了良犬骏马，堂下站满绝色美人，您现在可以说什么都不缺了，但民心却是多多益善的。"

顿了顿，冯谖继续说："借您钱的大多是穷人，他们越来越穷，即使跟他们讨债十年也讨不到，如果硬逼的话，他们就会用逃亡的办法赖掉债务。而主动烧掉那些根本得不到的借据，则会让他们主动亲近您、信任您、拥护您，彰显您的好名声啊！您有什么可疑惑的呢？"

孟尝君听后，也明白了冯谖的良苦用心，于是连声道谢。

后来，齐王受到秦国和楚国诽谤言论的蛊惑，罢免了孟尝君的相位。孟尝君只得回到自己的封地薛地。出乎他意料的是，他在百里外便受到了薛地百姓的热烈欢迎。孟尝君对冯谖说："先生的目光真是远大呀，您替我买的'义'，今天终于看到了。"

冯谖真可谓是一位具有远见卓识的战略家，他通过烧毁不可得的借据，将先前的借款给予了薛地百姓。从表面上看，这好像让孟尝君受到了损失，却为他买到了义，收获了民心，所以才有了后来孟尝君被罢官前往薛地，百姓们百里之外相迎的动人场景。由此可以看出，任何的给予都不会没有收获，最终都会得到回报。

量能射意，符应不失

故用此者，已欲平静以听其辞，察其事，论万物，别雄雌。虽非其事，见微知类。若探人而居其内，量其能射其意，符应不失，如螣（téng）蛇之所指，若羿之引矢。①

【注释】

①螣蛇：传说中的一种能兴云作雾的神蛇，六朝术士用以占卜人的祸福。羿：古代神话传说中的英雄人物，擅长射箭。引：拉开弓。矢：箭。

【译文】

我们要平心静气地去听取别人的言辞、事理，议论万物，分辨事物的好坏。就算不是这个事，也可以从同类事物的微小征兆来推理认识此事的类别、实质和发展趋势。这就像深入到对方内心去探测他一样，可以准确地估量出他的能力，猜测出他的本意。这种方法就像"符应现象"那样不失其意，像螣蛇指示祸福那样准确无误，像后羿张弓射箭那样百发百中。

【智慧全解】

鬼谷子认为，做事要"量其能射其意"，必须果断勇敢，一旦想法成熟就要马上行动，绝对不能优柔寡断、举棋不定，这样才能"符应不失"，否则只会迷失方向，错失良机，处处落后于人，让自己陷入被动的局面。

事实确实如此，生活中很多事情最后能否成功，其关键就在于当事人是否把握住了时机，是否立即采取了行动。相信很多人有过这样的经历：自己曾有过一个很不错的想法，只是因为没有马上付诸行动，结果此想法不是被忘记，就是被放弃。当别人取得成功时，才猛地想起当初自己也曾有过这样的想法，却没有去做，后悔不迭。

优柔寡断是做事的一个致命弱点，它可以摧毁一个人的自信心，扰乱其判断力，进而导致其人生的失败。就拿西楚霸王项羽来说吧，项羽性格上的一大特点就是优柔寡断，鸿门宴上他几次不忍杀刘邦，放虎归山，最终被刘邦四面埋伏，落了一个"乌江不是无船渡，耻向东吴再起兵"的悲惨结局。

俗话说"机不可失，时不再来"，任何事情都讲究速度、时效，现代社会竞争激烈，每个人都在想办法、做事情，众人都处于同一条起跑线上，你如果稍稍停留一会儿，就有可能被别人甩在身后。所以，一旦有了好想法，就要马上行动，否则这个想法很可能被别人付诸实践。

因此，要想"如螣蛇之所指，若羿之引矢"，一定要当机立断。首先下手之前，要调动所有的器官去观察，去感觉，去倾听，也就是"量其能射其意""若探人而居其内"，尽快收集各种信息，形成一个较为成熟的想法，而且还要知道怎样朝这个方向努力。这是关键，只有这样做了，才能心中有数，才能做到胸有成竹、从容淡定，从而让自己立于不败之地。要不然，不仅事情办不成功，而且还会因为失误而浪费精力。

总而言之，事情一旦决定，就要马上去做，尤其是竞争愈发激烈的现代社会中，要想占得先机、成就大事，在理清事情的大体方案后，只要大方向没错，就不要瞻前顾后，只需要立即付诸行动，既快又好地把事情完成。任何事情一旦决定了，如果方向没有错就应该马不停蹄地去做。

【阅读延伸】

　　东汉末期，诸侯割据，战乱四起，曹操在其中逐渐凸显实力，其霸业蒸蒸日上。在曹操的霸业史上，一个人物功勋卓著，不能不提，他就是素有"小太公"之称的郭嘉。郭嘉是曹操旗下的一名谋士，此人足智多谋，神机妙算，曾多次帮助曹操在战争中获得胜利。

　　在官渡之战中，曹操打败了盘踞在冀、青、幽、并四州的袁绍，后来，杀了袁绍长子袁谭，袁绍的另外两个儿子袁尚、袁熙趁乱逃脱。

　　曹操本想乘胜追击，一举斩草除根，而郭嘉阻拦说："袁绍很喜欢这两个儿子，生前没有确立继承人。现在他俩肯定会发生内讧，争权夺利，不久就会崩溃，到时就可以一举平定。而如果现在我军急攻，他俩会相互支持，同仇敌忾。这样岂不给我军带来极大的损失？"

　　曹操一听，觉得郭嘉言之有理，便采纳了他的意见，班师回朝了。果然如郭嘉所言，没过多久，袁氏兄弟就发生了内斗，袁尚投奔了辽河流域的乌丸族首领蹋顿单于。

　　蹋顿决心支持袁尚，乘机侵扰汉朝边境，破坏边境地区人民的正常生产和生活。曹操有心要去征讨袁尚及蹋顿，但又担心远征之后，荆州的刘表会乘机派刘备来袭击自己的后方。

　　见曹操犹豫不决，郭嘉说："刘表是个空谈家，知道自己才能不及刘备，平时冷落刘备。刘备不受重用，自然不肯多为刘表出力。所以你只管放心远征乌丸，不会有后顾之忧的。"

　　于是，曹操领军出征。谁知，由于军用物资多，曹军行军速度慢，走了一个多月才到达河间的易城（今属河北）。

　　郭嘉见了，甚为焦急，赶紧进谏曹操："如果一直这样行军，很可能会延误战机，让袁尚喘过气来，重新收集残部，到时加上乌丸各族响应，蹋顿有了野心，只怕我们刚刚收复的冀州、青州又要被别人夺去。"

　　曹操也很着急，急切地问："那该如何是好？"

　　"用兵贵在神速，我们不如留下笨重的军械物资，让部队轻装，以加倍的速度前进，昼夜兼程，乘敌人没有防备就发起进攻，那样就能大获全胜。"郭嘉回答。

曹操点头称是，迅速按照郭嘉的计策，亲自率领数千精兵，轻装秘密北上，直达蹋顿单于的驻地柳城。乌丸人惊慌失措地应战，很快被杀得一败涂地，蹋顿死于乱箭中，袁尚逃往辽东，后被太守孙康所杀。

郭嘉在对敌方充分了解的基础上，力劝曹操"兵贵神速，欲速也可达"，要果断行动，最终一举歼灭了蹋顿，让袁尚成为"丧家之犬"。

郭嘉堪称是一位果敢善谋的军事家，他深知"机不可失，时不再来"的道理，向曹操多次提出建设性的建议，从而帮助曹操成就了一番霸业。

反应迟钝、优柔寡断、犹犹豫豫向来都是导致失败的致命伤。要想取得成功，就要像郭嘉那样，具备敏锐的眼光，善于审时度势，有善断并且决断的勇气和胆识。在关键时刻，刚毅果决，大胆拍案，及时调整办事策略，转移战略方向。

知之始己，而后知人

故知之始己①，自知而后知人也。其相知也，若比目之鱼；其见形也，若光之与影。其察言也不失，若磁石之取针，如舌之取燔（fán）骨②。其与人也微，其见情也疾。

【注释】

①始己：始于己，从自己开始。②燔骨：烤烂的骨头肉。燔，烧，烤。

【译文】

因此，要想了解外界的人或事物，最好的方法就是从了解自己开始。只有先自知，然后才能知他人。自知和知他人就像比目鱼一样是两两并行的。对方一现形，就像光一样显露出来，我方就像影子一样，马上捕捉到对方的实情。我们如果做到了自知，在观察对方言辞的时候，从中得到自己想要的东西，就会像磁石吸取铁针那样可以不失毫厘地掌握到对方的真情实意，又像舌头舔取烤烂了的骨头肉那样可以轻易地一探即得实情。我们虽然给予对方的信息量很少，但得到对方的实情却又多又快。

反应第二：知己知彼，方圆有度

【智慧全解】

　　鬼谷子说："知之始己，自知而后知人也。"强调要想掌握情况，必须从自己开始，只有先了解自己，然后才能了解别人。

　　鬼谷子的这个观点跟我们所熟知的"知己知彼，百战不殆"具有异曲同工之妙，不过，鬼谷子更强调自知，把自知作为知人的前提。这个观点颇具见地，无论在处理事情上，还是在为人处世中，自知之明都是人的一种重要品质。

　　历史上，赵括和马谡都是无自知之明、不自量力的典型。他们本身属于那种会动脑，但缺乏实践经验、不会动手的人，如果只是在军营中做一个参谋，为主帅出谋划策，或许还能发挥他们的才干。或者，他们可以参加一些小的战斗逐渐培养实战经验，待经验丰富之后，将理论与实践结合，没准也能成为一代良将。可惜，他们在还不具备将帅之才的时候，硬着头皮肩负起了重要的军事任务。马谡出征前甚至立下了军令状。诸葛亮曾叮嘱他：要在平地上扎营，阻击魏军。可马谡却自恃聪明，硬要在山上屯兵。结果被魏兵围困，导致大败，丢失街亭，掉了脑袋。不了解自己的真正水平，冒险而为，历史上和现实中许多惨痛的悲剧和沉痛的教训就是这样造成的。

　　在现实生活中，自知要比知人难得多，这就像眼睛看不到睫毛，自己的缺点自己往往很难看到。因为每个人或多或少都有些虚荣心，这个虚荣心使人不愿意看到自己的缺点。东汉时期，有个官员名叫戴圣，此人学识渊博，名重一时。但他处理政务不遵法令，造成了许多冤案错案。有一个名叫何武的官员向朝廷揭发了戴圣的过失。朝廷经过核查，免去了戴圣的官职。戴圣很生气，觉得何武在跟自己过不去，便找一切机会诋毁何武，而何武知道后总是一笑了之。有一次，戴圣的儿子犯了罪，被抓获后押到官府听候处理，而主审官正是何武。戴圣认定何武会将他儿子置于死地，整天茶饭不思。可是，何武公正判决，并没有判处其死刑。这时，戴圣开始反省自己的过错，才发现自己以前确实有很多不是。

于是，他到何武家去认错，两人从此成为好朋友。

戴圣见多识广，知天知地又知人，可就是不自知，在何武的感染下，他深刻反省己过，终于补上了人生的重要一课，避免犯下更大的过错。

要了解别人，首先必须了解自己，自己有了定见，才能正确而灵活地运用各种策略，进退自如。正如老子所说："知人者智，自知者明。"能够了解别人，当然称得上聪明，但如果能知人更能自知，懂得"知之始己，自知知人"，那才称得上真正的大智慧。

【阅读延伸】

春秋时期，楚国国君楚文王有一个倾国倾城的姬妾，名叫息妫。公元前666年，楚文王去世，楚文王的弟弟公子元想讨好息妫，求得美人的欢心，便日夜在息妫寝宫附近的馆舍里莺歌燕舞。息妫知道公子元的用意，感叹道："阿叔身为令尹，不奋发图强，重振国威，却沉醉于靡靡之音中，真令人担心！"息妫的这番话很快传到了公子元耳中，公子元一心要讨好嫂嫂，便决定率领大军去攻打邻邦郑国。

当时，郑国国势微弱，跟楚国根本不可相提并论。面对来势汹汹的楚军，郑文公惊慌失措，急忙召人商讨对策。叔詹不慌不忙地说："从前，楚国出兵，从未有这么大规模。据我所知，公子元这次出兵，不过是讨好他的嫂嫂，没有什么其他目的。楚兵若来，老臣自有退兵之计。"

楚军先头部队很快就来到了郑国都城城下，叔詹下令军队埋伏在城内，大开城门，街上商店照常做买卖。百姓来来往往，熙熙攘攘，秩序井然，毫无紧张气氛。楚军见此情景，非常吃惊，认为城中一定早有防备，此番情景只是为了诱敌深入罢了。楚军不敢贸然杀进，赶紧下令就地扎营，等候主帅的指示。

公子元率领大部队赶到，见城内秩序井然，也是大为震惊，觉得城内定有埋伏，心里踌躇不已。他想到郑国与齐、宋、鲁有盟约，眼下城内有埋伏，万一不能取胜，齐、宋、鲁援军一到，前后夹击，楚军一定会失败，自己哪里还有脸面回去面对嫂嫂呢？再说这次出兵，已攻下几个地方，几天之间，就打到郑国都城，也算是打了胜仗，目的已经基本达到，还是见好就收吧！

这样一想，公子元便连夜班师回国，不过他实在担心郑军追击，于是命令所有营帐保持原样，遍插旗子，也想摆一个空城计，疑惑郑兵。

第二天，叔詹登城遥望楚营，看了不大一会儿，就兴奋地叫道："楚兵撤走了！"众人都不相信。叔詹指着远处说："凡是军队驻扎的营地，必定击鼓壮威，以吓骇鬼神。你们看那里有飞鸟盘旋，证明军营里连一个人也没有了。我料定楚军怕齐国援军赶到，被内外夹击，连夜撤走，还摆下一座空营来迷惑我们。可惜，公子元会摆空营计，却识不破我的空城计！"

很明显，公子元就是一个不知己也不知人的人，他所摆的空营计在对方眼中就是一个笑话。而郑国大臣叔詹与其相反，他不仅了解己方的实力，而且了解对方的实情以及真实意图，所以他充分利用了公子元以及楚军的多疑，摆了一个空城计，让楚军不敢贸然进攻，达到了不战而退敌的良好效果。

圆以道之，方以事之

如阴与阳，如圆与方。①未见形，圆以道之；既见形，方以事之。进退左右，以是司之。己不先定，牧人不正。事用不巧，是谓忘情失道②。己审先定以牧人，策而无形容，莫见其门，是谓天神③。

【注释】

①圆：说一些迎合对方的话。方：按规矩行事。②忘情失道：忘记得情的规律，失去得情的本质。③天神：天神无形无容，难测难知，这里指达到了最高境界。

【译文】

无论用于"阴"或"阳"的情况、"圆"或"方"的事物，都可以得心应手。如果没有见到对方的实情，那么就说一些迎合对方的话，引导他说出实情；如果得到了对方的实情，那么就按我方已经设计好的对策去行事。如此，进退左右等一切行动都可以用这种规则去掌握。总之，我们如果不先定，那么就无法驾驭对方。如果在我方未定时仓促行事，那就是忘记了得情的规律。我方先定然后去驾驭对方，做到计策谋略不露行迹，让对方摸不透、抓不着我们的门路，这是获得对方实情的最高境界。

反应第二：知己知彼，方圆有度

【智慧全解】

鬼谷子说："未见形，圆以道之；既见形，方以事之。"意思是说，在情况还未明朗以前以圆略来诱惑对手，在情况明朗以后就要用方略来战胜对方。无论是向前还是向后，无论是向左还是向右，都可用这个方法来对待。

北宋年间有两个神童级的人物，一个叫晏殊，一个叫蔡伯俙。地方把这两个人推荐给了宋真宗，宋真宗一高兴就让这二人做了太子的伴读。孩子都爱玩，皇太子也不例外。每当皇太子贪玩的时候，晏殊总是规劝他，太子为此很讨厌晏殊，而蔡伯俙不同，他处处讨太子的欢心。有一次，真宗皇帝要检查太子的学业，太子要晏殊代做一篇。晏殊不肯。太子又叫蔡伯俙写，蔡伯俙马上代写了一篇。真宗皇帝发觉有假，追问下来，晏殊如实禀告了。这下太子气坏了，他恶狠狠地对晏殊说："我将来当了皇帝，要杀你的头！"晏殊毫无惧色地回答："就是杀我的头，我也不弄虚作假。"后来，太子即位，当了仁宗皇帝，晏殊被他任命为宰相，而蔡伯俙反而被疏远了。

晏殊以方略对待皇太子，绝不弄虚作假，结果后来被委以重任。而蔡伯俙一味采取圆略，阿谀奉承，反而遭到疏远。不过，晏殊并不是一味地以"方"处世，他也有"圆"的一面。他还没当上宰相的时候，有一次，皇帝称赞晏殊说："别人都纵情声色，只有晏殊生活勤勉俭朴。"晏殊则悄悄告诉皇帝："我也想跟他们一样啊，只是我的官职太低，又没有钱，而且事务太忙。"后来，晏殊官位提升、薪俸多起来后，他果然也像其他人一样享乐。晏殊的这一做法，与老子倡导的"和其光、同其尘"的思想十分吻合。稍微知晓点历史知识的人都知道，宋朝是一个崇尚享乐的朝代，整个社会风气都是如此，假如晏殊一味地求方，而不知其圆，自命清高，就会落个不合群的话柄，拒人于千里之外就不利于诸多事务的开展了。能方能圆，正是晏殊的高明之处。

在王安石初入仕途的时候，晏殊曾送给他一句至理名言："能容物者，物乃能容。"意思是说，不要责难别人轻微的过错，不要随便揭发他人个人生活中的隐私。不管你的品德多么高尚，你的观点多么正确，只要你对别人苛刻，他就会把你当成他的敌人。不念人旧恶是要有些胸襟的，只有修养高的人才可能做得到。其实人际间的矛盾往往因时因事而转移，总把思路放到过去的恩怨上属于不智之举。

而生性聪明、学识渊博的王安石似乎并没有把这句话放在心上，他的口下向来不留任何情面。郑毅夫写诗引用李白诗句，他就嘲笑："此人不识字。"王安石成名前，舅舅曾讽刺他的蛇皮身，一旦科举得中，他就立刻寄诗给舅舅报此仇。尽管他倡导的变法利国利民，但攻击四起，终于夭折。试想，如果王安石能宽厚待人，能方能圆，阴阳结合，那么变法会有一个什么样的结果呢？王安石本人的结局又会怎样呢？可是，生活没有如果。

与人相处一定要懂阴阳，知方圆，有分寸，既不可对人苛刻，也不可过于亲近。我们常常说对人要真诚友好，这并不是说要没有选择地和任何人做朋友。在向别人掏心窝时，一定要先对他有所了解。一个人不设防地对待他人，而且成了习惯，如果他自己感觉累了，或觉得彼此志不同道不合了，这时再抽身，对彼此都没好处。生活中，由这个原因而引起的矛盾并不在少数。

学习方圆之道，必须解决一个重要的问题，那就是如何对待别人的错误。倘若别人无意中犯了错误，违背了你的心愿，打乱了你的计划，这时，你的第一反应可能是气愤，接下来可能会大发雷霆。相信很多人都会是这个样子，然而这样之后又如何呢？当然是于事无补，其结果往往是加剧了对方的恐惧，使事情越来越糟糕。其实，如果能够忍住一时的怒火，反过来宽容别人，结局就会不同。这就是鬼谷子所说的"如阴与阳，如圆与方"的处世之道，只有做到这样，才能"与人也微，见情也疾"。

【阅读延伸】

清朝时，江宁县有一位知县，名叫袁子才。此人见多识广，足智多谋，而且断案如神，灵活多变，百姓们有了冤情都会找他申诉。

有一次，江宁县发生了一件比较特殊的案子。话说一位貌美如花的陈姓女子许配给了同村的一位李姓男子。可是男方家里很穷，一点聘礼都拿不出来，所以二人一直没能成婚。陈女长得漂亮，引来许多男子的青睐，时日不长，她就被一位风流和尚设计奸污了。和尚威逼利诱此女不能向外泄露隐情，陈女无奈之下只好做了和尚的地下情妇。

然而，要想人不知，除非己莫为。这种事情哪能瞒得过世人雪亮的眼睛呢？事情很快就败露了。当地一些无赖之徒知道后，便想借机敲诈钱财，一天晚上，和尚又与陈女约会，那些无赖就将他们抓了个现形，然后押到县衙。

在县衙，袁子才分别审问了二人，他先问陈女："你这个女子，真是不知羞耻，快把你和和尚通奸的事情如实招来。"陈女一把鼻涕一把泪地把事情和盘托出，她一再强调，自己虽然这样了，可心里一直牵挂着未婚夫李某。

经过一番审问，袁子才了解了整个事情的真相，于是便让陈女退下，坐在那里沉思。手下看他一言不发，便问："大人，您是被难住了吗？"袁子才笑着说："这个案子很简单，难不倒我。不过这个案子有点特殊，要用一些特殊方法去裁断，我得好好琢磨一下。"

思索良久，袁子才连夜提审和尚，一顿申斥后，勒令其写下一张二百两银子的借据，然后脱掉他的和尚袍，将其赶出衙门。然后，袁子才又找来一位干粗活、留短发的女佣，低声吩咐了几句，让她穿上和尚袍，看押起来。

第二天一早，袁子才继续升堂问案，还是先审陈女，陈女一句话不说，只是低头哭泣。袁子才又审和尚，对他怒喝道："你身为出家之人，竟也干出如此龌龊之事，来人，重打八十大板。"衙役却发现和尚竟然是一个尼姑，袁子才假戏真做，也面露诧异之色，怒斥捉奸者："你们这群无赖，竟然戏弄本官，来人，把他乱棍轰出去。"

这个案子就这样给结了。

过了几天，袁子才又寻来陈女的未婚夫李某，试探他对陈女的态度。李某说："这次丑闻责任不在陈女，是我自己拿不出聘礼，而耽误了她，所以才让她遭人陷害。"

袁子才又问："如果我有一笔钱，让你们结婚用，你愿意跟陈女结婚吗？不过你放心，这笔钱来路光明正大，而且是送给你们的。"李某感激万分，连连点头。袁子才赶紧派人把那和尚的借据到钱庄兑换成现银，交给了李某。李某立即去陈女家纳征，这对男女终成眷属。

就这样，一桩难办的案子被袁子才轻易地破解了，一对男女结下了一段姻缘。袁子才的手下直夸："大人真是高明，您是怎样想出这么个妙招的？"袁子才说："我只告诉你一句话，办任何事情都不能认死理，要根据具体情况灵活处理。"

袁子才灵活运用了方圆之术，使得一桩丑闻画了一个完美的句号，真是把鬼谷子的"圆以道之，方以事之"的智慧运用得出神入化！

内揵第三：审时度势，巧言善谏

「内」，内心世界，引申为揣度君主心思，顺从君主心意，投其所好；「揵」同「楗」，引申为设法进献自己的计谋。「内揵」就是通过恰当的言辞探知君主的内心，并从内心与之结交。鬼谷子认为游说他人，最关键的就是摸透对方心意、控制对方的思路变化，从而使对方有种心心相印、志趣相投的感觉，接着便可灵活多变地采用游说之法，使自己进退自如。

事有内揵，素结本始

君臣上下之事，有远而亲，近而疏，就之不用，去之反求。①日进前而不御②，遥闻声而相思。事皆有内揵③，素结本始。或结以道德，或结以党友，或结以财货，或结以采色。

【注释】

①就：靠近。求：征召。②御：用，指君主信用。③内揵：内心联结。

【译文】

君臣上下之间的关系非常微妙，有的大臣与君主的距离很远，但关系反而密切；有的大臣与君主离得很近，反而被君主疏远。有的投奔而来，反而不被任用；有的离开，反而被君主诏求。有的天天在君主跟前活动，反而得不到信任；有的只是遥闻其名，君主就朝思暮想，要得到他。这些都是因为君臣之间内心相知的程度不同导致的，源于君臣平时的结交。有的以道德交结，有的以党友交结，有的以财物交结，有的以美色交结。

【智慧全解】

鬼谷子在此对古代君臣上下的关系进行了详尽的描述，指出关系远近的缘由。当今社会，虽然没有了君臣关系，但是他所说的道理依然有借鉴意义。因为我们都生活在人与人的关系之中，只要有社会存在，就有上下、宾主、长幼关系存在，我们必须学会处理这些关系。

在日常生活中，我们要面对邻里、长幼关系，出于利益的考虑，我们就要明白跟哪家走得近一些，跟哪家走得远一些。在工作中，我们要面对上下级关系，出于利益的考虑，我们就要学会处理与上级的关系，与平级的关系，以及与下级的关系。在朋友圈子里，大家虽然没有高低之分，但依然会有利益的考量，无论是出于何种利益，我们都会跟这个朋友亲密一些，而跟那个朋友关系相对疏远一些，把这个人视为知己，把那个人视为酒肉朋友。在虚拟的网络世界里，似乎不再存在利益关系，其实不然，网络关系中也有利害关系，这个利害关系就是对你是不是有所帮助，与这个人聊得多一些，是因为这个人入你心，能给你带来快乐，这也是一个利益；和那个人很少聊或根本不愿聊，是因为那个人不合自己的心意。

当然，我们所考虑的利益范畴很广，包括名誉、权势、情感、功业、金钱等。不管我们置身于哪种关系之中，出于人之本能，一定会先维护、求取自己的利益，要做到这一点，我们必须学好鬼谷子的"事有内揵，素结本始"的人际关系学说。

【阅读延伸】

屈原的祖先屈瑕，是楚武王的儿子，按理说，屈原跟楚怀王还有些血缘关系呢，他们应该很亲近才对。最初的时候，楚怀王的确很信任屈原，任他为左徒，是一个比相国略低一等的官职，让屈原"入则与王图议国事，以出号令；出则接遇宾客，应对诸侯"。

然而，楚怀王是一个耳朵根子很软的人，偏听偏信，上官大夫看到屈原受到重用，便心生忌妒，向楚怀王进谗言："大王让屈原制定政令，每当新政令颁布施行，屈原就在众大夫面前夸耀自己的功劳，以为'非我莫能为也'，他这是完全不把大王放在眼中啊。"

此人一说，楚怀王不进行调查验证，就一概全信了，从此开始疏远屈原，慢慢地，再也不跟他一起商议国家大事了。

后来，秦王看到楚国与齐国交好，非常担忧危害到自己的利益，便派张仪前往楚国离间齐楚关系。

张仪到达楚国后，楚怀王就做出非常礼贤下士的姿态，厚待张仪。于是，张仪就欺骗楚怀王说："只要楚国与齐国绝交，秦王愿意献出商於之地六百里给楚国。"楚怀王相信了张仪的话，当场答应与齐国断交，大臣陈轸冒死劝谏也无济于事。后来，楚怀王知道上了张仪的当，要起兵攻秦，结果兵败受辱。

屈原侍奉楚怀王多年，又是其同族，关系可谓亲密，然而却因为一句谗言，竟然遭到疏远，后至流放，连一句辩白的机会都没有。而张仪来自他国，跟楚怀王完全是陌生人，却因为一句话而取得了楚怀王的信任，即使有陈轸劝阻，也没能削减楚怀王对他的亲热之情。二者的差别可真是大啊，这是为什么呢？用我们现代人的眼光来看，是因为楚怀王昏庸，不辨忠奸，才导致屈原被疏远，张仪被亲近。除此之外，楚怀王性格上的原因则是关键因素，张仪看清了楚怀王是一个贪婪自大之人，才对症下药，取得了他的信任。而屈原正是因为没有看清楚怀王性格上的这些缺点，始终坚守自己的刚直忠诚，才导致最终被疏远。

善用其意，莫之能止

用其意①，欲入则入，欲出则出；欲亲则亲，欲疏则疏；欲就则就，欲去则去；欲求则求，欲思则思。若蚨（fú）母②之从子也，出无间，入无朕，独往独来，莫之能止。

【注释】

①用其意：指迎合君主的心意。②蚨母：即青蚨。据《搜神记》记载，古代巫术以为青蚨之母与子的血可以相互吸引，用母血和子血分别涂在铜钱上，这两铜钱也可以互相吸引。

【译文】

只要摸准了君主的心意，并善于迎合其意，那么你就能想入政就入政，想出世就出世；想让君主亲近就能被亲近，想让他疏远就能被疏远；想来投奔就来投奔，想离去就能离去；想得到君主征召就得到征召，想让君主思念就能被他思念。就如同青蚨母子相随而不分离一样，出入都没有缝隙行迹，自由自在地行动，谁也没法阻挡。

【智慧全解】

鬼谷子在此强调抓住对方心理在说服过程中的重要意义。说服他人，不在于你的知识有多渊博，也不在于你的辞藻有多华丽，而在于你是否能看透对方的心，并在此基础上巧妙地表达自己的观点。

一首歌的歌词中有这样的一句话："最难解的是心门。"是的，人的心理是非常微妙的，最难以把握，即使同样的一句话，也会因为对方的情绪变化而得到不同的理解。因此，只有读懂对方的内心，才能控制其情绪的变化，才能"出无间，入无朕，独往独来，莫之能止"。

人心虽然最难猜测，但是在某些场合，人内心的东西往往会通过某种方式表现出来。因此，要看透对方的内心，就要善于观察他的一举一动，一颦一笑，并能够据此加以分析和推测，这样一来基本上就可以掌握对方的心理和情感了。比方说，当你在说话的时候，对方发出唏嘘之声，这说明他不太喜欢你所谈的话题；如果对方两眼注视，说明他对你所谈论的内容非常感兴趣；如果对方一边听，一边东张西望，根本没把注意力放在你的谈话上，说明他内心很可能很着急，只是出于面子不愿离开……当然，现实生活中有很多人很善于控制自己的情绪，不让它随意外露，不过，只要你仔细观察，还是会察觉到一些蛛丝马迹的。

人际交往是一门大学问，人与人沟通并不是一件容易的事情。如何抓住对方的心理，是与人沟通能否顺利进行的关键。人的心理微妙至极，变化万千，它不仅跟人的性格、身份有关，还跟人的工作、身体等状况密切相关。这就要求沟通者要全面地了解对方，敏锐地捕捉对方心理的变化，适时地说出与对方当时的状态相符合的话题。抓住对方心理与人沟通，可以从以下几点着手：

第一，沟通者可以根据对方不同的性格特点来打开其心门。一般情况下，性格内向的人不仅自己说话讲究方式，而且希望别人说话也讲究分寸、礼貌。所以，我们在与这类人说话时，必须注意说话的方式，尽可能地表现出对他的尊重。如果对方性格直率开朗，那么就没有必要拘泥于说话的方式了，最好是开门见山，直奔主题。对那些自以为是、刚愎自用的人说话，就不适合用循循善诱的办法，而要用激将法。与爱好夸大的人沟通，就不能用表里如一的话让其接受，而可以用诱兵之计。

与脾气急躁的人沟通，就不能喋喋不休、长篇大论，而要简明扼要，直截了当。与性格沉默的人沟通，要多使用挑逗性的语言诱其开口，否则你就无法了解到对方的真情。与头脑顽固的人沟通，不能对他使用硬攻之策，否则容易造成僵局，要看准对方最感兴趣的话题去引导，慢慢进行转化。总而言之，与不同的人沟通，要采取不同的说话方式，以求在心理上靠近对方。

第二，沟通者可以通过对方的身份来了解其心理。对不同身份的人，要选取不同的话题，也就是要选择与对方的身份、职业相近的话题去谈，否则就很难找到共同语言，没有共同语言，自然无法实现良好的沟通。比如，如果对方是从农村出来的，就不能谈论工资福利，如果对方是城市人，就不要去谈论收成。

第三，我们要学会读懂对方的身体语言。我们都知道，身体语言有时候比口头语言表达的信息更多。我们可以从对方的目光、表情、肢体，以及彼此之间的空间距离上，去感知对方的心理状态。

了解到对方的喜怒哀乐，沟通者就可以有的放矢地调整自己的说话内容和方式，以实现彼此愉快地交谈。不过，在理解对方身体语言的时候，我们要注意，同样的身体语言出现在不同性格的人身上，在不同的场合，其意义是不同的。

【阅读延伸】

汉文帝时，有一位大臣名叫魏尚，官任云中太守。此人为官清正，办事公正，是一个不可多难的好官。

当时，云中地区经常受到匈奴的侵扰，魏尚便发动军民，积极备战。

有一次，匈奴又来骚扰，魏尚立即组织众人抵抗，可是在打退匈奴之后，由于清点者一时疏忽，魏尚在上报斩杀匈奴士兵首级数量时，多报了六个，这一下可惹了祸。平时与魏尚有矛盾的官员好像一下子抓到了他的把柄，趁机向汉文帝打小报告。汉文帝认为魏尚冒功欺君，不仅罢了他的官，还命有关部门继续彻查此事，深究治罪。

朝廷中的正义之士纷纷为魏尚感到不平，于是向汉文帝求情，可是汉文帝心意已决，谁的话也听不进去，斥责那些求情之人道："今天他多报六个，明天他就会多报百个，此人欺君之心昭然若揭，你们莫要再为他进言，否则就视为同党一并治罪。"此言一出，朝臣们知道魏尚无救了，只得无奈地退下。

郎署长冯唐也很同情魏尚的遭遇，知道他是无意之失，不过与其他进言者不同的是，冯唐没有直接去向汉文帝求情，而是经常以公事求见汉文帝，故意和汉文帝攀谈。有人不明白冯唐的用意，问他："你经常求见皇上，却对魏尚的事一言不发，这也太不仗义了吧，不论结果如何，你也该说上几句吧！"冯唐长叹一声，说："我这样做，正是为了魏尚的事啊！皇上已经认定魏尚有罪，如果直接与皇上争辩，只会让皇上更加生气，就算再好的道理、再漂亮的言辞，他也听不进去啊，我只是想找一个最佳时机，借皇上的口说出我要说的话，这才能让皇上回心转意，收回成命。"

有一天，冯唐又去求见汉文帝，汉文帝随口问道："你老家是哪里啊？"冯唐答道："臣是赵国人。"汉文帝说："过去赵国大将李齐英勇善战，让敌人闻风丧胆，真是了不起啊。"冯唐摇了摇头，说："李齐虽然勇猛不凡，但他还是比不上廉颇和李牧的威名。"汉文帝听后，也叹息一声说："是啊，朕实在为匈奴的事情担忧啊，现在要是能有像廉颇、李牧这样的将军，朕也就不那么烦恼了。"

听到这里，冯唐心里有了计策，说："廉颇、李牧之将未必没有，只怕陛下纵是得到，也不一定重用他们啊。"汉文帝一听，大吃一惊。冯唐看汉文帝面有好奇之色，便接着说："古时候，帝王派将领出征，没有不信任他们的。古时的帝王之所以这样做，是因为他们知道，军队中不能没有将领的权威，否则就不能取得胜利。李牧在赵国为将时，所在地的租税都归他一人所有，赵王丝毫不怪罪于他，所以李牧的才能才得以尽情施展，赵国也因此强大。"

汉文帝认真地聆听着，冯唐见了，又鼓起勇气继续说："说到李牧，臣不能不提魏尚。大家都知道魏尚是一个君子，他做云中太守，所收租税全部用来供养士卒，他自己分毫不取。有他在，士卒都很卖力，匈奴闻之胆怯。如今陛下只因六个首级的失误，就夺了他的职，要治他的罪，所以我才会说，纵是廉颇、李牧再生，陛下也未必肯用啊。"

　　汉文帝听到这里，终于明白了冯唐的本意，他笑了笑，便传令下去，说不再追究此事，并让魏尚官复原职。

　　冯唐之所以能劝告汉文帝取消对魏尚的处置，正是因为他抓住了汉文帝的内心实情。冯唐多次去跟汉文帝攀谈国事，正是想从汉文帝的言行中找到对魏尚之事有帮助的痕迹，功夫不负有心人，还真的被他找到了，仔细揣摩对方的心意，"善用其意，莫之能止"，可见，善于从对方的言谈举止中窥探到其心意，是成功说服的关键。

以变求内，若管取揵

内者，进说辞也；揵者，揵所谋①也。欲说者，务隐度②；计事者，务循顺。阴虑可否，明言得失，以御其志③。方来应时，以合其谋。④详思来揵，往应时当也。

夫内有不合者，不可施行也。乃揣切时宜，从便所为⑤，以求其变。以变求内者，若管取揵。

【注释】

①揵所谋：如何用计谋来打通阻塞。②隐度：暗中揣度。度：审度。③御其志：指迎合君主的心意。④方来应时，以合其谋：指进言时，一定要顺应时宜，以合乎君主的心意。⑤从便所为：从所为之便，从有利于实施的方便出发。其：此指进献的决策。

【译文】

所谓"内"，就是向君主进献言辞，以此来结交君主；所谓"揵"，就是向君主进献计谋，以此来打通阻塞，得到君主的信任。想要游说君主时，必须暗中知道君主的真实想法和意图；想要向君主进献计谋时，必须顺着君主的意愿。我方暗中考虑是否可行之后，再公开言明此决策的优劣得失，以此来迎合君主的意愿。进献计谋要选准时机，对方一旦有回应，就进献合乎君主的谋虑。先经过详细而周密的计谋，然后去回应君主，那么，就没有不恰当的。

内揵第三：审时度势，巧言善谏

假如我方的言辞或计谋不合君主的意愿，就不能付诸实践。这个时候就要重新揣摩时机是不是适宜，从有利于实施的便捷出发，来改变决策。如此以灵活变通的方式来结交君主，那么达到目的就如同用钥匙开锁一样，化被动为主动。

【智慧全解】

在游说他人的过程中，鬼谷子强调，当一方做出与另一方相关的决策的时候，不仅要考虑到己方的情况，还要考虑对方的情况，也就是说要站在对方的立场上思考问题。这是成功游说的关键，更是处理人际关系的一种思考方式。

人与人的想法与生活方式都是不同的，在很多时候，当我们无法通过常规的方式与对方达成一致时，我们可以换一种方式，尝试着站在他的立场上去考虑这个问题。这样做，就可以深入到对方的内心，体会他的所思所想，彼此便能够快速达成共识。说服他人去做某件事，其实并不难，只要牵住对方的"鼻子"，往往一句话就能打动对方。当对方意识到做某件事对自己也有好处时，他就会主动地去做了。站在对方的角度衡量得失，既可以减少彼此之间的误会，又能达成我们的目的，何乐而不为呢？

假如对方仍不为所动，心存疑虑，那你就可以晓之以利害，让他明白不做此事的危害。这样一来就可以打消他的顾虑。

尝试着站在对方的角度考虑问题，你会发现，你就成了别人肚子里的蛔虫，能够知道他的所思所想、所喜所忌，你就能够在沟通中占据主动权，或者伸出理解的援手，或者防范对方的恶招。其实，站在对方的角度考虑问题，并不是什么深不可测的道理，最关键的是你要真正了解对方的信息和关注点，真正了解他的需求。一旦知道了这些，我们就可以知道对方会出什么招数，这样我们就能够从容应对，胜券在握了。

日常生活中，有很多人不知道运用这条规则，无论做什么事总是站在自己的立场上去看待，所有的考量、计策都从自己的角度出发，这样就会引起别人的反感，导致沟通的不畅，从而导致人生的失败。这种人不知道，不懂得站在对方的立场考虑问题,他们将会丧失很多可以成功的机会。所以我们一定要向鬼谷子学习,学会站在对方的角度考虑问题。

【阅读延伸】

战国时期,燕国与齐国相邻,当时燕国比较弱小,而齐国相对强大,于是齐国大举进攻燕国,燕军无力招架,一击即溃,几乎全军覆没,燕王哙和子之都被杀害。

后来,燕昭王即位,想攻打齐国,以报亡国之恨。历经覆国之战的燕国哪里是齐国的对手呢?苏秦赶紧献计阻止昭王:"在齐宣王的领导下,齐国实力已经大大增强,如今又与宋、楚等国保持着密切的盟友关系,与秦国交战多次而不落下风。此时进攻齐国显然对我们非常不利,万万不可硬战。"

燕昭王哪里会不知道眼前的形势呢,他只是报仇心切才出此下策。他长叹一声说:"亡国之恨哪能不报呢,只是除了进攻与以死相拼,哪里还有别的妙计?"

苏秦献计说:"秦国一直与宋国交好,如果齐伐宋就会与秦国绝交,到那时我们就可以趁机发动进攻,一举灭齐。大王,我请求去齐国游说齐宣王进攻宋国。"

于是燕昭王拜苏秦为上卿,出使齐国。

苏秦来到齐国后,向齐宣王献上五十辆战车。齐宣王非常高兴。心里一高兴,便与苏秦谈起了秦国邀宋国一起称帝、共商伐赵的相关事情,询问苏秦有什么看法。

苏秦没有直接表态,而是反问齐宣王道:"齐国与秦国一起称帝,天下人是尊齐还是尊秦呢?"

齐宣王沉思一会儿,说:"我知道齐国实力弱于秦国,如果并立为帝,天下人当然是尊秦了。"

苏秦又问:"齐国放弃帝号,天下人是爱齐还是爱秦?"

齐宣王脱口而出:"当然是爱齐了。"

"现在请大王您再仔细想一下，齐秦两帝并立，一起讨伐赵国，与齐军单独攻打宋国，哪一个对齐国更有利呢？"苏秦顺势追问道。

"哦，"齐宣王眼珠转了几转，才回答说，"如果齐秦共约伐赵，战果肯定是秦多我少，还真的不如我自己来进攻宋国。"

苏秦继续劝说道："如果我们同秦一起称帝，天下人只尊秦国；一起伐赵，只是秦国的一个策略，它是先把其余的小国铲除，等实力壮大后再与强国较量。秦国的一切主张都只考虑了秦国自己的利益，而完全没有考虑到齐国的利益，所以我建议别去理会秦王，我们眼下最要紧的就是发展自己的实力，这样齐国才能更安全、更强大。"

齐宣王听了这一席话，感觉颇有道理，就追问苏秦，齐国该如何来发展自己。苏秦马上怂恿齐宣王去攻打宋国："宋国国君荒淫无度，天下共愤，如果我们挥师击宋，正是奉天讨罪的壮举，大王贤名必然名震诸侯，而且可以得到实际的利益，使齐雄踞东方，成为中原诸侯之长。"

齐宣王听从了苏秦的建议，很快举兵进攻宋国。齐国虽然在战场上取得了很多胜利，但是在攻宋的过程中，自己的实力也大大地削弱了，在外交上又与秦国交恶，它已然走在了通向深渊的道路上。而这只是燕国破坏齐国计策中的一部分。

宋国处于大国夹缝中，自然牵动各方利益。苏秦的任务是让齐国同韩、赵、魏的关系交恶，如能再与秦国继续恶化就更好不过了。苏秦对齐宣王所说的每一句话听上去好像完全是为齐国考虑，其实，却是为燕国争取利益。他的游说之所以能够成功，正是因为他当时是以齐国的利益为着眼点的，完全站在齐国的立场上去分析问题，让齐宣王认为进攻宋国，与秦国交恶，对齐国是百利而无一害的。齐宣王当然会听从他的计谋，从而做出了错误的决策还一无所知。

事有不合，不与为谋

言往者，先顺辞也；说来者，以变言也。①善变者，审知地势，乃通于天，以化四时；使鬼神，合于阴阳，而牧人民。见其谋事，知其志意。事有不合者，有所未知也。合而不结者，阳亲而阴疏。②事有不合者，圣人不为谋也。

【注释】

①言往者：讲历史。说来者：讨论未来。②结：两心相结。此指认可、执行我们的决策。阳：此指表面。阴：此指内心。

【译文】

与君主谈论过去已发生的事件，要用"顺辞"，也就是顺从君主心思的说辞；与君主谈论未来还没发生的事件时，要用"变言"，也就是有变通余地的说辞。能自如地改变决策的人，必须做到审知地理形势，精通天文四时的变化，这样就能做到役使鬼神，契合阴阳变化规律，从而驾驭天下百姓。在观察君主谋划大事时，就能从中洞悉他的真实想法和意图。我们的决策有时不合君主之意，是因为我们对君主的某种心意、某些情况掌握得不够。如果对君主之意知之甚少，就算我们主动迎合他，也无法得到君主发自内心的信任，与君王的关系表面上看起来亲密，暗地里却相当疏远。君主对不合自己心意的事情，是不会谋划的。

内揵第三：审时度势，巧言善谏

【智慧全解】

　　古人云："伴君如伴虎。"这话一点不假，与君主相处，实在是一件相当危险的事情，稍有不慎，就可能惹来杀身之祸。自古以来，朝廷中的将相大臣，或因谏言不合帝王口味，或某些举动给帝王留下了不好的印象，从而遭到杀害甚至诛灭九族的事情不胜枚举。正如鬼谷子所说："事有不合，不与为谋。"高高在上的君主对不合自己心意的计谋是不会采纳的，你总是进献这样的计谋，君主当然会不高兴了。

　　鬼谷子同时也给我们提供了一个不错的办法，那就是在向居上位者进言之前，要先搞清楚他的想法，然后再运用灵活多变的言辞，顺着他的心意去进言。如此一来，既能避免惹恼上位者，使自己遭到祸害，又能让居位者愉快地接受你的观点。

　　鬼谷子的这一观点在工作中与上级相处时非常适用。你可以让上级看到你的成绩，但千万不可居功自傲。有了好的建议或想法，你可以主动提出来，但是在跟上级提的时候，千万不可一直站在"我"的角度洋洋自得地去陈述事情和观点，而要站在"我们"的角度，谦虚谨慎地去陈述。否则，上级就会不由自主地提高对你的警惕，感觉你是在威胁他，从而在心理上排斥你，这样一来，就算你的观点再好，建议再妙，上级也不会采纳。有些时候，就算你的"威胁"一时得逞，但你在上级心中已经留下一个坏印象了。

　　要想让自己的说服更成功，要想自己在人际交往中更自如，我们就要学着收敛，让自己谦逊一点，真诚一点。"审知地势，乃通于天，以化四时""知其志意"，才能让其"与之为谋"。春秋时期，荀息就曾以杂耍吸引晋灵公的注意力，然后通过垒鸡蛋的演示形象地向晋灵公说明了国家面临的局面，既使不听谏言的晋灵公避免了尴尬和难堪，又使其停止了建设九层琼台的工程。

　　由此可见，向上级提建议时，就算是完全出于好意，也要讲求进言的方式和方法，重要的一点就是要知其意志，顺着他的心意去说服、进言。这样你的观点才能被上级接受。

【阅读延伸】

  东汉时期，曹操旗下有一个谋士，名叫杨修，此人才思敏捷，灵巧机智，在曹操手下当主簿，典领文书，办理事务。不过此人有一大缺点，那就是恃才放旷，说话无所顾忌，后因屡屡触犯曹操之忌，而招来了杀身之祸。

  有一次，曹操想建造花园，在动工前审阅设计图纸时，随手在园门上写了一个"活"字。曹操本来只是想逗弄一下工匠们。这事偏偏被杨修看到了，于是他就自作聪明地揭开了谜底，而且还四处张扬："丞相是嫌这个园门设计得太大了。"因此，曹操就变得不喜欢杨修这个聪明之士。

  还有一次，曹操在塞北送来的一个奶酪盒上竖着写了"一合酥"三个字，杨修拿到后，不由分说就把曹操的"一合酥"给大臣们分着吃了，还一脸淡定地说："丞相在盒子上写着'一人一口酥'，我们可不能违抗丞相的命令啊！"此时曹操的心头已经开始厌恶这个杨修了，虽然他表面上堆满了笑。

  曹操向来是个多疑而谨慎的人，为了防范有人行刺，他曾装作梦中杀人，忍痛把身边的近侍杀掉了，表面上还假装痛哭，费力厚葬近侍。但曹操没有想到的是，杨修却一针见血地指出了曹操的真实意图。

  后来，曹操平汉中时，连吃败仗，很想进兵，又担心马超拒守；想收兵，又怕被蜀兵耻笑，心中真是纠结万分、犹豫不定。这时庖官给他端了一碗鸡汤，他随口说了一句"鸡肋"，士兵们都不知道是什么意思，只有杨修开始收拾行李，并对别人说："主公今进不能胜，退恐人笑，留在这里没有一点好处，还不如早点回去呢！"

  接二连三的事情，早已惹火了曹操，他恨透了杨修恃才放旷，而且干预立嗣，问以军国之事，现在看到杨修又一次猜透了自己的心事，便恼羞成怒，命人以扰乱军心的名义把杨修杀了。

  从杨修之死这个典故可以看出，在向上级进言的时候，一定要注意说话的方式方法，千万不要像杨修那样自以为是、恃才傲物，到最后聪明反被聪明误，令自己身首异处。

必得其情，乃制其术

故远而亲者，有阴德①也；近而疏者，志不合也；就而不用者，策不得也；去而反求者，事中来也；日进前而不御者，施②不合也；遥闻声而相思者，合于谋③待决事也。故曰：不见其类而为之者见逆，不得其情而说之者见非。④得其情，乃制其术⑤。此用⑥可出可入，可揵可开。

【注释】

①阴德：德，同"得"，得君心，指暗中相得，即心意相合。②施：措施，此指解决问题的决策。③合于谋：计谋相合。④见逆：被排斥。见非：被否定，被诘难。⑤术：方法，手段。⑥此用：即"用此"，指用上述方法。

【译文】

所以，那些与君主相距很远反而被亲近的人，是因为他们能够与君主的心意暗合；那些与君主相距很近反而被疏远的人，是因为他们与君主志趣不合。主动亲近反而不被君主任用的，是因为他们的预测和策略不合君心；离开反而被君主下令召回的，是因为他们预测的事情被后来的事实证明是可行的、合乎君主之意的。天天在君主面前活动而不被信任的，是因为他们的计谋、规划不合乎君主之意；被君主远远听到名声就思慕其归来的，是因为其计谋与君主暗合，君主正等着他前来决断大事。所以说，假如没有找到双方的共通之处就仓促行事，必然会遭到排斥；得不到对方的实情就进行游说，必然不能实现目的。只有得到对方的实情，才能制订出有针对性的措施。把此法用于实践之中，就可以自由自在地出入朝廷，轻易地与君主的内心相交，而使君主敞开心扉。

【智慧全解】

鬼谷子在此再次强调，我们在向对方进言献计或是游说对方的时候，必须小心谨慎，"必得其情，乃制其术"，只有了解了对方的真情实意，探知出对方的性情之后再顺其心愿，用灵活多变的言辞去述说自己的观点，才能达到我方的目的。不管对方是智者还是庸者，我们都要慎重对待，切不可因为对方是智者，就倾力而为，对方是庸者，就袖手旁观，任其发展。诸葛亮就是一个谨慎的人，他的一生遇到过许许多多的对手，可是不管对方是鲁莽匹夫，还是奸诈狡猾之人，或是老谋深算之人，他用计的时候都是千般小心，万般谨慎，这也是他之所以能成就那样功业和美名的主要原因。

鬼谷子认为，我们在了解对方实情的时候，除了要灵活地运用捭阖术、反应术外，还需要像前面讲的那样，知晓人与人之间关系转化的根本原因。只有了解了对方，我们才可以根据对方的特点和实际情况，制订出合乎时宜的计谋，然后依计行事，这样就不会有什么失误了。正如鬼谷子所说的"此用可出可入，可揵可开"。

【阅读延伸】

西汉时期，有一个名为田生的齐国人因为得了营陵侯刘泽的知遇之恩，一直想要报答，只是苦于没有机会。后来，吕后专政，田生欲帮助刘泽成为诸侯，于是便来到都城长安，租了一座豪宅。经过一番打探，田生了解到一个情况：当时吕后非常宠爱一个名叫张子卿的谒者，此人

内捷第三：审时度势，巧言善谏

说白了就是吕后的一个男宠。像这样的弄臣，虽然得到了主人的百般宠爱，但是主人只要有了怒火，就会拿他撒气；而且其主人一旦失势或是死了，这种人也会随之失势，甚至会有杀身之祸，唯一的办法就是再找别的人作为靠山。田生了解了张子卿的这种处境后，计上心来，马上着手实施。

他首先让自己的儿子取得张子卿的信任，然后让儿子邀请张子卿来家里做客。

田生故意摆上了列侯的宴席规格来招待张子卿，张子卿见了，大吃一惊。这正是田生所要的效果，他就是要让张子卿以为自己虽然没有列侯之名，但在别人眼中已经贵如列侯了。

酒席间一片和谐，觥筹交错，主宾推杯换盏，其乐融融。等到大家都略有醉意后，田生便屏退仆人，对张子卿说："臣曾在很多诸侯王府邸做过客，他们之所以有这样的地位，完全是因为他们是高帝时候的有功之臣。现在吕后接替高帝治理朝政，吕氏一族的身份也因为太后的关系而变得尊贵起来。可是现如今吕后的年纪也渐渐地大了，而吕氏一族的权位依然很微弱。太后本想立吕产为王，可是她自己提出来又感到为难尴尬，担心大臣们反对。毕竟高帝曾立下誓言，'非刘氏而王者，天下共击之。'卿现在是太后跟前的红人，很得吕后恩宠，君臣也敬畏万分，卿为何不私下委婉地提示一下大臣们，让群臣主动请太后立吕产为王呢？这样，太后一定高兴万分，对卿会更加恩宠。吕氏一族有人得以封王，卿也一定会因功而得封万户侯。卿为太后近侍之臣，如果不赶快去做，恐怕很快就会灾难临头了。"

张子卿闻之，觉得田生所说很有道理，心想：如果按照田生所说的去做，就算是吕后死了，自己有恩于吕氏族人，也能有所依靠了，再说了，自己很可能得到万户侯的爵位啊。这样一想，张子卿很快就按田生所说的去做了，吕产在大臣的要求下被封为吕王，吕后很高兴，果然赏赐给张子卿千斤"黄金"，张子卿拿出部分赏赐去酬谢田生，田生谢绝了他的好意，说："吕产被封了王，很多大臣心里是很不服气的，比如营陵侯刘泽就是其中最不满的一个。此人宗室出身，又身为大将军，连个王也不是，怎么会服气呢？他因不满而滞留于京城，对吕氏就是一个威胁。如果卿去建议太后，划出十几个县给刘泽，封他为王，刘泽一定满心欢喜地离开京城到自己的封地去。这样一来，吕氏的地位岂不是更加巩固了？"

从前面田生所建议的那件事上，张子卿得到了不少的好处，所以此时对田生的话深信不疑，回去后马上就按照田生所教的跟吕后说了，吕后果然封刘泽为燕王。至此，田生的报恩之计成功实施，刘泽成了一方诸侯。

田生的计划之所以能够成功，正是因为他"得其情"而后"制其术"，使其所说的每一个计划都"合其谋"，所以他的目的才能得以顺利达成。

合者用内，去者用外

故圣人立事，以此先知而捷万物。①由夫道德、仁义、礼乐、忠信、计谋，先取《诗》《书》，混说损益，议论去就。②欲合者用内，欲去者用外，外内者必明道数③。揣策来事，见疑决之。策而无失计，立功建德。

【注释】

①立事：处理事务，谋事。先知：先了解情况、掌握信息。②由：遵循，通过。混说：夹杂进自己的说法。议论：谈论时局。去就：决定离开还是留下。③外内：不苟合不取宠。道数：道术的规律。

【译文】

所以，圣人之所以能成就大事，就在于他们知悉客观情况，预先知道是否可行，所以才能驾驭万物。在进行游说的时候，要顺应道德、仁义、礼乐、忠信、计谋的种种规范，从《诗经》《尚书》中征引论证，在此基础上夹杂进自己的言辞，或增或减，来议论时局，决定自己是离开还是留下。如果想留下辅助君主，就要知晓君主内心的意图以赢得君主的信任；如果想离去，就不用去迎合君心了。不管是用内还是用外，都必须符合与君主相处的规律。对遇到的疑难事件，首先要揣测清楚，然后再制订计谋解决它。任何计谋都不失策，就能建功立业。

【智慧全解】

　　鬼谷子在此强调的依然是游说要顺着对方的心意，从对方的内心去攻破其防线，以灵活多变的言辞去引起对方内心的共鸣。这是游说的至高境界，达到这种境界的人，才有可能完成看似不可能完成的任务，达到不战而屈人之兵的游说效果。

　　所以，我们在游说他人之前，必须先了解对方的内心需求，通过满足对方的这种需求，来令对方心服口服。换句话说，就是说服对方前，要先攻破对方的心，让对方从内心对自己或佩服，或感激，对方心服了，就能够听进去我们后面的游说之辞了。

　　古人云："人之初，性本善。"每个人都是心存善念的，只是有些人的善念因为某些事情而被压抑住了。这个时候，我们就要用自己的善行去唤醒它。对于那些看上去好像冥顽不化的人，我们也要以诚相待，让他们从内心认同我们，进而受到感化，使自己的良知苏醒。正如《孙子兵法》中所说的："不战而屈人之兵，善之善者也。"我们可以进一步引申为，能让失足之人主动去弃恶从善，那是最好的。

　　看过《悲惨世界》的人，都不会忘记其中的这个情节：主人公冉阿让半夜偷走了米礼爱主教家的一只银烛台，不料半途被警察抓到。在对质时，主教却说是自己赠送给他的。当冉阿让跪着求主教原谅他的恶行的时候，主教却只要他宣誓将灵魂交付上帝，自此重新做人，并将另一只烛台也送给了他，这样的情形让冉阿让感受到了爱的力量，从此弃恶从善，经过努力，成了市长和工厂主。他捐助慈善事业，甚至为救人于危难而舍弃了名利。

　　从冉阿让的改变上看，主教的功劳是很大的，主教的行为彻底打动了冉阿让的内心，唤醒了他内心的良知，使他从此彻底改头换面，重新做人，从一个危害社会的罪犯转变成了造福社会的君子！

　　俗话说：将心比心，各凭良心。心灵感化的力量比严酷的刑罚更为强大。如果多一个人懂得这个道理并付诸行动，人世间的纷争就会少一点，世界就会变得更美好。

总之，我们在说服他人时，一定要抓住对方的心理，并利用这种心理大做文章，让自己所说的每一句话、自己所做的每一个动作都与对方的心理相符合，并让对方明白，我们所做的一切，对他都是有利的。这样，我们就可以引导对方被我们所感动，并接受我们的建议。"合者用内"的攻心之术，是一种行之有效的说服方法，它比讲道理、威逼利诱更能赢得人心，更容易被对方接受。

【阅读延伸】

战国时期，赵惠文王驾崩，由年幼的孝成王即位，而由他的母亲赵太后摄政。秦国便趁赵国国丧未稳之际向赵国发起进攻，赵太后赶紧向齐国求援，齐国却提出了一个严苛的条件，让长安君入齐做人质，要不然就不出兵。

长安君是孝成王的弟弟，赵太后最小的儿子，深受赵太后宠爱。赵太后坚决地拒绝了齐国的要求，重臣们意图劝谏也无济于事，后来，赵太后发下狠话："谁再提出让长安君入齐当人质的事，我就将口水吐到他的脸上。"这样一来，大臣们只得闭口不提了。

一天，左师触龙前来拜见赵太后，他慢慢地走进来，先对赵太后致歉道："我的脚有点毛病，行走困难，所以已经很久没来向您请安了，可是心里实在担心太后的身体，于是前来进见……"

"我都是以车代步。"

"那饮食方面呢？"

"都是吃粥。"

"我最近也是食欲不振，所以我每天要固定地散散步，以增加食欲，也可以使身体健康一些。"

"我可不能像你那样。"

……

经过这一番寒暄问候，赵太后的表情终于有所缓和。

触龙又说："我有个小儿子，名叫舒祺，非常不成器，我对他真是感到忧愁。如今我的年纪也大了，想在我有生之年向太后提一个请求，给他一个王宫卫士的差使。这是我一生的心愿啊！"

太后满口应允："可以，你的小儿子今年多大了？"

"15岁，可能太年轻了，不过我还是希望在生前将他的事情安排好。"

"哦，看样子，你也是非常疼爱小儿子啊。"

"是啊，甚至超过了做母亲的。"

"不对，母亲才是最疼爱小儿子的。"

"哦，是吗？可是怎么觉得太后比较疼爱长安君嫁到燕国的姐姐呢？"

"不，不，我最疼爱的是长安君，我的小儿子。"

触龙说："父母疼爱孩子，一定会为他考虑到将来的事情。当长安君的姐姐出嫁的时候，你因为不忍而痛哭流涕，后来也经常挂念她的安危而落泪不止，每当有祭拜时，您一定祈求她'不要失宠而回到赵国'，而且祈祷她的儿子都能显达，继承王位。"

"嗯，是这样的。"

"那请您好好想想，从古至今，有哪位封侯的王族能持续三代而不衰败的？"

"没有。"

"不止赵国，其他的诸侯呢？"

"也没有听说过呢！"

"太后有没有想过这是为什么呢？所谓祸害近可及身，远可殃及子孙。王族的子孙并非全是不肖者，但是他们没有功绩而居高位，没有功劳而得到众多的俸禄，其最终结果就是误了自己。现在您赐给长安君以崇高的地位、肥沃的封地，却不给他建立功绩的机会，您百年之后，长安君的地位能保得住吗？所以我认为您并没有考虑到长安君的将来，您所疼爱的是长安君的姐姐。"

赵太后终于被触龙说得松了口："好吧，一切就按你的意思去做吧！"

触龙以自己为小儿子舒祺谋事为借口，把话题引到赵太后的小儿子长安君身上，并晓之以理，动之以情，用迂回诱导的办法把话说到赵太后的心坎去，使赵太后从内心认同自己的说法，从而达到说服的目的。

良禽择木，良臣择主

治名入产业，曰揵而内合。上暗不治，下乱不寤，揵而反之。①内自得而外不留，说而飞之。②

【注释】

①上暗不治，下乱不寤：指君主昏庸不理朝政，臣下作乱而无所觉察。揵而反之：指从内心决定返回来，不再为其服务。②内自得而外不留：自视甚高、自以为贤明而听不进外人的意见。说而飞之：假而赞扬、称颂他，博得其欢心和信任，然后再控制他，使其为我所用。飞，褒奖，赞誉。

【译文】

不仅可以帮助君主处理好君臣之间的职分，又能帮助君主治理百姓，使百姓有固定的产业，这就叫作从内与君主相结交。如果遇到君主昏庸不理朝政，臣下作乱而君主无所察觉，我们就可以考虑返回，不再为其谋利。假如遇到那些自视甚高、自以为是而听不进他人意见的君主，我们不妨先假意逢迎他，称颂他，以博取他的欢心，再逐步游说他。

【智慧全解】

在古代，君主就是国家，对君主忠诚就是爱国，人们奉行"君要臣死，臣不得不死"的原则。在那样的年代里，如果遇到明主，那是臣子的福气，如果遇到一个愚钝、昏庸的君主，那臣子就倒了大霉了，很可能被奸人陷害，或者被君主疏离，纵有一身才华也无法得以施展。

所以，鬼谷子认为，"上暗不治，下乱不寤，揵而反之"。鬼谷子的意思简单地说，就是贤臣要择主而从。无论在古代还是在当下，任何人要想充分发挥自己的才干智慧，首先必须要选择一个"贤明之君"，选择一个适合自己生存和发展的环境。

俗话说："良禽择木而栖，贤臣择主而事。"如果碰到一个很难伺候的上司，或是单位管理混乱、人浮于事，或者环境不适合自己，这个时候就应该"揵而反之"，换一个环境，这不失为一个明智之举。因为如果你一上班就心情恶劣，根本无法把精力投入到工作当中，你的潜能和长处就得不到有效发挥，而换到其他地方，说不定你就是一个难得的人才。为什么要在那样的环境里白白浪费光阴呢？

"揵而反之"，去了一个新的环境之中，新的任务就会形成一种压力，这种压力不仅能转化为工作的动力，而且可以逼着你努力提高自身的能力，以适应新岗位的需求，工作业绩往往会有较大的改观。如果能找到一个最有利于发挥自身长处和潜能的工作，岂不是好事一件吗？

俗话说得好："人往高处走，水往低处流。"面对危机四伏的环境，最不可取的就是自己不以为然，无奈地或是不作为地选择固守，这样只会让你付出更加昂贵的代价，所以我们要如鬼谷子所说的那样，"上暗不治，下乱不寤，揵而反之"，坚决地去找一个"贤主"，找一个适合自己的环境，奔向更有利于自己发展的新天地。

【阅读延伸】

两晋时期，战乱频仍，民不聊生，为了躲避战乱，前秦丞相王猛很小的时候就跟随家人辗转流离，生活苦不堪言。为了生存，王猛曾贩卖过畚箕，还做过许多苦力。尽管生活很苦，但王猛并没有被烽火硝烟吞噬，没有被困苦的生活压垮，而是手不释卷，广泛汲取各种知识，尤其是军事知识，成长为一个有才有志之人。

有一次，后赵的徐统偶然间碰到了王猛，见他气度不凡、严谨庄重、深沉刚毅，便让王猛做了功曹。然而王猛是一个有着大志向的人，区区功曹根本满足不了他的雄心壮志，于是他便跑到华阴山隐居，并拜名师，进一步增长自己的才干，以等待好时机。

公元354年，东晋大将桓温亲率大兵进攻前秦，连连取胜，击败苻健，直逼长安。关中父老饱受前秦暴政的伤害，得知桓温到来，便争先恐后地以牛酒迎劳，男女夹路聚观。在山林间隐居的王猛得知这个消息后，也是热血沸腾，他身穿麻布短衣，前来求见桓温。

到了桓温大营，王猛一边旁若无人地逮布衣上的虱子，一边与桓温这位当世的枭雄纵谈天下大事。王猛的见识与气度征服了桓温。经过一番交谈，桓温喜不自胜，说："江东没有一个人能比得上您的才干！"

桓温原本准备等麦熟后就在当地筹集军粮，可是前秦军实行了坚壁清野的政策，将麦苗割了个一干二净。军中粮食匮乏，战士没有了斗志，桓温只得退兵。临行前，桓温拜王猛为高官督护，希望王猛能同他一起南归东晋朝廷。

王猛明白，只有贤明的主子，才能使自己的雄才大略得以施展，但追随桓温则等于助其篡晋，势必玷污清名。而且，东晋政权由谢、庾、王、桓等士族轮流把持，如果受到排挤的话，自己很难有所作为。想到此，王猛便谢绝了桓温的美意，回到山里继续隐居。

桓温撤退的第二年，前秦主苻健去世，由苻生即位。这个苻生荒淫暴虐，杀戮无道，导致群臣每天心惊胆战。而前秦宗室中的苻坚则在谋划着一场政变，想取苻生而代之。苻坚其人，博学强记，文武双全，是一个不可多得的人才，而且此人懂得"明政无大小，以得人为本"的道理，很早就广招贤才，网罗英豪，以图大举。

有一次，苻坚向尚书吕婆楼请教除去苻生之计，这时，吕婆楼便把王猛推荐给了苻坚。一向爱才的苻坚当即恳请吕婆楼请王猛出山。

王猛与苻坚一见如故，谈及兴废大事，句句投机，王猛觉得就像当年诸葛亮遇到刘备似的，便决意留在苻坚身边。而苻坚对王猛非常赏识，他真实地感觉到了王猛出众的才华对自己很重要，便重用了王猛。

苻坚遵照王猛的计策，诛灭苻生及其帮凶，改元永兴。接着，又进行了一番励精图治的改革，十年内便统一了北方，缓和了东晋年间连年战乱、百姓颠沛流离的混乱局面。

苻坚非常信任王猛，在王猛 36 岁时，接连提升了他五次，王猛一直做到尚书左仆射（相当于宰相）、辅国将军、司隶校尉（包括京师在内的广大腹心地区的最高长官）等，可以说是"权倾内外"。

俗话说："乱世出英才。"在东晋年间烽烟四起的乱世之秋，一定涌现出很多才华四溢的人才，为什么唯独王猛得以施展了自己的抱负呢？其重要原因就是他善于择主。起先他也受到了后赵徐统、东晋桓温的赏识，但他经过一番权衡，发现桓温并不是自己的明主，便放弃了出山的机会，身隐而心不隐，静观时局发展，洞察事态变化。最终，他选择了苻坚，从而得以在十六国纷争、南北对峙的历史舞台上大显身手，倾其文韬武略，干出了一番轰轰烈烈的大事业来。

莫知所为，退为大仪

若命自来，己迎而御之①。若欲去之，因危与之。环转因化②，莫知所为，退为大仪③。

【注释】

①御之：侍奉君主。②环转因化：像圆环一样转动，顺应对方的变化。③仪：法则。

【译文】

如果君主召令我们，那就接受他侍奉他，然后使其施行我们的意愿。如果我们想离开君主，就说自己继续留在君主身边会危害到他，如此一来君主自然会放我们离开。去与留就像圆环一样随着情况的变化而转移，让外人摸不透我们的真实意图，这就是进用与退居的基本法则。

【智慧全解】

鬼谷子认为，有才华的人只要找到了用武之地，就应该进取，建功立业。不过，世事难料，做任何事情都应该适可而止，"环转因化"，千万不可醉心于权力或富贵，不可在功名面前迷失了自我，而要懂得进退之道，要"退为大仪"，以免引起灾祸。

鬼谷子的这个观点与古代很多名士的观点一致，宋代著名文学家欧阳修在《渔家傲》中曾这样说："定册功成身退勇，辞荣辱。归来白首笙歌拥。"欧阳修的意思也是在奉劝人们在事情做好之后，不要贪恋权位名利，而要功成身退，收敛意欲，含藏动力。

常言道：否极泰来，祸福相依。在一定的条件下，事物会向着反面发展转化，即鬼谷子所说的"环转因化"，所以不论到什么时候，我们都应该做到"知足不辱，知止不殆"，并随时观察事态的变化，根据具体情况来调整自己的策略。

人与人相处，很多时间都是只可共苦，而无法同甘，无论是古代的君臣相交，还是现代的人际交往。历史上不是发生过很多"飞鸟尽，良弓藏；狡兔死，走狗烹；敌国破，谋臣亡"的例子吗？生活中不是有过很多患难夫妻富贵之后劳燕分飞的事实吗？以古为鉴，以人为鉴，我们都要懂得"退为大仪"的道理，适时进退，以保全自我。

或许有很多人会认为功成身退的思想过于消极，会让人失去积极的进取之心，产生当一天和尚撞一天钟的消极混世的念头。其实不然。我们应该知道，人性的弱点之一就是易产生非分之想。富贵而骄，居功贪位，都是一种过分的表现，如果听之任之，肯定会给事业、生活带来不必要的损失，也会断送个人的前程。

鬼谷子深知这个道理，所以他提出"退为大仪"的退守策略，不失为一种明智的、让自身远离祸害的生存之道，它不仅能更彻底、更有效地保住你的既有利益，而且能帮助你获得更多的人缘，赢得更多的支持。

【阅读延伸】

汉光武帝刘秀的大儿子刘强是一个聪明颖悟、为人实诚的人，深得刘秀宠爱，很早就被立为太子。刘秀经常教导他治国安邦之道。

当时，朝中的大臣们为了巴结刘强，一直对他称颂有加，极尽恭维，甚至有人赋诗作表进行奉承。这样一来，被人捧上云端的刘强有些飘飘然了，他得意扬扬地对老师郅恽说："看来我没什么缺点了，这一点从大臣们对我的忠诚与拥戴上可以看出来。"郅恽却摇头道："非也，大臣们

内捷第三：审时度势，巧言善谏

讨好你，只是因为太子是一人之下、万人之上的太子。可我觉得他们并没有几人是出自真心的，他们的话太虚伪，太子千万莫把这些谄媚之语当真，仍然要努力修习，谨慎从事。"

后来，刘强在读史书的时候，每每读到宫廷争斗、血腥杀戮的片段，就会发出感慨："人与人之间就应该相互尊敬，和睦相处，何况是皇家儿女呢？这真是太残忍了。"郅恽听后，便趁机开导他说："权力之争一直就这么残酷无情，历朝历代都是这样。每个人都想得到权力，而且会为此不择手段，但是拥有权力并不一定是好事啊。"

随着阅读量的增加，刘强的见识也逐渐增多，也就越发地对世情有了透彻的了解，他渐渐地成熟起来。刘强的母亲郭皇后因为惹怒了刘秀，便被刘秀废黜了，刘强由此更为深切地体会到了宫廷的严酷无情。他向刘秀求了好几次情，求他饶恕自己的母亲，他甚至哭着说："父皇仁爱天下，为什么要对母后这般苛刻呢？请看在儿臣的面子上饶了母后吧！"但是刘秀始终不为所动，并因为怨恨郭皇后开始给刘强使脸色。

刘秀对太子越来越严厉，并萌生了废太子的念头。有一次，刘秀向郅恽询问刘强的表现，郅恽如实答道："太子仁孝知礼，勤学谦恭，这都是陛下教导有方啊。"然而他的赞赏之辞没有得到刘秀的认同，刘秀反而冷哼一声，说道："你是太子的老师，当然会为他说话了，可是朕听到的并不是这样的。"

郭皇后被废后，那些大臣们看到刘秀越来越不喜欢太子了，也渐渐地疏远了太子。还有几个大臣打算谏议刘秀废掉太子，另立正受刘秀宠爱的二儿子东海王为太子。

刘强当然意识到了眼前的形势对自己相当不利，郅恽更是明了眼前的一切，他思虑一番后，有一天，在教太子读书的时候，问刘强："太子觉得现在跟过去有什么不同吗？"刘强回答道："母后被废，我心痛至极，再也找不到快乐了。"

郅恽压低声音说："这并不是我所担忧的啊！如今太子已不为皇上宠爱，大臣们也如墙头草一样疏离了你，他们一定会进谗言陷害于你的。

如果这样下去，太子性命堪忧啊。太子既然知道古代的教训，就应该早早做出决断啊。"刘强一听，顿时大惊，思虑良久后，才喃喃道："老师说得是啊，只是不知道应该怎样决断？"

郅恽见刘强明白过来，就上前一步，以更小的声音说："只要你让出太子之位，皇上就不会为难于你，那些势利之人也就不会向太子发难了。只是不知道太子是不是同意这个建议。"刘强低头沉思，过了好大一会儿，才长叹一声，说："事情已经到了这种地步，就是我不肯也不行了。与其骨肉相残，还不如我主动退出，以保全自身呢！"于是，刘强主动请求辞去太子之位，刘秀也没有挽留，把他降为东海王，就这样，一场眼看就要发生的宫廷血斗化为无形。

刘强在老师的劝导下，清楚地知道当前的形势对自己极为不利，于是便放弃了"一人之下，万人之上"的太子之位，从而保全了自己。试想，如果他留恋权势，贪慕功名，他会落得什么下场呢？不是性命不保，也会是遭到软禁，历史上不是有很多这样的故事吗？在灾难眼看要降临之时，鬼谷子的"退为大仪"之策略不失为一个明哲保身的好方法。

抵巇第四：见微知著，防微杜渐

「抵」，抵塞、弥补；「巇」，缝隙。「抵巇」指弥补不足，堵塞漏洞。鬼谷子认为，世间万物之运动都有离有合，总有裂隙可寻，见了缝隙，或堵塞以弥补，或从裂隙入手破坏之。抵巇之术告诉人们，当事物出现小的缝隙时要及时进行弥补。小的缝隙，如果任其发展就会成为大的缝隙，那就难以补救了。

近不可见，不察其辞

物有自然，事有合离。有近而不可见，有远而可知。①近而不可见者，不察其辞也；远而可知者，反往以验来②也。

【注释】

①见：发现，觉察，察知。知：了解。②反往以验来：反往，考察事物、事件的历史成因及过程。验来，用其历史过程来比证将来的发展，以掌握其规律。反：同"返"。来：未来。

【译文】

世间的人与事都有其发展规律，有时相合有时背离，就像是万物自然而生一样，是不以人的意志为转移的。有时近在眼前却看不到，有时远在天涯却知晓得很清楚。之所以近在眼前看不到，是因为没有考察其言辞；之所以远在天涯却了解得很清楚，是因为我方能够返回到历史，寻求历史上同类事例的解决办法，或经验或教训，来比证将来。

【智慧全解】

鬼谷子通过分析古代先贤们应对社会危机的方法，来告诫人们，身处顺境时要居安思危，在危机刚刚露出苗头的时候，要把这个苗头扼杀

抵巇第四：见微知著，防微杜渐

在萌芽之中，这就是圣贤们的做事智慧。

《伊索寓言》中有这样一则故事：有一头瞎了一只眼睛的公鹿，经常去海边吃草，它用那只好的眼睛注视着陆地，以便及早发现猎人和猎狗的踪迹，而用瞎了的那只眼睛对着大海，因为它认为海那边不会发生什么危险。有一天，海上来了一艘船，船上的人看见了这头鹿，就一箭射了过来，鹿受了很重的伤，在它将要咽气的时候，自言自语地说："我真是不幸，我防范着陆地那面，而我所信赖的海这面却给我带来了灾难。"

这则寓言虽短，但其中蕴藏着深刻的哲理：现实生活中有很多事情往往与我们预料的相反，以为危险的事情却很安全，以为安全的事情却相当危险。其实，这种情况非常正常，是一种普遍存在的自然规律，稍微熟悉辩证法的人都知道这个道理。然而，在现实生活中，很多人却忽视了这一道理，往往被眼前的美丽风景所欺骗，在安乐的环境中往往失去应有的警惕，从而遭到惨败的下场，就像那头觅食的鹿。所以，鬼谷子在此提醒大家，平时的生活中，即使处于安乐的环境中，也要想到可能有的危险，要提高警惕，防止祸患。

《周易》中也说："君子藏器于身，待时而动。"我们一旦觉察到隐患可能萌生，就要用"器"将它斩杀于摇篮之中，做到防微杜渐。这，便是鬼谷子"抵巇之术"的精髓。

当然，让一个身处顺境的人时刻保持警惕，时时提防危险的到来，是一件相当困难的事情，或许只有经历过危险、饱受过失误之害的人才能有所感悟。然而这样的失误通常是致命的，虽然不会像那只鹿一样被一箭射倒，但是，很有可能跌倒以后就再也爬不起来了。一个人如果没有居安思危的意识，就很容易摔跟头，甚至落得和那头鹿一样的下场；一个组织如果不能时刻保持警惕、居安思危，也会面临失败，甚至崩溃。要想避免这种厄运，就必须学会居安思危，能够预见到可能遭遇的种种不幸与坎坷，并做好一定的预防措施。这样，才能在危机到来时，逢凶化吉，顺利渡过难关。这正是鬼谷子所强调的居安思危的主张，要像圣贤们一样，在危险刚露出苗头的时候就找到应对办法。

【阅读延伸】

　　春秋末期，晋国正卿赵简子去世后，赵无恤接替了他的位置。这个赵无恤出身微贱，是个庶子。可就是这个出身卑微之人，却使赵氏家族在晋末激烈的权力斗争中立于不败之地，最后创下了赵国两百年的基业。赵无恤就是后来的赵襄子。

　　赵无恤长相一般，品性一般，在众兄弟中一点也不突出，赵简子根本没有注意过他的存在，但是，在后来的几件事情中，赵简子逐渐认识到了赵无恤的才智与雄心。

　　赵简子经常将日常训诫写在竹简上，交给儿子们让他们铭记在心。转眼过去了三年，赵简子又问起了训诫的内容，其他人一句也答不上来，竹简也已经不知遗落在了何处，只有赵无恤对答如流，并且时刻将竹简藏于衣袖之中。赵简子对赵无恤的表现非常满意，不过他还想再考察一下，于是对几个儿子说："我在夏屋山藏有宝符，你们去找一下，谁找到，就将它赏赐给谁。"赵简子的几个儿子去了，过了好久，别人都空手而归，只有赵无恤说自己找到了宝物。大家眼见他也是两手空空，就奇怪地问："宝物在哪里？"赵无恤说："从夏屋山四下张望，就把代国尽收眼底，代国便是我们的囊中宝物。"几经考察，赵简子最后将赵无恤立为继承人。

　　赵简子临终前，把赵无恤叫到跟前，说："我死后，你不要拘泥于别人的看法，穿着孝服到代国南面的夏屋山去看一看，到时你就会明白我的意思。"

　　赵无恤处理好父亲的丧事后，便对大臣说："我想去夏屋山上看看。"大臣们一听顿时大惊失色，说："夏屋山是一个游玩的地方，大王还身着孝服，怎么可以去那样的地方呢？这与礼法不合，万万使不得啊！"赵无恤说："这是父亲的遗愿，我必须去。"大臣们见他心意已决，只好同意。

振醎第四：见微知著，防微杜渐

赵无恤登上夏屋山山顶，居高而望，看到代国的风景，心有所悟："父亲一定是想让我尽快夺取这块宝地啊。"

赵无恤探听到代国国君好色，就让他姐姐嫁给代国国君。赵无恤利用姐姐的关系，千方百计讨好代国国君。代国的马郡出产好马，代国国君就把上等的好马送给赵无恤以表示报答。就这样，代赵友好往来了好几年，代国对赵国没有了一点戒备之心。

赵无恤见时机成熟，就去谒见代君，请求双方在马郡边境会宴。赵无恤事先让数百名跳舞的人把兵器藏在羽毛做的舞具里，并准备了一个盛酒用的大金斗。代国国君到达后，与赵无恤把酒言欢，等酒酣耳热之时，斟酒之人装作上前给代国国君倒酒，走到他身边，猛地翻过大金斗猛击过去，一下子把代国国君打倒在地。同时，那些跳舞之人也迅速从舞具中拿出兵器，杀掉了那些随从。随后，赵无恤命令早已准备好的部队大举出击，一举占领了代国的领土。

赵国大将新稚穆子攻打翟国，占领了左人和中人两座城池，于是就派人来向赵无恤汇报赫赫战果，而赵无恤听后没有惊喜，而是面露愁容。左右人不解，问："一天占领两座城池，这是多大的喜事啊，大王为什么要发愁呢？"赵无恤说："暴风骤雨用不了一会儿就会停，太阳到了正中很快就会偏西。现在我们并没有为翟国百姓做任何有益的事情，却一天占领他们两座城池，这难道不是快要灭亡的征兆吗？"

孔子听说这件事后，感慨道："凡事总能从坏处着想，这是国家昌盛的开始，由此可见，赵国要昌盛了。一时的胜利并不困难，难的是永远立于不败之地。有头脑的国君总是能够事先考虑未来的不利因素，所以他们的功绩能够延续后世。"

无论是一个国家，还是一个企业，抑或是一个人，要想强盛不衰，就要具备居安思危的意识，身处安逸而能看到"裂隙"，置身荣华而不坐享其成，发现危险征兆及时堵塞补救。赵无恤做到了这一点，才使赵国逐渐强大兴盛起来。

巇始有朕，可抵而塞

巇（xī）者，罅（xià）也。①罅者，涧②也。涧者，成大隙也。巇始有朕（zhèn），可抵而塞，可抵而却，可抵而息，可抵而匿，可抵而得。③此谓抵巇之理也。

【注释】

①巇：缝隙，裂缝。罅：义与"巇"同，只是裂的程度略深。②涧：山与山之间的缝隙，此处指中等的缝隙。③朕：通"朕"，征兆，迹象。塞：阻塞。却：退却，排除。息：止息。匿：隐匿，消失。得：取得，获取，取代。

【译文】

所谓巇，就是小的裂缝，小的裂缝会发展成中等裂缝，中等裂缝最终会发展成大的裂缝。小的裂缝刚刚出现的时候，会有征兆可寻，可以用"抵"的方法来堵塞上；小的裂缝在外部出现的时候，可以用"抵"的方法来消除它；小的裂缝公开出现的时候，可以用"抵"的方法使其平息；小的裂缝在暗中成长的时候，可以用"抵"的方法让其逐渐泯灭。假如小的缝隙已经变得很大，大得无法弥补了，那就用"抵"的方法去取代它。这就是抵巇之术的基本原理。

【智慧全解】

鬼谷子说："巇者，罅也。罅者，涧也。涧者，成大隙也。"这一观点带有浓厚的唯物辩证色彩，旨在告诉我们，事物的发展往往都是由量变引起质变的，生活与工作中的种种危机，往往都是由小危机逐渐积累发展而来的。

然而，生活中有很多人对这一理论知之甚少，或是明知故犯，不以为然。当问题刚一出现时，往往对其视而不见，充耳不闻，直到有一天，问题已经发展到相当严重的地步，已经无法补救了，才悔之莫及。

当丝袜刚破了一点点时，最好马上就把它补好，否则它就会越破越大，变成一个无法缝补的大窟窿就晚了，穿着一双露肉的破袜子走在众人视线下，有几个人能承受得了众人嘲笑的眼光呢？所以鬼谷子说："可抵而塞，可抵而却。"既然有办法去补救，为什么不去做呢？

一些看上去极其微小的危机，很有可能造成非常严重的后果。无数事实都证明了这一点。而"巇始有朕"，所以当危机刚出现苗头时，智者总是能敏锐地察知，而愚者却一直蒙在鼓里，而且还会对智者的忠告不屑一顾，直到小危机发展成大危险，才意识到，然而悔之晚矣。

人与人的相处也是如此，当产生隔阂和裂痕的时候，应该马上去补救，以免裂痕越来越大，致使亲人、朋友反目成仇。总而言之，我们在为人处世时，一定要善于观察矛盾的征兆，进而采取不同的态度对待，在有矛盾和裂痕时，我们一定要及时"抵而塞之"，在没有矛盾和裂痕时，我们要加强和巩固内部团结，这才是真正的抵巇之道。

【阅读延伸】

战国时期，秦国强大起来后，便仗势四处征伐，搞得其他国家个个心惊胆战，唯恐得罪了秦王。有一次，赵国得到了一件无价之宝——和氏璧。秦王得知后，便修书一封，表示愿用十五座城池来交换此璧。赵王接到信后万分焦虑，给吧，怕秦王在行骗，不给城池；不给吧，又怕得罪了秦王，为赵国引来祸患。赵王急忙召集群臣商议，可是众人也一筹莫展。这时，大臣蔺相如站了出来，说："我愿带和氏璧前往秦国，如果秦王真心交换，我便将璧交给他；如果他在欺骗我们，我一定会把璧完好地带回来。到那时，秦国理屈，也就没有出兵的理由了。"赵王实在想不出别的好办法，只好勉强同意了蔺相如的建议。

蔺相如到达秦国后，面见了秦王，献上和氏璧。只见秦王一味称赞璧，却绝口不提换城之事。蔺相如知道秦王根本无意换城，便使了个小计谋，要回了和氏璧，并和秦王约好，斋戒沐浴几日后再献和氏璧。

蔺相如深知秦王在欺骗赵国，便派手下带着和氏璧化装回国了。到了与秦王约定的日子，他平静地对秦王说："和氏璧已经送回赵国了，您如有诚意，就先把十五座城池交给我国，我国会马上派人送上和氏璧，绝不失信。不然，您杀了我也无济于事，还会让您落下一个不讲信誉的坏名声。"秦王没办法，只得让蔺相如回了国。

蔺相如回国后，便被赵王封为上大夫。后来，蔺相如又在秦赵的渑池之会上立了大功，被赵王封为上卿，职位比赵国的大将廉颇还高。这一下，战功赫赫的廉颇不服气了，对别人说："我廉颇攻无不克，战无不胜，立下无数战功。他蔺相如有什么本事，仅凭一张嘴，反而爬到了我的头上。我如果碰到他，一定给他难看。"这话传到了蔺相如的耳中，蔺相如便假装生病不上朝，以避开廉颇。

有一天，蔺相如驾车外出，远远看到廉颇骑马迎面而来，他赶紧命车夫掉头避开。他的手下不满了，便抱怨蔺相如太害怕廉颇了，他们下人都感到丢人，再这样下去，他们就离开他。蔺相如问众人："你们想一想，廉将军与秦王相比，哪个厉害？"众人一致回答："当然是秦王厉害。"蔺相如说："我连秦王都不怕，为什么会怕廉将军呢？大家知道，秦国之所以不敢进攻我国，正是因为我们武有廉颇，文有蔺相如。如果我们两个有了矛盾，赵国的力量就会削弱，秦国必然会趁机来袭。我之所以避开廉将军，是为我们赵国着想啊！"

蔺相如的这一番话很快传到了廉颇的耳中，廉颇非常愧疚，便脱下战袍，背上荆条，到蔺相如门上请罪。这便是著名的"负荆请罪"的典故。二人和好如初，联手保卫赵国。

如果将相不和，敌人便有了可乘之机，到那时赵国就危险了。正是因为廉颇、蔺相如二人及时弥补上了这种空隙和矛盾，才维护了赵国的大局。

通达计谋，以识细微

事之危①也，圣人知之，独保其身。因化说事，通达计谋，以识细微。经起秋毫之末，挥之于太山之本。②其施外，兆萌牙蘖（niè）③之谋，皆由抵巇。抵巇之隙，为道术用④。

【注释】

①事之危：事物刚现出危机征兆的时候。②秋毫之末：形容最细微的事物。太山之本：泰山的根基。太山，即泰山。③兆萌：征兆、萌芽，即微小的征兆。牙蘖：指小芽，比喻新的小计谋、小对策。牙，同"芽"。④为道术用：为道术之用，指圣人处理事情的根本方法。

【译文】

在事物产生危险征兆时，圣人就能敏锐地觉察到它，并凭着自己的力量采用措施进行自保。再在此基础上，根据客观情况的变化来筹划计谋，制订弥补的策略，以此找到产生细微裂缝的原因。事物往往是由细小的状态引起的，假如任其发展下去，由小到大就会撼动泰山的根基。

如果要向外推行教化、治理天下，必须根据抵巇的原理，在事物还处于萌芽状态时，及时发现其裂隙，想出新的计策来堵塞它。善于发现并运用抵巇之术来弥补裂隙，就是道术之用，就是圣人处理事情的根本方法。

【智慧全解】

　　鬼谷子说："经起秋毫之末,挥之于太山之本。"意思就是说：万事万物在开始的时候都像秋毫之末一样微小,一旦发展起来,就会大得可以动摇泰山的根基。世间的事物和矛盾正是这样,都是从细微发展到巨大的,圣贤之人之所以能够抓住事物的危险征兆,是因为他们能够见微知著,这是任何一个想要成就大事业的人必须具备的品质和能力。正所谓"千里之堤,溃于蚁穴",小问题要引起注意,小危机要及时清除,以免酿成大祸患。古代先贤们无数次劝导后人要防微杜渐,但是不少人总是将其当成耸人听闻的耳旁风,当自身体验到其中的痛苦滋味时,已经悔之晚矣。

　　从古到今,那些贤明的君主之所以能够把国家治理得安定繁荣,正是因为他们能及时发现问题,在危机尚处于萌芽状态时就加以消除。与此相反,纵观那些亡国之君,比如秦二世、隋炀帝之辈,他们通常对小问题视而不见,最后小问题逐渐变成了大问题,大好河山也只得断送在自己的手中。

　　以史为鉴,我们必须做到防微杜渐,一旦发现或察觉到有不利于发展的小问题,就要立即加以铲除；一旦发现事情进展中产生了细微的滑坡现象,就要马上加以制止。小问题往往能发展为大问题,造成无法弥补的损失。只有及时解决了小问题,才能有效化解可能的大危机。

　　大家都知道,在大多数时候,危机的变化都是渐进的,缓慢的,慢得人们几乎无法感知与察觉。所以,要做到防微杜渐并不是一件容易的事情。但是越是这样,越是需要我们提高警惕。

　　诚然,仅仅有防微杜渐的决心和勇气是无法解决问题的,关键还是行动。经常提醒自己要注意发现和察觉小问题,以便让自己在错误刚开始的时候就能改正,将小危机扼杀于萌芽之中。这正是鬼谷子所强调的"因化说事,通达计谋,以识细微"的主张。

振撼第四：见微知著，防微杜渐

【阅读延伸】

想必大家都听过这样一首歌谣吧："缺了一枚铁钉，掉了一只马掌；掉了一只马掌，折了一匹战马；折了一匹战马，伤了一位骑士；伤了一位骑士，输了一场战斗；输了一场战斗，亡了一个帝国。"其实，这首歌谣讲的是发生在英国的一个真实故事。

15世纪80年代，英国国王查理三世为了争夺英国的统治权，便到波斯沃斯征讨与自己争夺王位的里奇蒙德伯爵，双方之间的战争一直持续进行，不分胜负。

一次，两支军队之间又决定发动一场战争。查理三世明白胜败将在此一举，他们当中总有一方要戴上大英帝王的王冠，而另一方则只能沦为阶下囚。战斗进行的当天早上，他责令全军将士都要严整军容，并派了一个马夫去备好自己最喜欢的战马。

马夫牵着查理三世最钟爱的战马来到了铁匠铺里，要求铁匠为这匹屡建奇功的战马钉上马掌。"国王希望骑着这匹马打头阵，你快点给这匹马钉掌。"马夫对铁匠说。

钉马掌的工作其实很简单，这个技艺娴熟的铁匠不知道已经为多少战马钉过马掌了，但这次他很抱歉地回答："你现在需要等等，我前几天给全军的马都钉好了掌，手中的铁钉不够了，我得先打点铁钉。"

马夫不耐烦地叫道："我可没有那么多时间等你，里奇蒙德伯爵率领的军队正在一步一步地向我们逼近，国王必须在战场上迎击敌兵，已经等不及打铁钉了，耽误了战斗，你我都承担不起责任。"

看到铁匠愁眉苦脸的样子，马夫又说："你可以用其他东西来代替那种铁钉吗？难道在你偌大个铁匠铺里就找不到这样一些东西吗？"

铁匠环视了一下，从一根旧铁条上弄下一个铁片，把它砸平、整形，固定在马蹄上。铁匠恐怕铁片不牢固，说需要再打磨几分钟。但马夫急切地说："我告诉过你我等不及了，就这样吧！"

就这样，马夫牵着一匹马掌钉得并不牢固的战马离开了铁匠铺。查理三世就骑着这匹马冲到了战场的最前沿。

战斗开始了。"冲啊，冲啊！"查理国王叫喊着，信心百倍地率领部队冲向敌阵。突然一只马掌掉了，战马跌翻在地，查理没有抓住缰绳，也被掀翻在地上。

等查理站起来，环顾四周时，他发现士兵们都纷纷转身撤退，敌人的军队已经包围了上来。他愤怒地在空中挥舞宝剑："马！一匹马，我的国家倾覆就因为这一匹马。"

马掌上缺少了一个钉子，这件事似乎并不是什么大问题，却导致查理三世的失败，导致了一个庞大王朝的毁灭。完全可以说，因为一个铁钉而改变了历史的发展。

萌牙巇罅，抵之以法

天下纷错，士无明主，公侯无道德，则小人谗贼，贤人不用。①圣人窜匿，贪利诈伪者作。君臣相惑，土崩瓦解而相伐射②。父子离散，乖乱反目。是谓萌牙巇罅。圣人见萌牙巇罅，则抵之以法③。

【注释】

①纷错：混乱与分裂。谗贼：用卑劣的言辞伤害好人。②伐射：射，射箭，引申为战斗。指互相攻伐而激烈战斗。③法：法则。

【译文】

天下动乱不止，世上没有贤明的君主，公侯权臣不讲仁德，小人谗害贤良，贤臣得不到重用。圣人逃离乱世隐居起来，贪佞之人兴起作乱。君臣之间相互猜疑，各种势力相互攻伐，国家的形势面临着分裂瓦解的局面。即使在普通百姓间也是父子离散，骨肉反目成仇。这就叫作"萌牙巇罅"，即社会政治混乱逐步发展、恶化。圣人见到这种情况，就运用抵巇法则去处理。

【智慧全解】

鬼谷子说："见萌牙巇罅，则抵之以法。"意思就是见到危险与矛盾的征兆，就运用"抵巇"之法应对处理。鬼谷子的这个主张与我们常说的"未雨绸缪"是一样的道理，都是对未来各种突发危机的预测和预备。

《伊索寓言》中有这样一则故事：夏天里，很多动物都悠闲地生活，唱歌的唱歌，跳舞的跳舞，玩耍的玩耍，只有蚂蚁在田间地头跑来跑去，搜集小麦和大麦，给自己贮存冬季吃的食物。对蚂蚁的行为，屎壳郎极为不理解，于是便惊讶地问蚂蚁为何这般勤劳。蚂蚁没有理它，继续忙碌着自己的事。

冬天来了，大雨冲掉了牛粪，饥饿的屎壳郎，走到蚂蚁那里乞食，蚂蚁对它说："喂，伙计，如果当时在我劳动时，你不是质疑我，而是也去做工，现在就不会忍饥挨饿了。"

生活中，像屎壳郎这样的人有很多，顺境之时总是享受着安逸的生活，从来不去想将来的事，等到遇到危险时才知道自己没有做好准备，一个劲地抱怨"如果我不这样""如果我早有准备""如果我当时那样""如果我不那样做"等欺骗自己的话，殊不知，当一切已成定局，就没有挽回的余地了。

与其在事故发生之后再采取措施来弥补，不如在事前就对可能发生的危机进行防范。未雨绸缪是一个简单的人生道理，不论在生活中还是事业中都非常重要。要知道，危险的到来总是瞬息而至的，它不会给你任何喘息和准备的时间。要想面对这种情况不至于手足无措，唯一可行的办法就是在事先做好充分的准备，就像故事中的蚂蚁一样，夏季安乐之时贮藏好过冬的粮食，才不至于冬季挨饿。

未来虽然无法预知、毫无把握，我们根本不知道什么时候会有危险降临，好像根本无法做出准备。的确，我们无法对未来将要发生的具体事件有一个详尽的了解，无法针对某种事情去做准备，但未来的趋势和方向还是很明晰的，这就需要我们有长远的眼光，有先见之明，这是每一个想成就大事之人最基本的能力。

尽管世界风云变幻万千，有准备的人总是能够平安到达终点，正如大海波涛起伏，而驶到彼岸的永远是那个时刻把握风帆的人。当然，未雨绸缪需要有先见之明，凡事要比一般人看得远一点，想得深一些，并及时做出科学预见，而这种能力来自于对事物的观察分析和对规律的正确认识和把握。

【阅读延伸】

周公旦，姬姓，名旦，是周武王的弟弟，他同姜尚、召公等人一起协助武王姬发完成兴周灭商的大业,立下了卓绝的功勋。建立周朝后,武王给他分了封地,还把他留在京城辅政。

两年后,武王卒,年幼的太子姬诵被拥立为国王,即周成王。由于当时成王年幼,根本不懂治国之事。在周朝草创、百废待兴之时,周公旦便代王执政,处理国家大事。

周公摄政,引起了成王的三个叔叔管叔、蔡叔和霍叔的妒忌,他们到处造谣,说周公旦欺成王年幼,企图篡夺王位。

很快,成王听到了这些流言,在心里对周公旦产生了怀疑。

周公旦觉得一时难以向成王解释清楚,同时也为了消除成王对自己的疑虑,便离开镐京,去了东都洛阳。

被封在商地的纣王儿子武庚一直对商朝的灭亡很不甘心,他见周朝兄弟之间产生了矛盾,一边悄悄派人和管叔等联络,进一步挑拨离间,一边准备起兵反叛,借机想脱离周朝的统治。

在这紧急关头,周公旦亲自率军东征,经过三年战斗,终于平定了叛乱。之后,周公旦担心成王仍然怀疑自己,便挥师又回到了东都洛阳。

后来,周公旦查清了武庚暗中与管叔等人勾结的情况,他以母鸟自喻,把武庚比作猫头鹰,写了一首名为《鸱鸮》的诗送给成王:"迨天之未阴雨,彻彼桑土,绸缪牖户。今女下民,或敢侮予?"

这时候,成王已经了解到周公旦从无野心,也明白了周公旦在《鸱鸮》中表达的意思,便派人把周公旦请回镐京,杀了有可能引来祸端的武庚、管叔和霍叔,将蔡叔流放,后来被流放的蔡叔后死于途中。

后来,周公旦兢兢业业地辅佐周成王治国,并大行封赏,将王室宗亲、开国贤臣分封各地,准其建立藩国,以此作为天子的屏障,周朝得以真正地巩固和发展。

周公旦那首《鸱鸮》的意思是:趁着天还没有下雨的时候,赶快用桑根的皮把鸟巢的空隙缠紧,只有把巢坚固了,才不怕人的侵害。这只是表面意思,周公旦主要是想通过这首小诗来劝谏周成王要未雨绸缪,趁着国家还没有出现动乱的时候,提前防范或赶走身边的奸臣小人,由此表达自己对国家的关切和忧虑。由此可见,周公旦是非常懂得"见萌芽蠛蠓,则抵之以法"的哲学道理的。

或抵反之，或抵覆之

　　世可以治则抵而塞之，不可治则抵而得之。或抵如此，或抵如彼。或抵反之，或抵覆之。五帝之政①，抵而塞之。三王之事②，抵而得之。诸侯相抵，不可胜数。当此之时，能抵为右。③

【注释】

　　①五帝之政：指像黄帝、颛顼、帝喾、尧、舜那样的德政。相传五帝时行禅让之法。②三王之事：指像禹、汤、文王那样的政事。夏、商、周三代皆以征伐得天下。③当此之时：指战国时期。右：上。古礼尚右，以右为上。

【译文】

　　若认为世道还能治，就运用抵巇之法采取措施来弥补，使之走上正途。如果认为不可治，就运用抵巇之法循其缝隙毁掉它，再重新建立一个新的秩序。或者用抵的手法反过来，或者用抵的办法倒过去。五帝时期，政治清明，社会偶尔会有缝隙，就用抵巇之法弥补漏洞。三王之时，天下大乱，社会之缝隙已经无法弥补，所以禹便用疏导办法取代堵塞办法，而商汤与文王就起来反叛，取代夏桀与商纣，重新建立了新的社会秩序。如今各诸侯之间都在利用对方的裂隙，或抵而塞，或抵而得，数不胜数。这个时候，善于运用抵巇之术便是处理国家关系的上策。

【智慧全解】

鬼谷子说："世可以治则抵而塞之，不可治则抵而得之。"旨在强调，变化是世界万物的发展规律，人要想继续生存，就必须学会改革创新。

西方有句谚语："人不能两次踏入同一条河流。"这句话的意思与鬼谷子的观点是一致的，说的也是事物始终处于变化之中，所以我们在面对困境时，切不可拘泥于传统，要力求变革创新，否则就背离了鬼谷子的捭阖之道。

相传，从前有个叫卜子的人让他的妻子做一条新裤子。妻子问："你想把新裤子做成什么样呢？"卜子说："就像我的旧裤子一样。"于是，妻子做好新裤子后又弄脏，结果新裤子和旧的一样破旧了。

在这个故事中，那个妻子就是一个不懂创新、拘泥传统的人，她听到丈夫说把新裤子做成旧裤子的样子，就生搬硬套起丈夫的话，好好的新裤子被她做成了一条旧裤子。

生活原本就奇妙无比，变幻莫测，并不会遵从某个人的愿望而成为某个模式。要想迈向成功，最好的办法就是摆脱那份等待的安逸，积极地进行改革创新。坚守传承好的东西，勇敢抛弃不好的东西，你将会发现整个局面都会变得更加美好。

总的来说，改革创新涉及我们身边的各个方面，如学习，如生活，如工作。假如我们从更深一层意义上去理解改革创新，不要把改革创新看作是一种战术或救命稻草，而是把它看成是一种战略，我们将会发现，改革创新就如同经典歌曲、经典名著一样，长盛不衰。这就是鬼谷子所说的"当此之时，能抵为右"。

【阅读延伸】

南朝梁国的开国皇帝萧衍曾于南齐隆昌元年（公元494年）任宁朔

将军，镇守寿春（今安徽寿县），建武二年（公元495年）他因抗击北魏军有功，被任命为右军晋安王司马、淮陵太守，后来又为太子中庶子，领羽林监。

建武四年（公元497年），北魏军南伐雍州，萧衍奉命领兵赴援，进至襄阳（今湖北襄阳）。同年，被授为持节，都督雍、梁、南秦、北秦四州及郢州竟陵司随郡诸军事，又兼任辅国将军、雍州刺史，镇守襄阳。

这时，齐明帝萧鸾病死，他的儿子萧宝卷继位。这个萧宝卷是一个昏庸无能之辈，整日不理朝政，只知享乐，把朝中的大小事务全都交给始安王萧遥光、尚书令徐孝嗣等人处理。萧遥光等六人也不是什么善类，并不以国事为重，只会明争暗斗，相互倾轧，号称"六贵"。这种人治理下的朝廷是什么样子可想而知，可谓是极度黑暗腐败。在襄阳的萧衍得知朝中的情况后，便对亲戚张弘策说："政出多门，是国家大乱的开始。《诗经》中说'一国三公，吾谁适从？'如今国家有六贵，这怎么了得！我猜测他们六贵矛盾一定会激化到大动干戈的地步，而襄阳远离国都，正是避祸的好地方。可是我的弟弟们都在都城，我担心他们会遭到祸患。我要和我哥哥商议一下。"

没过多久，萧衍的哥哥萧懿由益州刺史调到了郢州任职。萧衍便派张弘策到达郢州，给萧懿送去一封信。信中说：如今六贵争权，君臣之间猜忌到一定程度，必将大诛大杀，一旦混乱开始，朝野将土崩瓦解。我们有幸远离京师，领兵外镇，可以保全自身，图谋大计。所以我们应乘朝廷还没有猜疑时，将诸弟召集在一起。否则，一旦朝中对我们猜疑，诸弟们将在京师走投无路。如今，兄在郢州，控制荆湘；弟在雍州，兵马数万。在此政昏朝乱之际，正好以此为据，以图大事，如果坐失良机，悔之晚矣。

萧懿阅后，神情大变，他不同意萧衍这样做，因为万一不成会招来灭门大祸。萧衍见哥哥不从，便独自将弟弟萧伟、萧憺迎至襄阳，秘密制造武器，招兵买马，并在襄阳大伐竹木，将舟系于檀溪之中，以备将来之用。

> 抵巇第四：见微知著，防微杜渐

萧懿拒绝了萧衍的邀请，不久便入朝做了太子右卫率、尚书吏部郎、卫尉卿。永元二年（公元500年），裴叔业、崔慧景集聚众人发动兵变，萧懿带兵平定了叛乱，为朝廷立了大功。然而，作为功臣的他不但没有得到赏赐，反而受到猜忌，于当年冬天被杀。

萧懿被杀，既证明了萧衍预见的准确，也为萧衍起兵提供了机会。萧衍及时抓住这个机会，在与亲信密谋后，召集部众，誓师起兵。萧衍对幕僚们说："如今昏主恶毒，穷虐极暴，无端杀害朝中贤士功臣，令生灵涂炭，民不聊生，为天所不容。你们与我同心协力，共同讨伐昏君。事成之后，你们都会大富大贵，都是公侯将相，我绝不食言！"

众人异口同声道："愿听您的安排。"

誓师之后，萧衍令人把竹木从檀溪中打捞出来，做成战舰千艘，又召集士兵万余人，起兵讨伐萧宝卷。在杀掉萧宝卷后，萧衍立了傀儡皇帝萧宝融。一年之后，他废掉傀儡皇帝，自己亲登帝位，建立梁朝。

还是鬼谷子那句话，"世可以治则抵而塞之，不可治则抵而得之。"萧衍深刻地认识到"政出多门，是国家大乱的开始"，既然六贵不肯轻易退出朝中大权的牢笼，那他们只能互相排斥，相互攻伐，以达到自己的目的。而在他们相互倾轧之际，得利的就只有萧衍了。萧衍可谓是成功地运用了"或抵复之"的战术，成功登上了帝位。当然，变革旧的事物，不是一件轻而易举的事情，更不是只靠热情就能奏效的，它需要一段时间的准备，更需要审慎缜密的考虑安排，还要能够得到人们的理解和信任。任何人在改革创新的时候，若能够做到德行天下，天下人自然会云集响应，这样的变革前景当然美好。

时有可抵，则为之谋

自天地之合离、终始，必有巇隙，不可不察也。察之以捭阖，能用此道①，圣人也。圣人者，天地之使也。世无可抵，则深隐而待时；②时有可抵，则为之谋。此道可以上合，可以检③下。能因能循，为天地守神④。

【注释】

①此道：指抵巇之术。②无可抵：没有缝隙可以利用，代指清平盛世。时：时机，指世道出现缝隙之时。③检：约束。④为天地守神：能掌握天地间万事万物变化的规律。神，事理玄妙。

【译文】

世间万事万物之间有离有合，有开始也有终结，必然会出现缝隙，这是我们不可不留心明察的。察觉到这一点，能够运用抵巇之术去解决问题的，就是圣人了。所谓圣人，就是天地的使者，是能够发现并掌握自然规律和社会规律的人。若生逢盛世，时世没有缝隙可以利用，就深深地隐藏起来等待时机；如果时世有缝隙可以利用，就运用抵巇之术进行谋划。用这种道术，上可暗合君主之意，辅佐圣君治理天下；下可约束民众，收拾局面。如果能够顺应自然规律来运用这种道术，那么就能够掌握天地间一切变化的规律。

【智慧全解】

在这里，鬼谷子认为，立大志者需以"捭阖"之道处世，正如他所说"世无可抵，则深隐而待时；时有可抵，则为之谋"，意思就是说，身为大丈夫，要能屈能伸，该隐时就隐，该显时就显。纵观中外历史，有无数风云人物、英雄豪杰都因能够恪守屈伸之道、捭阖之术而叱咤风云，所向披靡。

这里的"屈"并不是让人不思进取、逆来顺受，并不代表我们胆怯、懦弱，更不等于我们认输屈服，它只是暂时的退让，是为了保存和积蓄力量，是为了等待"时有可抵，则为之谋"的机会，是为了寻找更好的策略和道路，是为了求得事业的长久发展所必须付出的代价。

可以说，屈是能量的积聚，是为更好地伸做准备；伸是积聚后的释放，是屈的志向和目的。大家都见过袋鼠奔跑吧，袋鼠在起跑前总是先将腿屈起来，它这样做正是为了积蓄力量，把全身的力量都凝聚到发力点上，然后将身跃起，以达到跳得最远最高的目的。

人生道路上从来没有常胜将军，也没有所谓的一路坦途。难免会有风急浪高之时，如果在这个时候迎面与之搏击，也许会撞得头破血流，船毁人亡，难有东山再起之日，除了给人以"你很勇敢"的印象，你什么也得不到。此时我们不妨灵活一下，能站起来就站起来，站不起来就见机"屈"一下，等力量恢复了再站起来大显身手。

当然，不管你是选择"屈"还是"伸"，都需要具备大无畏的精神，有时候"屈"更加需要决心和勇气。屈伸之道在大处可以保存一个国家，落到小处，则可以保全个人。能屈能伸，进退皆宜，才有可能在将来的某一天笑傲江湖，人生之路才会越走越宽。所以鬼谷子才有"能因能循，为天地守神"之说。

【阅读延伸】

春秋时期，楚穆王去世，楚庄王即位。楚庄王刚即位时，在很多人眼中他就是一个昏君,整日只知吃喝玩乐,打猎巡游,根本不理朝政。有这样一个君王,奸邪之臣偷着乐,而忠直大臣们却着了急。

其实,楚庄王并不是真正的昏庸,他的心里另有一番打算。原来,楚国令尹权势太大,把持朝政,庄王觉得自己刚刚即位,党羽未丰,难以与之抗衡,需要先麻痹他,免生不测。另外,自己刚刚上台,大臣中谁忠谁奸,自己还分辨不出,需要观察甄别。出于这两种考虑,楚庄王才做出昏庸之态,先把自己"深隐"起来,将满腹雄心"隐"在吃喝玩乐中。

就这样,楚庄王一"昏"就是三年,令尹等一帮奸臣更加肆无忌惮,惹得民愤吏怨。一帮忠臣再也沉不住气了,纷纷上奏劝谏,其中有个叫申无畏的大臣,是个出了名的忠直之人,他直接站出来责问庄王。庄王见申无畏到来,不知底里,便问:"你来干什么?是来喝酒的,还是来听音乐的?"申无畏说:"我只想来请教一件事。有人给臣下出了个谜语,臣下猜不出,特来请教。"庄王说:"讲给我听一下。"申无畏说:"楚国山上有只大鸟,身披五彩,气宇华耀。一停三年,不飞不叫。我们不知,此为何鸟?"庄王听完,哈哈大笑,答道:"这不是平凡之鸟。三年不飞,一飞冲天;三年不鸣,一鸣惊人。"申无畏何等聪明,一听便明白了楚庄王的打算,连忙叩头称谢说:"大王英明。"

此后,又有几位忠臣来进谏。庄王与他们谋划,一举从令尹手中夺回实权,改革政治,振兴经济,操练士兵,国势大振,先后出兵战胜过几个国家,楚国一跃而成为各诸侯国中的强国。

"世无可抵,则深隐而待时",也就是当世道没有可让人利用的"缝隙",无法施展抵巇术时,就深隐而等待"缝隙"出现。等到那恰当的时机一旦到来,就"为之谋",运用权术去大干一场。楚庄王可谓是深谙鬼谷子的抵巇之术,他"深隐而待时",就是为了积蓄力量,争取舆论,以一举制人,"三年不鸣,一鸣惊人"。

飞箝第五：恩威并施，知人善任

「飞」，飞语，假装赞扬对方，以获得对方的好感；「箝」，钳制，掌握。「飞箝」就是故意抬高对方，对方的戒备心消除后，必然会露出实情，这样我们就可以钳制对方了，使对方按照自己的思路思考或行事。掌握了「飞箝」之术，明白了「飞箝」术的目的，便可对万事运筹帷幄，自身也可来去自如。

度权量能，招贤纳士

凡度权量能，所以征远来近。①立势而制事，必先察同异，别是非之语，见内外之辞，知有无之数，决安危之计，定亲疏之事。然后乃权量之，其有隐括②，乃可征，乃可求，乃可用。

【注释】

①度权量能：估量别人的权谋与才能。征远来近：征召远近的人才、贤者，使之都来归附，为己所用。②隐括：原指矫正竹木弯曲的工具，此指对同异、是非、内外、有无加以剪裁和修改。

【译文】

凡是审度人的权谋智慧，衡量人的才干，都是广泛地从或远或近的各个方面来吸取信息。要想确立做事获得成功的态势并有效地去行事，就必须先看到对方与己方的异同，分辨出对方言辞中的是与非，分辨出对方言辞表面与背后的含义，了解对方与己方所拥有的或没有的，在此基础上，才能决断事关安危的大计，确定双方或亲近或疏远的事情。然后再在实践中加以检验权衡，对上述的异同、是非、内外、有无等做法加以调整和修改，最后才能决定如何去取，如何使用。

【智慧全解】

从古至今，人才都是事业发展最为宝贵的资源，是国家强盛、事业兴衰的关键。正所谓"国以才立，政以才治，业以才兴"。然而在当今市场上，却有不少管理者哀叹：无人才可用。这是真的吗？难道我泱泱大中华真的就没有可用之才了吗？人才资源真的短缺吗？其实不然，我们不是没有人才，而是管理者的用人思想有偏差。

近代诗人龚自珍说："我劝天公重抖擞，不拘一格降人才。"可是，假如管理者在用人上保守固执，没有识人善任之能，老天就是不拘一格降下人才又有什么用呢？所以说"千里马常有，而伯乐不常有"。要想挖掘到真正的人才，解决组织无优秀人才可用的问题，管理者要开阔视野，破除保守的用人观念和思想，以与时俱进的眼光和思想，努力做到"不拘一格用人才"。

纵观历史，我们会发现，许多成就大业之士都显示出"不拘一格任人才"的引才纳贤之风范。如秦穆公之所以能够称霸于诸侯，得益于他用五张羊皮换来了"羊倌"百里奚；平原君对无人推荐的毛遂一视同仁，终解赵国都城之危；再如姜子牙80岁可拜丞相，甘罗12岁也可任上卿。

要想避免失败，避免成为组织衰退的罪人，管理者就必须放弃保守的观念，大胆用人、灵活用人、不拘一格地用人，只要是贤才，不论亲疏，不管远近，都要大胆用之。如果每个管理者都能有伯乐的识才、惜才、爱才之量，相信，我们根本用不着担心千里马不够用，根本不用忧虑工作打不开新局面。正如鬼谷子所说："度权量能，所以征远来近。"

【阅读延伸】

战国时期，楚国有个将领名叫子发。此人为人和善亲切，爱惜人才，以喜欢招纳具有各种才能的人做门客而出名。只要听说谁有一技之长，子发就会想尽一切办法将此人招揽到自己麾下。

有一天，一位神偷听说了子发的名号，就前来投奔。神偷对子发说："我听人言，您很看重人才，善于利用人的长处。我是个小偷，以前不务正业，如果您能收留我，我愿为您当差，以我的技艺为您服务。"

说话时，神偷一脸诚挚，子发听了甚为感动，连忙起身迎接，腰带也顾不上系紧，帽子也来不及戴端正，礼让有加地把神偷迎进门，并将他奉为上宾。

子发礼遇一个小偷的事情很快传扬出去，子发手下的官员、侍从们感到不可理解，纷纷前来劝阻："江山易改，本性难移。小偷是天下的盗贼，尽做一些为人所不齿的事，怎么会真心为您办事，您怎可如此信任他？"

子发不以为然，摆摆手说："你们不要急着去判断一个人，小偷也有他的可用之处。"

不久，齐国举兵攻打楚国，楚王派子发率大军前去迎战。可是齐强而楚弱，两军连续交锋三次，楚军都被齐军打得落花流水。

接二连三的失败，让子发发了愁，连忙召集大小智谋之士、勇悍之将前来商议抗击齐兵的策略。可是，众将士虽然个个足智多谋、忠诚无比，但对击退齐兵却无计可施、一筹莫展。有些人提出了一些计策，但都没有多大的可行性。

眼看齐兵愈战愈强，形势对楚军越来越不利，子发着急万分，这时那个神偷突然来到帐前求见子发，他主动请缨："我有一个办法可以让齐国退兵，如果您信任我的话，就让我去试试吧！"

"齐军强大无比，这些英勇的将士都无法应对，这些聪慧的谋士也想不出应对之策，你能有什么好办法呢？"子发怀疑地问道。

神偷走上前，趴到子发耳边低声嘀咕了一阵，子发听后忍不住拍手叫好，马上拍板同意让神偷担此重任。

到了晚上，夜色降临，四周漆黑一片，这时神偷悄悄潜入齐军大营，悄无声息地将齐将首领的帷帐偷了出来，回到楚营。

第二天天一亮，子发就派了一个使者将帷帐送还齐营，并对齐军说：

飞箱第五：恩威并施，知人善任

"我们有一个士兵出去砍柴，捡到了将军的帷帐，特地赶来将其奉还。"

齐兵面面相觑，目瞪口呆。

第二天，神偷又潜进齐营，取回齐军首领的枕头。子发又派人送还。

接着，神偷第三次进了齐营，将齐军主帅的簪子、头发偷来了，子发照样派人依次送还。

敌人士兵入自己的营帐，如入无人之境，这还了得？接二连三的事件搞得齐军人心惶惶，议论纷纷。齐军首领更是惊恐万状，乱了方寸，召集手下说："照这样下去的话，恐怕子发下次派人来取的就是我的人头了。"说完，立即下令撤军，齐军不战而退。

楚将子发"度权量能""不拘一格降人才"，即使是一个尽做鸡鸣狗盗之事的小偷他也礼遇有加，视为上宾，正是因为此，才有了后面小偷为他解围的故事。神偷虽然属于鸡鸣狗盗之辈，但以正道用之，亦有他的可用之处，可以为我所用。子发喜欢招纳各种人做门客，想方设法地将有一技之长的人招揽到麾下，也是"不拘一格"的体现。

诱其吐实，飞而箝之

引钩箝之辞，飞而箝之①。

【注释】

①飞而箝之：假装宣扬对方，提高其声誉，获得对方的好感后，对方必然暴露其内情，我们就能钳制他。

【译文】

凡人都喜欢听奉承话，对这些人要用奉承的话，故意赞扬对方，为对方制造声誉，使对方高兴而泄露实情，然后控制他。

【智慧全解】

鬼谷子的飞箝之术，说穿了也就是通过称誉的手段，而钳制住对方。飞箝术应用范围非常广泛，因为任何人都渴望得到别人的欣赏和认可，得到他人欣赏，就意味着得到了一种肯定和激励，得到了一种慰藉和力量。我们在生活中所接触的人，超过百分之九十的人都会被这种飞箝术钳制住，只要我们应用得够精密。

卡耐基说："赞美好比空气，人不能缺少。"心理学家威廉·詹姆士也说："人类本性最深的企图之一是期望被人夸奖和肯定。渴望夸奖是每个人内心里的一种最基本的愿望。我们都希望自己的成绩与优点得到别人的认同，哪怕这种渴望在别人看来似乎带有点虚荣的成分。"

是的，每个人都渴望得到赏识，得到他人的称誉，无论是身居高位还是地位卑微；无论是刚入公司的小青年，还是升迁无望即将退休的老员工。即使是上帝也是要人们赞美的。

赞美、称誉有着相当神奇而微妙的作用，它能使百年冤仇顷刻消除，能使古板的脸增添笑容。人们普遍地希望能得到别人的赞美，对于赞美他的人，自然也就容易接受。所以鬼谷子才会说"引钩箝之辞，飞而箝之"。

通常情况下，那种爱慕虚荣、自高自大、自矜自伐、傲慢无礼的人，最容易受这种飞箝术的钳制。但是，对于那些质朴、谦逊、恭敬的处于阳面的人，只要选择适宜的环境，同样可以用此术钳制他们。另外，那些处于极度困厄的人，夸张的称赞和欣赏，能够令他们产生信任感和依赖感，从而对自己也会产生超越客观的自信和希望，反而是更容易被这种飞箝术钳制住。

世间之人，只有那些才学超卓、智术非凡的人，才不会轻易被飞箝术钳制，不过，普通生活中，我们是很难遇到这样的高人的，所以生活当中与人交往，我们尽可以"诱其吐实，飞而箝之"。

【阅读延伸】

西汉景帝时，大臣晁错上书削藩，汉景帝纳其谏言并很快采取了行动，连续削除藩国封地，比如胶西国就被削去六县封地。

当时，吴王刘濞是天下最富有最强大的诸侯，此人早就心存反志，景帝推行削藩政策，很明显威胁到了他的地位，他担心被朝廷先发制人，于是便积极谋划起兵谋反之事。

谋反是大事，仅凭刘濞一己之力明显不行，得找帮手。刘濞听说胶西王刘昂好勇，喜欢谈兵，他的五个兄弟都在齐地被封为王，这五位王都很畏惧他，所以，刘濞就想联合刘昂一起起兵谋反。这样一想，刘濞便派大臣应高前往胶西游说刘昂。

应高见到刘昂后，就说："吴王不肖，日夜忧心，不敢亲自相见，所以就派我来将其心事告知大王。"

刘濞是刘昂叔伯长辈，又是最大的诸侯，现在竟然对自己这么一个晚辈小国诸侯如此重视，应高的这番话直听得刘昂心里乐开了花。更让刘昂开心的是，当年刘濞被汉高祖封到吴国为王，就是因为刘濞悍勇，能镇得住吴国，而刘昂也善勇，能得到同样以武力闻名天下的刘濞看重，刘昂岂不心花怒放？

于是刘昂问道："不知吴王有何见教？"

应高道："如今皇上昏聩，信任奸邪，听信谗言，擅自变更祖宗法令，侵占削夺诸侯封地，对诸侯苛求甚多，无故诛罚良善，越来越过分。吴王与大王，都是当今天下最著名的诸侯，如今被朝廷盯上，恐怕再也难以像以前那般安享富贵了。吴王身体一直有恙，故而二十年来无法亲自进京朝拜，但他一直担心被皇帝猜忌，不能自白。现在就算吴王自缚手足亲自进京去请罪，恐怕也不容易得到赦免了。听说大王因为私自买官的事被皇上降了罪，削减了几个县，其他被削地的诸侯罪过都没有大王的严重，恐怕皇上处罚大王不会仅仅止于削地而已。"

应高的这番话令刘昂很受用，问道："是啊，有这种事，那吴王有什么打算呢？"

应高见刘昂松动了，就直接把话题挑明了："同恶相助，同好相留，同情相成，同欲相趋，同利相死。现在吴王觉得自己与大王的忧虑是一样的，他愿意与大王因时借势，捐躯为天下除去祸害，大王觉得怎样？"

刘昂一听刘濞要自己跟他一起谋反，脸色顿时大变，心里其实已经认同了应高的话，不过为了谨慎，依然装出害怕的样子："我哪敢做那样的事？当今皇上虽然摧迫日急，但我也不能反叛天子啊，大不了我一死了之。"

应高作为一个谋士，当然知道刘昂是在试探，于是就把夺取天下的具体军事方略直接说了出来，"御史大夫晁错蛊惑天子，侵占削夺诸侯封地，闭塞忠良之谏，朝廷大臣怨声载道，各诸侯都有反叛之心，从这一点上说我们已经占尽'人和'。彗星出现，蝗灾数降，这正是万世难逢的好机会，况且愁苦忧劳的境遇，正是贤者建功立业的良机。所以，吴王想借诛杀晁错为名起兵，跟随在大王的身后，经略天下，必能所向者降，所攻者破，天下没有人敢不服从的。大王若能幸而赐臣一诺，吴王就会带着楚王攻下函谷关，守护住荥阳和敖仓的粮食，奋勇迎战汉兵。然后修葺好馆舍，恭候大王驾临，大王到时如能垂恩到来，必能吞并汉土，那时与吴王平分天下，这样难道不比坐以待毙强吗？"

应高的这番话说的虽然是军事谋略之辞，但其中仍夹杂着对刘昂的恭维之语。再加上刘昂喜欢谈兵、尚勇，这样的谈话当然就能唤起刘昂身披甲胄纵横天下的雄心。所以，刘昂听后，果然赞同，当即许诺和吴王一起反叛。应高回到吴国将情况汇报给刘濞后，刘濞为防难以牢固地钳制住刘昂，他又亲自跑到刘昂那儿，跟刘昂订立了盟约，才算最终放心。

在劝说刘昂的整个过程中，应高都在用飞箝之术，把刘昂给捧得高高的，不仅拉近了彼此之间的关系，还诱出了他的真情实意，从而让其心甘情愿地为刘濞所用。

乍同乍异，说而服之

钩箝之语，其说辞也，乍同乍异①。

【注释】

①乍同乍异：陶弘景注，"谓说钩箝之辞，或捭而同之，或阖而异之。故曰：乍同乍异。"乍，忽然，变化极为迅速。

【译文】

作为"钩箝"的语言要根据情势而善于变化，时而赞同，时而相异。

【智慧全解】

在与人沟通、游说对方时，无论最初是处于攻势还是守势，是掌握主动权，还是身处被动，我们最终的目的是一样的，那就是说服对方，达到我方的目的。因此，我们在说服对方时，要想方设法去控制住对方，牵制住对方，让其为我方所用。而要想让对方彻底服从我方，其中一个重要的策略就是我们的游说言辞要与对方的言辞、观点时而相同，时而不同。

"乍同"，同意对方的言论观点，意在拉近与对方情感的距离，增进信任度。对方对我们有了好感，后面才会认真倾听我们的言辞，才会从

飞箱第五：恩威并施，知人善任

内心倾向我们的观点。同意对方的言论还有一个重要的原因，那就是先与他站在一个立场上，让其放下戒心，为后来将话题引向我方做好铺垫，为后来钳制住对方打好基础。

说服他人，说白了，就是设置一个逻辑圈套，让对方钻进去，以达到我方目的。要想做到这些，就必须让对方完全信服、赞同我们的逻辑论点。而我们同意对方的言论、观点，目的就是让对方为我们的逻辑立论。他立的论，他当然不会辩驳。而我们再采用"乍异"之辞，对他的言论、观点提出不同的看法和异议，这就是辩证。这个辩证从表面上看是为了证明对方议论、观点而做，而实际上却是对对方观点、言论扭曲其本意的解释。最后按照逻辑顺序得出结论，这个结论不是对方最初所愿意接受的本意，但是因为逻辑立论是由对方自己确定的，后面都是顺着他的立论而得出的结论，所以对方只能接受，无从辩驳和反抗。"乍同乍异"无异于对方自己挖坑自己跳。

【阅读延伸】

秦朝末年，陈胜、吴广在大泽乡揭竿起义，义军势如破竹，打得秦军落花流水，很快陈胜在陈县自立为王，并分遣诸将攻打各郡县。

张耳、陈余和武臣三员大将率军三千攻打故赵之地，接连攻克十多个城，在张耳、陈余的支持下，武臣自立为赵王。为了进一步巩固实力，武臣派部将韩广攻打故燕之地。可是出乎他所料的是，韩广到了故燕之地后，就被燕人拥立为燕王。于是，武臣同张耳、陈余率军来到燕国边界，打算攻打韩广。

有一天，武臣独自带着随从离开军营到边界侦察敌情，没想到被燕军活捉了。燕国便拿武臣当人质，要挟张耳和陈余，"拿赵国一半的土地来换回赵王武臣"。张耳和陈余接连派了好几个使者前往燕国游说，可是燕国根本不为所动，还把说客一一杀掉。张耳和陈余顿时没了主意。

正当张耳、陈余束手无策之时，一个仆人扬言："我可以为主公说服燕人，我一定能与我王一起回来。"

他的同伴听了，纷纷嘲笑他不自量力，"主公派出了十多个能言善辩的使者，结果都被杀掉，你一个小小的仆人，有什么本事能让燕人放回赵王呢？"

这个仆人没有与他人辩白，也没有征得张耳、陈余的同意，就私自跑到了燕军大营进行游说。

燕军军士将仆人押到将军营帐。

仆人被押到燕将跟前，依然一脸淡定，丝毫不见慌乱畏惧之色。他平静地问面前满脸杀气的燕将："将军知道臣为什么来这里吗？"

燕将道："当然，不就是想让我们放回赵王嘛。"

仆人沉默，等于默认了燕将的话，然后反问道："将军对张耳、陈余二人可否了解呢？"

燕将回答道："这两个人算得上是贤人吧！"

仆人又问："那么将军知道这两个人的志向在哪里吗？"

燕将道："他们就是想弄回赵王而已。"

仆人听到这个回答，呵呵一笑，说："看来将军并不知道这两个人的志向啊。当初张耳、陈余、武臣单枪匹马攻下赵地数十城，都想南面而称王，他们哪里会满足于仅做他人卿相呢？君与臣的地位哪里能相提并论啊！只是因为刚刚攻占赵地，人心未稳、局势未定，所以张耳、陈余尚不敢提出称王的要求，而是按照年纪大小，让最为年长的武臣先做了赵王。现在，赵地一片安定，人心也安定下来，张耳和陈余都想分割赵地称王，只是还没有找到恰当的机会而已。现在将军囚禁了赵王，不正好给了两人机会吗？因此说，张耳和陈余此时表面上是想求燕国放回赵王，其实他们心里都盼望着燕国将赵王杀掉，这样一来二人就可以平分赵国，各自称王了。以一个赵国的力量就足以蔑视燕国了，何况以两位贤王左右号召呢？他们一起以惩罚将军杀害赵王为名讨伐燕国，灭亡燕国就更是轻而易举了。"

燕将听了这位仆人的这一席话，马上下令放了赵王武臣。于是仆人驾着车载着武臣，顺利地回到了赵国。

飞箝第五：恩威并施，知人善任

　　在这个故事中，那个仆人充分运用了鬼谷子"乍同乍异"的游说之术，先是反问让燕将自己立论，而他则照着此立论延续过去，就张耳、陈余的志向问题展开论述，表达了和燕将完全不同的意见，这个不同的意见，既是为让燕将放归赵王服务，又是为燕国的切身利益服务，并结合当时人人各欲称王的事实展开论述，这样一来，燕将就不得不信服仆人的说辞，放了赵王武臣。

不可善者，重累毁之

其不可善者，或先征之而后重累，①或先重以累而后毁②之。或以重累为毁，或以毁为重累。

【注释】

①不可善者：指运用钩箝之辞也不能说动、改变的人或事物。重累：反复试验。②毁：诋毁，造舆论。

【译文】

对于那些不喜欢虚名，不喜欢听奉承话，用飞箝之语难以诱惑的人，可以先行离开奉承的话题，不断抬高他的名誉地位，使其名不副实，为以后诋毁他做准备。这次宣扬不成，就反复使用，直到达到诋毁对方的目的。有时高扬对方优点使其缺点暴露是诋毁，有时历数其缺点使他的优点暴露出来，是一种重累飞扬的方法，这样做的目的还是要诋毁他。

【智慧全解】

大家知道，与人交往，最难沟通的人是两种人，一种是固执的人，一种是多智的人。固执的人会咬定青山不松口，认定自己的观点是正确的，凭你口水飞溅、口吐莲花，人家就是坚持到底，不放弃自己的主张。多智的人，自认为聪明无比，见多识广，根本不把你的看法放在眼中，

飞箝第五：恩威并施，知人善任

而且这种人容易看穿你的伎俩和计谋，你说了上半句，人家就能猜出下半句，你哪里是他的对手呢？不过，相比较而言，多智的人要比固执的人容易改变一些。这是因为多智的人虽然容易看穿你的计谋，但他更能分辨出你话语间的道理、利害。当你言之有理的时候，他会乐于被说服。固执的人就没这个本事了，他只是固执己见，对你所说的利害、道理根本不用脑子去分析、思考。对这样的人，任你唾沫横飞地游说，也无法说动其一分。对这种固执的人，最普遍最实用的游说策略就是，要先想办法让他完全信任我们，然后再进行游说。这就是鬼谷子所说的"其不可善者，或先征之而后重累，或先重以累而后毁之"。

总之，无论是固执的人，还是多智的人，只要他们是难以控制、说服的对象，我们就要借助自身的优势条件，去攻破对方的劣势，特别是要选择在对方迷惑、两难的时候去进攻，这样最容易游说成功。

所以我们在游说之前一定要弄清楚我方所具备的优势，这些优势包括金钱、资源、人脉、地位、势力、权力、机遇等各个方面，还要弄清楚对方的需求，然后对症下药，令其为我所用。为了达成我方的目的，当对方被迫屈服时，为了牢固操控住对方，一定要对其"忠诚度"做测试，以免对方脱缰而去。如果我方还不确定对方的需求时，就要三番五次地试探，即"先重以累"。一旦试探到，就要不留情地进攻，牢牢地钳住对方，令对方必须服从于我方，从而达成我方的计谋。

在此需要特别提醒大家一点，鬼谷子的这种飞箝之术非常霸道且狠辣，虽然它能够轻易地让施用者达成目的，但是如果被歹毒之人施用，其一时的成功必定成为他日败亡的导火索。

【阅读延伸】

公元前210年，秦始皇巡游途中于沙丘之地驾崩。此时，秦始皇的长子扶苏正以监军的身份和手握三十万精兵的蒙恬镇守上郡（今陕西榆林市南）。秦始皇对自己的身后事是有所安排的，那就是一旦自己驾崩，就由蒙恬辅佐扶苏登基。

秦始皇临终时，下诏书令蒙恬率兵护送扶苏回咸阳主持葬礼，然而，诏书封好后还没来得及发出，秦始皇就撒手西去了，诏书便落到了赵高的手中。一向不喜欢扶苏又奸诈阴险的赵高拿着诏书开始打起了鬼主意。

当时，秦始皇驾崩的消息还没公布，只有李斯、赵高、胡亥及几个近侍小太监知道。因为秦始皇生前没有明确册立谁为太子，为了避免祸乱发生，李斯下令知道实情的人谁都不可以将皇帝驾崩的事泄露。李斯的这个做法倒先便宜了赵高。

赵高一向与胡亥亲近，他觉得胡亥好糊弄，一直想让秦始皇立胡亥为太子，现在秦始皇死了，便想立胡亥为帝，这样他就可以取代李斯的位置了。当然，赵高也知道自己的力量比较薄弱，改诏之事仅凭自己与胡亥两个人是无法办到的，必须取得李斯的协助才行。于是赵高赶紧找李斯游说。

赵高先问李斯："如今皇上驾崩，下给扶苏的诏书和皇帝玉玺都掌握在胡亥手里，立谁当太子，只在我与君侯之口，君侯认为我们应该怎么办？"

很明显，赵高这话是在试探，不过他试得很直接。

李斯想也不想，便说："你怎么能说这种亡国之话呢！这可不是我们身为臣子该议论的啊！"

赵高没有理会李斯的训斥，而是接着发问："在君侯看来，你和蒙恬相比，谁更贤能？谁更功高？谁更善谋？谁更无怨于天下？谁与扶苏的交情更深厚？"赵高为后面的利害关系陈述做了铺垫。

李斯回答道："当然，这五样我无法与蒙恬将军相比，你为什么要问这些？"

赵高道："我只是内宫里的一个小厮，因为会写几个字，而进入宫廷，得以侍奉在皇帝左右。在宫中待了二十多年，我还从来没见过有哪个将相被罢免后还能将富贵荣华绵延两代的，所有的都被抄家灭族。皇上有二十多个儿子，这些人当中数长子扶苏最为刚毅勇武，且有信义，最得军心。如果他继承帝位，一定会任用蒙恬为丞相。到那时，君侯的爵位就难保了。我自从受命教育胡亥这些年来，胡亥用心于学业，未尝懈怠，其为人慈善仁厚，轻财重士，心明而口拙，礼贤下士，皇帝的其他儿子没有一个比得上他的，他足以继承帝位。该怎么办，就请君侯来决定吧！"

听了赵高这番话，李斯心里开始摇摆起来，不过他还是严词斥责赵高道："你不要做这种非分之想！尊奉皇上的遗诏，听从天意的安排才是我最该做的事情，哪里还用再做决定？我受皇上隆恩，位极人臣，子孙皆位尊而禄厚，我怎么能背叛皇上？你不要再说了，我不想因你而受到牵连！"

看到李斯情绪如此激动，赵高知道他内心其实已经有所动摇，于是继续鼓动说："我听说圣贤行事，不拘于常理，审时度势而为，见微知著。如今天下的权柄已经被胡亥所掌握，我身为胡亥的老师，一定能尽享荣华！天下局势已经定了，君侯怎么就如此死脑筋，看不明白？"

闻此言，李斯也放缓了口气说："当年晋献公废长立幼，结果导致晋国连续动乱了三世；公子纠与兄弟齐桓公争位，结果被杀；商周不听忠谏，屠戮亲戚贤臣，结果国破身死。此三人之所以得此悲惨下场，正是因为他们逆天而为。而我只是一个凡夫俗子，不知道什么天命，你找错人了。"

李斯这番话中已经透露出了明显的屈服之意，赵高赶紧抓住机会，趁势威胁道："上下同心，才能长久。君侯如果听从我的计谋，便能长保爵位，世世代代延传子孙，如果拒不相从，则祸及子孙，那样的话，我就太为君侯感到寒心了。聪明人都知道转祸为福的道理，君侯难道不知道吗？"

话说到这里，李斯意识到自己已经被赵高和胡亥这两个人给钳制了，他仰天长叹，垂泪叹息道："唉！遭逢乱世，既然不能一死了之，又该如何托命呢？"

至此，李斯只得屈服。这一点，赵高从李斯垂泪叹息的神情上看得一清二楚。最后，在李斯的帮助下，赵高终于成功帮助胡亥登上帝位，诛杀了公子扶苏和蒙恬。

  大家知道，李斯可以称得上是一位智者，想当初，他从楚国来到秦国，做了吕不韦的门客，成功游说秦王嬴政，得到重用，辅佐嬴政吞并六国，这得有多大的能耐啊！但是到最后，他还是被赵高说服，走上了不归路。这是为何？原因很简单，因为李斯在做忠臣和保有富贵上出现了冲突。李斯虽然很清楚赵高的游说策略和目的，但他还是屈服了，因为赵高"以重累为毁"，拼命宣扬他的优点，使李斯暴露出缺点——不愿放弃高官厚禄、荣华富贵，然后又威逼利诱，使其无力反抗，不得不屈服。

投其所好，伺而箝之

其用或称财货、琦玮、珠玉、璧帛、采色以事之①，或量能立势以钩之，或伺候见伺而箝之，其事用抵巇。②

【注释】

①称：举。琦玮：宝石美玉。采色：美女。事之：对待他，考验他，这里有收买之意。②立势：确立控制对方的形势。伺候：等待时机。

【译文】

在迎合时具体使用对方可能喜欢的财货、美玉、珍珠、玉璧、丝帛、美女等，也可以依据他的才能摆出或收留或不收留的样子来控制对方。或者见到对方有裂缝可钻，就利用对方的裂缝来控制他。这种情况就要配合运用抵巇之术了。

【智慧全解】

在这个世界上，每个人都有欲望，有的人好财，有的人好名，就算是方外修行之人也有"终成正果"的欲望。总而言之，世间任何人也逃不过名利二字。正如司马迁所说："天下熙熙，皆为利来；天下攘攘，皆为利往。"

可以说，人活在世上，无论贫富贵贱，都免不了要和名利打交道。人世间的种种显赫莫不出于名利，人世间的种种快乐莫不出于名利，人世间的种种悲哀莫不出于名利，人世间的种种凄凉莫不出于名利。"名"是精神领域的代表，"利"是物质领域的代表，人们生活无非是为这两个方面而已，自古以来，有多少人能够逃得出这两方面的局限？所以，"千古以来，未有不好名者。"名声、荣誉以及随之而来的被人尊崇的荣耀，谁不希望拥有呢？"千古以来，亦未有不好利者"，因为"利"可换取一切物质。

从这一点上来讲，利用名利来笼络人心，是游说过程中最为有效的手段，也是最切合实际的手段。如果飞箝之术使用恰当，可以说世间任何人可能都逃不过被笼络的命运。

人们除了需要名与利外，还有被尊重、被理解、被呵护、被敬爱、被赏识的需要。在说服他人时，对方的任何需要都可以作为笼络他的手段，这就需要我们在说服之前，首先要弄清楚对方当前的需要是什么，哪一个需求是他最大的欲望。

人的一生中有许多欲望，但不同的时期，欲望所占的比重也有所不同，这个时期可能最渴望得到名，那个时期可能最想得到利。当对方的某个欲望特别强烈时，就是我们的最佳出击时机，这时我们拿这个欲望引诱他，投其所好，就一定能把对方牢牢地钳制在我们手中，任凭我们驾驭、利用。

【阅读延伸】

战国秦昭王时期，秦国的内政外交大权全落入"四贵"穰侯、泾阴君、高陵君、华阴君手中，这四人飞扬跋扈，气焰嚣张。其中穰侯的权势最大，他倚仗太后的威势，横行霸道，不可一世，根本不把秦昭王放在眼里。

昭王三十七年（公元前278年），魏国人范雎来到秦国，对秦昭王说："大王如果采用远交而近攻的办法，那么大王就可以得寸土则为王之寸土，得尺土则为王之尺土。如今中原的韩魏两国强盛无比，大王若要称霸于诸侯，应亲近中原两国，而威慑楚赵两国。楚赵两国如归附秦国则齐国必然畏惧，所以也会归附于秦，这样，大王就可以趁此机会征服韩魏两国了。"

昭王听后，觉得很有道理，对范雎称赞不已，遂拜其为客卿，共谋国事。随后昭王用范雎的谋略，攻城略地，无往不胜，秦国大名威震天下，各诸侯国都害怕他。

昭王四十一年（公元前274年），范雎在秦国尽心尽力地辅佐了昭王四年，已完全取得了昭王的信任，秦国的很多机要事宜都由他去主持。

随着对秦国了解的加深，范雎发现，秦国军事上虽然强大了，可是由于国内政权全掌握在"四贵"手中，而"四贵"党同伐异，导致内政千疮百孔，政治昏暗，于是他便决定着手改革内政。可是，要想改革内政，首先就要削弱"四贵"的职权，否则改革只是一句空话。然而"四贵"权力熏天，如何才能撼动呢？

一次，范雎向昭王说："早年臣在山东之时，只听说齐国有孟尝君，不闻有齐王；秦国有穰侯、泾阴君、高陵君、华阴君，却不闻有秦王。这是为什么呢？"

秦昭王沉默不语，范雎接着说："王是什么？王就是能独揽国家大权，能兴除利害，能执掌生杀大权，这样才是真正的王。如今太后专权四十余年，穰侯出使，可不报大王；泾阴、华阴二君肆意妄为，目无法纪；高陵君任免官吏，擅作主张，无人敢言。有这四个人在朝中肆意妄为，国家一定会灭亡的。"

秦昭王听后大惊失色道："天啊，原来眼前存在着这么大的危机啊！那么我该怎么做呢？"

"善治国者，内则威严，外则重权。如今穰侯内仗太后之势，外借大王之威，对各国发号施令，与各国订立盟约，各国没有敢不服从的。如今更有太后同他串通一气，那三人也扶持左右，他们终究会铲除大王的。万一真有变故，恐怕大王来不及准备，就已经被他们砍于刀下了。"

听了范雎这一番话，秦昭王更是惊恐万分，马上与范雎秘密商议驱逐"四贵"与太后的计策。

没过多久，昭王就找了个理由收回了穰侯的相印，将他驱出秦国，又把太后废黜，令其深居冷宫。又过了一段时间，又把其他三人也驱逐走了。至此，秦昭王终于把国政大权全部掌握在自己手中，于是拜范雎为相，治理国家。

这里，范雎就是以名利相诱，紧紧抓住秦昭王要害，婉言相劝，让秦昭王下定决心铲除"四贵"，从而达到了铲除政坛劲敌，执掌大权的目的。王者高高在上，如果居于上位，名声反而不如居下者，是难以容忍的。正如鬼谷子所说"伺候见涧而箝之"，范雎正是利用了秦昭王这一空隙，高谈治国的方略，最终使自己登上了相位。

知其好恶，以箝求之

将欲用之于天下①，必度权量能，见天时之盛衰，制②地形之广狭，岨（zǔ）崄（xiǎn）③之难易，人民④货财之多少，诸侯之交孰亲孰疏、孰爱孰憎，心意之虑怀。审其意，知其所好恶，乃就说其所重，以飞箝之辞，钩其所好，以箝求之。⑤

【注释】

①用之于天下：把飞箝之术用到治理天下上。②制：知，判断。③岨崄：险要的地理形势。同"险阻"。④人民：人口。⑤审：仔细观察。其所重：君主最关心、最急于解决的问题。

【译文】

若要将飞箝之术用于治理天下，一定要先审度君主的权谋，衡量他的才干，观察天时是助其盛还是使其衰，准备判断该国的地理形势，疆域是大还是小，地势是否险要，是否易于攻占或据守，了解人口财富的多少，知晓此国与各诸侯国之间的关系是亲还是疏，君主跟哪个国家比较亲近，对哪个国家比较憎恨，君主个人的所思所想。仔细体察君主的意图，了解他的喜恶，然后去游说他最关心的事情，并用飞箝的言辞，钩住他的喜好，进而控制他，使他能够随着我们的意愿行事。

【智慧全解】

鬼谷子说："审其意，知其所好恶，乃就说其所重，以飞箝之辞，钩其所好,以箝求之。"一语道破了沟通之中的关键技巧,那就是抓住说服对方的好恶,对症下药,使其能够随着我们的意愿行事。"钩其所好,以箝求之"不仅是一种有效的沟通技巧,更是一种为人处世之道。

如果你想让一个人听从你的观点,达到自己的目的,就要找到他喜欢的东西去诱惑他,"钩其所好",才能"以箝求之"。这就好比你想让一头牛乖乖跟你走,一定要抓一把它最喜欢吃的青草悬在它眼前,千万不可拿块肉。

所以说服他人,一定要先详细考察对方的愿望和想法,了解他们的好恶,然后针对对方所重视的问题进行游说,再用"飞"的方法引出对方的爱好所在,最后用"箝"的方法控制住对方。

说得简单点,就是要想控制住对方,就必须弄清楚对方的好恶,特别是他的喜好,务必做到所下之饵符合对方的胃口,千万不可对牛投肉、对狼下草,这样才能让对方乐于接受,从而将其稳稳地钩住。

俗话说:人无完人,金无足赤。是人就有弱点,是狼就会吃肉,这是自然的规律。而欲望则是人类最大的弱点。人的欲望总是悄无声息地就控制住了人的心智,蒙住了人的眼睛。沉浸于被满足的欲望之中,就如同鱼儿畅游于水中一样惬意、自在。如果你能把对方喜欢的东西放在他的手中,他的心肯定能被你俘虏,大家都知道,俘虏是不能抵抗,也不会抵抗的。这样,你不就可以轻轻松松地掌控他了吗?

【阅读延伸】

春秋战国时期,楚国强大起来后,便开始掠夺周边的小国。有一年楚国大军举兵攻打绞国,大军行动迅速,很快攻到绞城城下。绞国见数万楚国兵马来势汹汹,气势旺盛,自知不敌,便决定坚守城池,按兵不动。

绞城是一个地势险要、易守难攻的城池。强楚攻打了好几次,都没能攻下。两军相持一个多月,楚王见久攻不下,非常焦急。楚国莫敖(楚国独有的官职)屈瑕仔细分析了敌我双方的情况,认为这样硬攻,是攻不下绞城的,所以只能智取,于是他向楚王献上一条"以利诱之"

的计策。屈瑕认真分析绞城的情况后，对楚王说："攻城不下，不如利而诱之。"他建议：绞城已经被围困一个多月了，城中一定缺薪柴，这时我们不妨派些士兵装扮成樵夫上山打柴运回来，敌军见了，一定会出城劫夺柴草。头几天我们可以给他们一些甜头，让他们得到一些小利，等他们放松警惕，麻痹大意，再派大批士兵出城劫夺柴草的时候，我们先设伏兵断其后路，然后聚而歼之，乘势夺城。

听了屈瑕的建议，楚王依然有些顾虑，担心绞国不会轻易上当，屈瑕说："大王请放心，绞国虽然小，但是很轻躁，他们轻躁，就会缺少谋略。现如今我们把如此香甜的钓饵放在他们面前，他们一定会上钩的。"

楚王思索片刻，觉得屈瑕所说不无道理，就依计行事，命一些士兵装扮成樵夫上山砍柴。绞国的探子很快把有樵夫进山的情况报告给了绞侯，绞侯问："这些樵夫有没有楚军保护？"探子回答说："他们是三五成群进山的，一路上并没有兵士随行。"绞侯一听，心中欢喜，正困呢，有人送来了枕头，城中正愁没有柴草呢，这岂不是送上门的好事吗？于是他马上布置人马，等"樵夫"背着柴火出山之时，突然袭击，果然顺利得手，一下子抓到三十多个樵夫，夺得不少柴草。这样连续好几天，绞城收获颇丰。

接二连三的夺柴胜利，让绞侯对抓"樵夫"夺柴火的事情开始乐此不疲起来，他却不知道自己已经慢慢地钻进了别人的圈套。绞国士兵出城劫夺柴草的越来越多。楚王见敌人已经吞下钓饵，便决定迅速逮大鱼。到了第六天，绞国士兵再次像前几天一样出城劫柴，"樵夫"们看到绞军来袭，吓得拼命逃跑，绞国士兵想也不想就紧追不舍，不知不觉追到了楚军的埋伏圈。霎时间，伏兵四起，杀声震天，绞国士兵哪里抵挡得住呢，没几下就被打得落花流水，往回撤退，可是撤退途中又遇到伏兵，后路也被楚兵隔断了，这一役，绞国士兵死伤无数。楚王趁此机会开始举兵攻城。绞侯自知中计，可是已经无力挽回，只得打开城门投降。

楚军之所以能够一举成功，正是因为探得了绞城的实情，知道了对手的好恶，从而"钩其所好，以箝求之"。

以箝合之，飞箝之缀

用之于人，则量智能、权材力、料气势①，为之枢机②。以迎之随之，以箝和之，以意宣之，此飞箝之缀也。③

【注释】

①料：估量。气势：气概与声势。②枢机：此为关键的意思。枢，门轴，控制门户转动的机关。机，弩机，安装在弩弓上的控制发射的机关。③以意宣之：用对方的意思达到宣扬自己的目的。飞箝之缀：用飞箝之术控制人。

【译文】

如果将飞箝之术运用到与人交往中，就必须先衡量对方的智慧和才能，估量他的气势。把我们对对方的充分了解来作为与之相处的关键。先迎合他、附和他，再用飞箝之术钳制他，使对方与我们相合，这些用对方的意思达到显示我方目的的方法就是飞箝之术控制人的妙用。

【智慧全解】

与人交往周旋，说穿了就是在与对方打心理战。要想在这场战争中取得胜利，我们就要尽量把主动权控制在自己的手中。那么如何才能做到这一点呢？鬼谷子告诉我们一个办法："量智能、权材力、料气势，为之枢机。以迎之随之，以箝和之，以意宣之，此飞箝之缀也。"意思是说，我们要先衡量对方的智能，揣摩对方的能力，估量对方的气势，摸清对方的底细，做到知己知彼，才能战无不胜。这就是飞箝之术的妙用。

利用飞箝之术操控对方的过程中，不仅我方的目的和利益起着决定性作用，对方的才智、时势、气运、实力等因素也起着重要的作用。比如说，为了实现我方的某个目的，而去钳制他人，而当时的条件只允许控制一个人，在这种情况下，我们就要权衡对方的才智、时势、气运、实力了。如果对方在这些方面较弱，我们就可以完全操控对方，让对方一切听从我们的指挥；如果对方在这些方面很强，我们就要用飞箝术寻求与对方协作了，否则就有可能被对方完全操控或摧毁，达不到我们的目的了。

总之，在说服他人这场心理较量中，要想让自己的观点被对方接受，我们就要学会揣摩对方的心理，度量对方的智慧、才能，提前对对方进行一番仔细认真的分析，以求全面、准确地了解对方。正如鬼谷子所说的"量智能、权材力、料气势"，只有做到了这一点，我们才能占据主动权，赢得胜利。

【阅读延伸】

战国时期，南方巴蜀两个小国实力渐渐强大，两国为了争夺地盘而展开了交锋，争执不下，双双向秦国求助。

当时秦惠王想出兵伐蜀，可是因为"道路艰险"，而且他还担心韩国会趁机突袭，所以一直迟疑不决。拿不定主意的秦惠王便召来他的两位谋士司马错和张仪来商议。

司马错坚持认为应该出兵伐蜀，可是张仪却坚持要举兵伐韩。二人你来我往，争执不下，这时秦惠王开口了："你们把各自的想法都详细地说出来听听。"

张仪首先开口："大王，您应该先与魏楚两国修好关系，然后派兵攻打三川，堵塞辕辕缑氏两个隘口，堵住通往屯留的道路。然后请魏国出兵切断通往南阳的道路，如果这时楚国派兵攻打南郑，我们的军队就可以乘机攻打新城和宜阳。如此一来，我们就能合力逼近二周的近郊，进而讨伐周君的罪行。我们随后再把楚、魏两国的土地据有己有。周王室自知没有能力与我们抗衡，自然会把九鼎和宝器交给我们。我们手里有了九鼎、地图和户籍，理所当然就可以挟持周天子，然后用他的名义来号令天下了。这样谁还敢与我们作对呢？这样您不就可以顺理成章地建立您的王业了吗？蜀国地处偏远，又落后，如果我们出兵攻打它，我们不仅要耗费大量的人力、物力、财力，而且还无法建立名望。那里非常荒凉，就算我们得到了它，又有什么用呢？常言道：'在朝廷上争名，在市场上争利。'而夺取蜀地，明显没名也没利，现在的三川地区和周王室才是最重要的地方，您应该派兵去争夺那里，而不是与那些野蛮之人开战。否则就是与帝王之业相悖了。"

张仪一住嘴，司马错就开口了："你这话不对。大王，我听说，'要实现王业，必须具备三个条件，一是富国，二是强军，三是富民。要富国就一定要扩大它的领土；要强军就必须让百姓富足；要建立功业，就必须要施舍恩德。'现在，我们秦国不仅土地稀少，而且各地百姓生活贫困，在这种情况下，您就不能去做那些困难的事，而是要做一些简单的事。蜀国居西，以戎狄为首领，据说他们内部统治极为残暴，时常发生祸乱。这个时候，我们如果出兵攻打它，就等于是解救那里的受苦百姓，这是顺应民意。如果我们得到它的土地，我们的领土就会扩大，得到它的财富，我们的百姓就能过上富有的生活。我们整治军队而不伤害百姓，蜀国一定会归顺我们。更为重要的是，攻打蜀国其实是一件名利双收的事情。因为夺取那里，没有人会说我们残暴，取得那里的财富，没有人会认为我们贪婪。可是，假如我们现在出兵韩国，而胁迫周天子，天下人就会斥责我们不仁不义。要知道，去攻打一个所有人都不愿攻打的地方，就会失去人心。现在从名义上讲，周王室终究是天下的宗室，韩国是周国的友好邻邦。如果周天子知道自己要失去九鼎，韩王知道自己要

飞箱第五：恩威并施，知人善任

失去三川，那么，他们肯定会联手与我们抗衡，而且齐赵两国也会协助他们。另外，他们也会向楚魏两国求援。到了最后，周天子会把九鼎送给楚国，把土地送给魏国，这是无人能挡的趋势。所以当下最明智的选择就是我们应该去攻打蜀国。"

秦惠王一直认真地聆听着，司马错一说完，他就拍手叫道："好，这话说得有道理，就按照你说的去做。"不久，秦王便派兵攻打蜀国。

当时蜀国兵力虚弱，秦军势如破竹，连连取胜，很快占领了蜀国。随后，秦王把蜀国的君主改为蜀侯，并派遣陈庄前去辅佐他。蜀国归附后，秦国的国力增强不少，百姓也过上了好日子。

在这场辩论中，张仪为什么会失败？司马错为什么会成功？原因无他，主要是司马错早就猜透了秦王的心思，他知道秦王一直都想扩充疆土，富国强兵，所以投秦王所好，说了合秦王心意的策略，最终让秦王采纳了自己的意见。

空往实来，缀而不失

用之于人，则空往而实来①，缀而不失，以究其辞。可箝而从，可箝而横，②可引而东，可引而西；可引而南，可引而北；可引而反，可引而覆。虽覆能复，不失其度。③

【注释】

①空往：用赞誉、好听的言辞。实来：使对方打开心扉，套出对方的实情，使之归附于己。②从：同"纵"，指合纵。横：指连横。③复：恢复。度：一定的准则。

【译文】

用飞箝之术与人打交道，我方通常没有付出却能够得到大的回报，使对方与自己紧密相连而不会失去对其的控制，然后从对方的言辞中探究出实情。如此一来，我们就能钳制对方，使他合纵就合纵，使他连横就连横；可使他向东，可使他向西，可使他向南，可使他向北；也可以使他从起点返回，或使他返回后再回来。无论怎样反复，都不会脱离我们既定的准则。

【智慧全解】

人的心理是非常微妙的，是很难把握的，这就使我们在与人打交道这场心理战中举步维艰。一般情况下，从对方的言辞中探知其真情实意并不是那么容易，既然不知道对方的真实意图，也就很难达成我们的目的。与人交往也像打仗，如果不知道对方的真实情况，就算是开战，我们也是心中忐忑，没有底气。

这场心理战该如何去打呢？鬼谷子为我们提供了一个策略，那就是空往实来。鬼谷子的意思是说，我们可以用甜言蜜语去套出对方的实情，也就是以虚求实。曹雪芹在《红楼梦》中写了这样一句话："假作真时真亦假，无为有处有还无。"说的也是这个道理。有些时候，故意指假为真，以假象去诱惑对方，往往能让对方透露出他的真实意图。

鬼谷子的"空往实来"说穿了就是适时地运用恭维之术，用好话迷惑对方，使其说出自己的实情，我们才能控制住对方的情绪，使其为我所用。"空往实来"用得好的话，可以把人控制得团团转，可以为我们谋得许多好处。每个人都有虚荣之心，都喜欢听好话，所以不管是在人际交往还是在组织管理中，虚心一点，适时地说一些恭维之辞，用恭维的"空"话来提高对方的自尊心，将对方的情绪控制住，就可以得到自己的"实"。这样既可了解对方的实情，又可以获得对方的好感，缩短双方的距离，从而可以凭借对方的信任来控制对方。

"空往实来"用于管理当中，就是多肯定、赞美下属。下属得到领导的赞美后，就会信心倍增，工作得更加卖力、认真。所以管理者如果学会"空往实来"之术，善于用好言激励下属，也就明白了管理的真谛了。这样就不存在管不好的员工，也不存在完不成的梦想了。正所谓"虽覆能复，不失其度"，其妙无穷。

【阅读延伸】

西汉景帝时期，中原北方边境经常受到匈奴的侵扰，那里的居民苦不堪言，惶惶不可终日。被誉为飞将军的李广当时任上郡太守，奉命前往北境抵抗匈奴。

有一天，朝廷派去的宦官带着随从去打猎，不料途中被三个匈奴兵偷袭了，宦官侥幸逃脱。回到营地后，李广闻知详情，火冒三丈，立刻带上百名骑兵前去追击。追了几十里后，终于追上了那三个匈奴兵，杀了两个，活捉一个。可是，就在李广带着那个俘虏往营地回转之时，忽然发现数千名匈奴骑兵朝他们的方向奔驰而来。匈奴骑兵很快发现了李广他们，可是看见李广只有百名骑兵，以为有诈，不敢贸然攻击，于是，急忙上山摆开阵势，观察动静。

李广所带之人见此情形，恐惧万分，可是李广却镇静自若，一脸从容。他平静地对士兵说："我们现在只有百人，而且离大营还有几十里。假如我们逃跑，匈奴人一定会追击我们。匈奴人一向善骑射，我们跑不了多远，就会被匈奴人追上。可是如果我们按兵不动，匈奴人肯定会以为我们有大部队行动，不敢贸然出击，因为他们疑心很重。所以现在我们要假装继续前进。"

一行人行进到了距离敌营大约两里的地方，李广命令士兵停下："全体停下休息。"于是士兵们纷纷下马，若无其事地躺在地上休息。匈奴部将非常奇怪，便派一名军官前去观察形势。就在这时，李广纵身上马，直奔这个军官而去，一箭过去，将其射死了，然后又从容地回到原地，继续休息。

匈奴兵恐慌起来，猜想附近一定有汉人伏兵。一直到了天黑以后，李广的人马还是没有任何动静。匈奴部将害怕遭遇到突袭，马上率领部队趁黑逃跑了。

当时李广就那么百十个人，根本没有什么大部队，可是他却给匈奴骑兵制造了一个有大部队的假象，镇静从容，不慌不忙，从而成功地蒙骗了匈奴骑兵，让自己的百余骑兵得以安全脱身。这就是鬼谷子"空往实来"的神奇之处。

忤合第六：进退自如，灵活应变

「忤」，忤逆、背反；「合」，顺从、趋合。鬼谷子认为，互相对立是事物的客观存在，只有精通「以反求合」之术才能顺应事物的变化，进而来考察、选择适合自己的君主，以建功立业。无论是谋臣，还是策士，只要能够了解自身的情况和对方的能力，便可成功施展忤合术，使自己「乃可以进，乃可以退，乃可以纵，乃可以横」。

是合是反，因事为制

凡趋合倍反，计有适合。①化转环属②，各有形势。反覆相求，因事为制。

【注释】

①趋合：趋向融合统一。倍反：朝背逆相反方向发展。倍，同"背"。反，同"返"。适合：适应现实而合于实际情况。②环属：像圆环一样连接循环。

【译文】

任何事情都有趋向于融合统一或是朝着背逆相反方向发展两种趋势，尊重这两种趋势，是计谋适合与否的关键。事物的发展变化，首尾相互连接起来像圆环一样，用计施谋要想恰当合适，必须能够像圆环一样随着形势的变化及时应对，或从趋合的方向，或从背反的方向，也就是要依据实际情况制订相应的措施。

【智慧全解】

鬼谷子说"趋合倍反，计有适合"，意思是说融合统一、背逆相反是事物发展的两种趋势，只有遵从这两种趋势，才能制订出恰当的计谋。事实正是如此，要么与人合作，要么单打独斗，无论做人还是做事似乎只有这两种选择。然而在现代社会中,"合"似乎是大势所趋,现代社会不再提倡个人英雄主义,仅凭个人的单打独斗,做事情很难取得飞跃性的发展。因此,我们要学会与人合作,这是做事成功的关键。古今中外,许多有远见卓识的政治家、企业家都因为做到了这一点,使自己走出了困境,进而取得了成功。

社会生活是纷繁而复杂的,身在其中的我们该如何选择合作者呢?该"合"谁?该"背"谁?所向与所背的双方都有着不同的形势,这就需要我们仔细观察、认真揣摩,探清实情,然后根据各自的形势做出正确的判断和决定。而这正是鬼谷子所强调的"反覆相求,因事为制"。

"趋合""倍反",表面上看似乎是两个水火不容的概念,其实不然,二者是相互依存、相互统一的,你中有我,我中有你,正所谓"分久必合,合久必分",今天双方为了生存而相互争斗、厮杀,明天说不定就会携起手来同进同退,结为利益联盟,世事错综复杂,根本没有永远的敌人,也没有永远的朋友。

与人竞争,甚至是对抗,是生活中必不可少的,而联合也相当重要,尤其是在分工日益细致、科技日益发达的现代社会,与人合作显得愈发重要。如果两者中我们只做到了一样,那就无法取得真正的成功,只有根据不同的形势,两者兼得,该争时争,该反时反,该合时合,才不失为一种聪明之举。

【阅读延伸】

战国时期,魏国攻打韩国,齐国适时向韩国伸出援助之手。齐魏两军在马陵地区展开厮杀,魏国在这场战争中落败,太子申也被齐军杀死,魏军死亡十万余人。齐魏两国似乎成了死敌。

几年后,惠施做了魏国的相国。魏惠王对惠施说:"马陵之战,齐国杀了我们那么多人,这个仇我终生难忘,从那时起,魏国就是我的仇人,我一定要报仇雪恨。魏国现在虽然弱小,但我仍然想倾尽全部兵力去讨伐齐国,相国你觉得怎么样?"

惠施一听，赶紧阻止，他对魏惠王说："大王，万万使不得啊！我曾听说过这样的话：有些人之所以能够王于天下，那是因为他们知道分寸，有些人之所以能够称霸天下，那是因为他们计谋得当。可是现在大王告诉我的话，既没有分寸，计谋又极为不当，这怎么能成功呢？"

惠施的话令魏惠王极为不解，他急切地问："相国为什么会这样说呢？"

惠施也不拐弯抹角，而是直接说道："大王原本就和赵国结有仇怨，后来又与齐国交战，因为战败而结了仇怨，国内已经没有再次发动战争的后备了。这种情况下大王却想倾尽全国兵力去攻齐，这样的战争毫无疑问会失败。"

魏惠王也明白过来，眉头锁得更紧，郁闷地说："那可如何是好啊？一天不报马陵之仇，我一天睡不着觉。"

惠施想了想，对魏惠王说："大王，臣有一个主意，可以让您报齐国的一箭之仇。"

魏惠王一听，眼睛顿时一亮，急问："快说，你有什么主意？"

惠施说："大王可以脱掉王服卑躬屈膝去朝见齐王。"

魏惠王一听，怒了，"什么？这就是你的好主意？我找你来是让你帮我想办法灭齐的，你却让我向仇人低头，那不是要我的命吗？"

看到魏惠王生气，惠施一点也不吃惊，仍然一脸平静地说："大王，您先别生气，听我向您解释。如果您向齐国称臣，表示愿意与齐国结盟，这样一来，魏国百姓的生命就能保全。"

惠施抬头看了一眼魏惠王，见他在认真倾听，便接着说："大王知道，楚国的势力逐渐强大，楚王一心想称王，如果让他知道齐国以王者的身份接待您，楚王一定会极为愤怒，要进攻齐国。让以逸待劳、兵力强大的楚国去进攻疲惫不堪的齐国，齐国哪里是对手呢，一定会成为楚国的手下败将。这样一来，大王不就利用楚国攻破了齐国吗？"

魏惠王听完，拍手叫好："妙计，妙计。"于是，派使节去齐国通报，说魏王愿意向齐王俯首称臣。

忤合第六：进退自如，灵活应变

　　事情的发展果然如惠施所说的那样，魏惠王接连朝见了齐王三次，楚王得知后，火冒三丈，其他国家也对齐国充满了敌意。楚王亲率大军讨伐齐国，赵国派大军前来接应，最后，楚赵两军在徐州打败了齐军。

　　面对魏国的死敌齐国，魏惠王可谓是恨得牙根痒痒，一日不报仇，一日寝食难安，而惠施却没有按照常理出牌，正面与齐国对抗，他一反常态，让魏惠王委曲求全，与齐国联合。这计策听起来很不合常理，但却成功激怒了强楚，以楚国的力量打败了齐国，达到了自己的目的。惠施之计之所以成功，正是因为他能够根据当时的形势，做出了正确的判断，"因事为制"，决断该合该反。

先而知之，与之转化

是以圣人居天地之间，立身、御世、施教、扬声、明名也，①必因事物之会，观天时之宜，因知所多所少，以此先知之，与之转化。

【注释】

①立身：安身立命。御世：处理天下各种事务与关系。施教：实施教化，教化百姓。扬声：显扬名声。明名：显示名誉。

【译文】

所以，圣人生活在天地之间，立身处世，治理天下，教化百姓，传扬名声，使之显扬于外，必定依据事物发展变化的关键，看准社会发展的状况与趋势，据此知道并决定自己所做的多与少，根据忤合的原理能够事先知道事情所有的发展趋势，让策略方针随着事态的变化而转化。

【智慧全解】

在战场上，计谋对整个战局起着决定性的作用，谁能做到未卜先知，谁就掌握住了先机，谁就掌握了战场主动权；在生活中，计谋则对人的一生起着决定性作用，谁具有远见卓识，能够未卜先知，谁就能够成就大事业，创造大财富。正所谓"先事而至"，得算多也，这也正是鬼谷子强调的"先而知之，与之转化"，则可"立身、御世、施教、扬声、明名也"。

然而，能够掐指一算，前知五百年、后知五百年，做到神机妙算、料事如神、未卜先知，那是神仙才能做到的事情，而普通大众哪里比得了、做得到呢？有些人之所以能够"未卜先知""先事而至"，其关键原因在于他们能够"因事物之会，观天时之宜"，具备洞悉事物之间联系的智慧，能对事物未来的发展趋势进行相当准确的判断。

有这样一则寓言：一只沼泽地的青蛙看到两头犀牛为争夺一片肥美的草地大打出手，便大惊失色地对同伴们说："我们赶快离开吧，否则会倒霉的。"其他的青蛙很不解地问："它们打架关我们什么事？"这只青蛙答道："两头犀牛争斗必有一输，输了的一方肯定会离开草地，转向我们的沼泽地栖身，到那时我们就会被它踩成肉泥。"其他青蛙不以为然，全都一笑了之。结果，斗输的犀牛果然来到沼泽地，蛙群受到了严重的伤害。

寓言中的那只提出离开的青蛙之所以知道后来的形势发展，正是因为它比较了解犀牛、沼泽、青蛙之间的联系与影响。

世间万物都是运动着的，运动的事物都在对周围事物产生着影响，可以说，这世上根本没有不影响其他事物的事物，也没有不受其他事物影响的事物。我们经常会说这事或那事跟我没关系，只是因为事物之间的作用与影响比较小罢了，或者是它们之间的联系还没有被我们发现而已。

所以说，要想做到"先而知之"，做到料事如神、应对自如、从容不迫，就需要在日常生活中，多注意观察事物之间的联系，以便抓住有利时机，权衡利弊，及时调整和改变方针政策。比如，有时间多看看报纸，多看看新闻，多了解一下政治、经济等方面的大事件，通过认真的研究和思考，可以简单地推断国家会推出什么政策，市场、职场下一步的发展趋势等。了解了这些，我们就掌握了大势所趋，也就可以分析出事物比较具体的发展方向了。

假如我们能够做到天天关注，事事关心，那么"先而知之"也就不算难事了。掌握了未卜先知的本领，成功还会远吗？

【阅读延伸】

三国时期魏国有一位非常优秀的军事家，名叫邓艾。此人目光长远，见解超人，能料敌先机，始终掌握战场的主动权，他的本事堪比诸葛孔明。

公元249年，邓艾出任参征西军事，转任南安（今甘肃陇西东南）太守。当时，蜀卫将军姜维督军进攻雍州（今陕西关中及甘肃东部），依傍曲山（今甘肃岷县东百里）筑两城。

姜维对陇西风俗民情相当熟悉，他想诱羌胡归蜀，便派牙门将句安、李歆等人驻守两城，并联合羌胡人进攻附近各郡。司马昭命征西将军郭淮与雍州刺史陈泰统兵抵御，任命邓艾为安西将军。

做战争准备时，邓艾说："蜀国出兵远征，其粮草的运输必然会相当困难，我们可以围城不攻，与其对峙，时间长了，蜀兵的粮草就会短缺，这样一来，我们兵不血刃，就能战胜他们，夺得曲城。"

郭淮采纳了他的计策，切断曲城交通及水源，采取围城打援之计。很快，蜀军陷入困顿之境。领兵救援的姜维因郭淮率军进逼洮水，只好迅速撤回。句安、李歆等人孤立无援，只好献城投降。

郭淮马上率领大军向南进攻羌人各部，魏国在西部的兵力得到了加强，而且跟羌部也取得了联合。西部战线呈现了稳定态势，魏军很多将领都认为姜维已经力竭，不可能再出兵了。

然而，邓艾却不这样看，他说："今以策言之，彼有乘胜之势，我有虚弱之实，一也。彼上下相习，五兵犀利，我将易兵新，器杖未复，二也。彼以船行，吾以陆军，劳逸不同，三也。狄道、陇西、南安、祁山，各当有守，彼专为一，我分为四也。从南安、陇西，因食羌谷，若趋祁山，熟麦千顷，为之县饵，五也。"这就是历史上著名的"五必出之论"。邓艾分析了以上情况后，判断姜维一定还会伺机进犯，便命令手下的魏军在西部筑起城堡,把粮食都搬进来,加紧备战。

事实果然如他所料,三天后,姜维真的命令镇西将军胡济和自己分兵两路对凉州发动钳形攻势,早有准备的邓艾巧妙地打了个时间差,迅速行军向姜维指挥的这一路冲来,打败了姜维。

姜维见蜀军已经失去了地利之势,强攻也攻不下来,便在白水南岸扎营,和邓艾遥遥相对,却不向魏军进攻。邓艾观察了一下形势,便对诸将说:"今日姜维在白水南岸安寨扎营,这是在迷惑我们,他必是想暗中从东面袭取白水之北、距驻地60里外的洮城。"

于是,邓艾当夜率兵抢占了洮城。不久,姜维果然率重兵奔袭洮城,见魏军已抢占洮城,马上撤军了。邓艾乘势追击,蜀军士卒溃散,死伤甚众。

邓艾可谓是"未卜先知"、料事如神,事事想在了蜀军之前,走在了蜀军之前,他之所以能够做到这样,关键是因为他能够根据事物之间的联系,在战争中因机制变,他的"五必出之论"的预测更是精彩绝伦,把事情分析得透彻明白。在这场战役中,邓艾"先而知之",始终掌握着战役主动权,并最终取得了胜利,彻底扭转了魏、蜀两方的形势,改变了魏军在西部战线败多胜少的局面。从此,蜀军再也没有力量发动像洮西大捷那样的战役了。

站稳立场，随势而变

世无常贵①，事无常师。圣人无常与，无不与；无所听，无不听。成于事而合于计谋，与之为主②。合于彼而离于此，计谋不两忠，必有反忤。③反于此，忤于彼；忤于此，反于彼。其术也④。

【注释】

①世无常贵：世上没有能够保持永久富贵的人。这里包含了深刻的辩证观点。②主：根本。③不两忠：不能同时忠于两方。反忤：反，同"返"。即合与背。④术：即反忤之术。

【译文】

这个世界上，没有永恒富贵之人，也没有永恒不变的师法对象。圣人做事，没有永恒不变的赞同或不赞同，也没有永恒不变的听从或不听从。圣人做事，往往以事情能否获得成功、计谋是否切合实际为根本。计谋如果合乎这一方的利益，就必定背离那一方的利益，不可能同时适用于相反的双方，一定会出现相合与相逆的情况。所谓忤合之术，就是合于彼就一定逆于此，合于此就必定逆于彼。所以，我们要根据实际情况灵活运用忤合之术。

【智慧全解】

鬼谷子的忤合之术，就是"反于此，忤于彼；忤于此，反于彼"。

这并不是说运用忤合之术，就没有了立场，就可以像墙头草一样，风往哪边吹，就往哪边倒。任何时候，人都得站稳立场，有原则、有立场，以道义或局势为基础，坚持走自己的道路。

提起墙头草，总能让人不由自主地想起那个关于蝙蝠的寓言：很久以前，鸟类和走兽因误会爆发了一场战争，蝙蝠是个胆小鬼，战争一开始，它就躲在一边。刚开始，鸟类占了上风，蝙蝠便去投靠鸟类。可后来，走兽又占了上风，蝙蝠急忙从鸟类的队伍里跳了出来，又加入了走兽。最后战争结束了，大家言归于好，蝙蝠不知该站在哪一方好了。而大家都看清了蝙蝠两面派的嘴脸，把它赶出阳光之外。自此蝙蝠只能躲在黑暗中偷偷飞行了。

蝙蝠两面三刀，见风使舵，没有立场，短时间内或许可以得到一点好处，站在胜利的一方，总能躲过灾难，可是这种好日子是不会长久的，它的伎俩最终被识破，受到了众鸟兽的痛斥，从此只得孤零零地飞行在黑暗之中。现实生活中也是如此，那些投机取巧的人，或许能获得暂时的利益，但时间一久，人们就能发现他们的虚伪，不愿与之为伍。那样，他们失去的不仅仅是骗来的成果，更可怕的是他们将失去来自他人的信任。尽管如此，现实生活中仍然会有不少像蝙蝠一样没有立场的人，"骑马找马"者有之，"脚踏两条船"者有之，他们自认为最安全、最稳定的办法，却常常会给自己带来不可挽回的损失和灾难。

有句话说得好："走自己的路，让别人去说吧！"权衡好当前形势，明白自己的需求，坚持走自己所选择的道路，这才是一个人获得成功的前提。很多成功人士在成功之前，都会精心设计自己的人生，在发现自己真正要做的事情后，他们会坚持自己的原则和立场，坚定不移地走自己的路！

【阅读延伸】

商鞅变法后，秦国国力增强了不少，逐渐成为七雄中实力最强的国家。为了扩大疆土，进一步增强实力，秦惠文王屡屡举兵进犯中原，掠夺各国，弄得各国的君王终日惴惴不安，寝食难安。

为了不被秦国吞并，楚怀王联合魏、韩、赵、齐、燕五个国家，会盟定约，建立起了六国共同抗击秦国的合纵联盟，大军西向伐秦，直扑秦国战略重地函谷关。

当时的楚国国富兵强，还是有一定战斗力的，但是楚国一向施行的是与秦国交好的政策。楚怀王此番与五国结盟，名义上是"纵约长"，其实质上并没有多少诚意，根本没派出主力去助战。战争一开始，楚军就早早退出战斗，导致六国的第一场战斗就失去了有利之势。

首战失利以后，楚怀王对其他国家说："伐秦是我们六国的国策，绝对不可动摇。我命令，无论如何都不许停战！"他嘴上这样说着，暗地里却派人先他人一步跑到秦国请求停战。一场六国攻秦的战争，演变成了争先投降的可耻比赛，合纵破产。

为了彻底打破六国合纵联盟，而后各个击破，以更顺利地扩大秦国版图，秦国相国张仪毛遂自荐，代表秦国出使楚国，说服楚怀王远离六国联盟。张仪来到楚国后，便向楚怀王许诺，只要楚国与齐国断交，秦国就把商於之地六百里赠予楚国。

在那个战争年代，领土就意味着强大，何况楚怀王这个对土地有着强大占有欲的人呢？他见不费一兵一卒、一枪一弹就能得到祖先们曾经拥有的六百里的土地，心里顿时乐开了花，于是便拒绝了陈轸、屈原等忠良的反对，同意了张仪的条件。

接下来，楚怀王一边派人与齐绝交，一边派人随张仪到秦国接受土地。可是，在即将进入咸阳的时候，张仪却找了个借口逃跑了，楚国使者多次求见受地，都被张仪称病，以无法办理国事为由拒绝了。

转眼三个月过去了，楚国使者一直没见到张仪的踪影，心急如焚之下，只得向秦王呈上求见书，见到秦惠文王，楚使述说了与张仪的约定，秦惠文王听后，大吃一惊——当然是装的——说："既然张相国已经向你们许诺过，那我们大秦岂有不认之理？我们一定会割地给你们的，只不过，我至今还没有听到齐楚断交的消息啊！"

楚国使者马上向楚怀王汇报，楚怀王以为是齐楚断交过于缓慢了，马上派一位猛士去齐国，大骂齐国国君。齐国国君极为愤怒，马上宣布与楚国断交，还派人到秦国，与秦国结成了联手伐楚的联盟。这一下，楚怀王如意了。

张仪见时机成熟，立即上朝宣见楚国使者，商议送商於之地一事："楚国与齐国断绝关系的事情我已经知道了，我马上兑现承诺，把自己的封地六里地割让给楚国。"

楚国使者一听，傻了眼："什么六里？相国当初不是说六百里地吗？现在为何只有六里？"

"秦国的每一寸土地，都是秦国将士用鲜血换来的，我怎么能够擅自做主？"张仪反唇相讥，一脸理所当然的样子，"我当初答应的是在商於的封地六里地，而非六百里地！"

满心欢喜欲得到六百里地的楚怀王知道只有六里地后，气得直吐血，堂堂一国之君怎么会甘受这种欺骗？他马上举兵伐秦，要讨回一个公道。然而一个秦国他都撼动不了，何况又加上一个齐国呢？在秦齐两国的夹击下，楚军大败而归，一场战役下来，楚国就失去了八万精兵，秦军尽取楚国汉中之地六百里。

六国合纵抗秦，本是上上之策，楚怀王本可以借此称霸中原，可是他因为没有决断力，畏惧强大的秦国损害自己的利益，不但不派主力助战，还率先退出战斗，向秦国求和，他的作为不仅辜负了楚国人民的厚望，还辜负了其他五国的重托。像他这种阳奉阴违、没有立场的人，只能落得受人愚弄、一败涂地的悲剧结局。

楚怀王的悲剧怨不得别人，只怪他立场不坚定，在合纵和连横的态度上摇摆不定，先是因贪慕纵横家张仪允诺的六百里土地，与齐绝交。然后，得知被骗后，又怒而出兵攻秦，根本不管当时形势。军事上树敌过多，国势日渐衰落，在不到15年的时间内，楚怀王就将一个当时最为强大的楚国，败得千疮百孔，满目疮痍。楚怀王本人也因"六百里"变成"六里"而成为众人的笑柄。

高瞻远瞩，进退自如

用之于天下，必量天下而与①之；用之于国，必量国而与之；用之于家，必量家而与之；用之于身，必量身材能气势而与之。②大小进退，其用一也。③

【注释】

①与：施予，实施。②身：个人。材能：才智和能力。气势：品行、权势。③大小：对象的大小。一：基本规律一样。

【译文】

如果把忤合之术运用到管理天下上，一定要根据天下的实际情况而实施；运用于治理国家上，一定要根据诸侯国的实际情况而实施；运用到治理卿大夫封地上，一定要衡量封地的实际情况而实施；运用到处理人与人之间的关系上，一定要根据这个人的才能、品行、地位等情况来实施。无论对象是大是小，策略是进是退，运用的原则都是一致的。

【智慧全解】

俗话说："站得高，看得远。"一个人的眼光决定他前进的距离，世界上最穷的人不是身无分文的乞丐，而是目光短浅的人。一个人目光短浅，永远看不到广阔的天空，永远看不到外面世界的精彩，当然他就只能固守在眼前的位置踌躇不前，无法超越。所以鬼谷子说："用之于天下，必量天下而与之；用之于国，必量国而与之；用之于家，必量家而与之；用之于身，必量身材能气势而与之。"其中倡导的主张就是要"站得高"，才能"看得远"，"大小进退，其用一也"。

经常有人抱怨，抱怨自己生不逢时，抱怨自己没有显赫的家世，身边没有贵人相助，看样子自己只能这样碌碌无为地度过一生了。如果真的这样想，那么这个人肯定只能庸庸碌碌地过一生了，就算有机遇从他眼前飘过，他也把握不住，因为他的目光太短，视野太窄，眼睛只看到巴掌大的地方，哪里能看到机遇的到来呢？

纵观历史，但凡有所作为的人，并不是因为他们有多高的地位，有多大的权势，而是因为这种人从来不满足于自己当下所处的位置，他们高瞻远瞩，把目光投向远方，定格在更高的一层，并朝着那个方向脚踏实地地努力奋斗。可以说，是远大的目光决定了他们前进的方向，是高瞻远瞩成就了他们的优秀。

秦末农民起义领袖陈胜曾悲叹："燕雀安知鸿鹄之志哉！"由此可看出此人是一个有着远大志向的人，试想，如果当初他没有这样的认识，没有把自己的目光投向高处，没有为自己立下"鸿鹄之志"，我们还能听到那一声"王侯将相，宁有种乎"的呐喊吗？历史上还会出现这么一位英雄豪杰吗？

站得高，才能看得远，这是一条亘古不变的真理。当前的位置高低不是关键，关键是看你有怎样的眼光。把眼光放长远一点，拥有战略性的眼光，才能纵观全局，认清当下的形势，才能把握住奋斗的方向，才能进退有度，更好地为自己的将来做打算，为自己更宽广的眼界做铺垫。

红顶商人胡雪岩曾说："如果你拥有一县的眼光，那你可以做一县的生意；如果你拥有一省的眼光，那么你可以做一省的生意；如果你拥有天下的眼光，那么你可以做天下的生意。"强调的正是高瞻远瞩、目光远大的重要性。大凡成功人士，在决策时都会从全局着眼，从战略性目标考虑。

高瞻远瞩，摆脱现状，才能进退自如，才能达到自己的最终目标。鬼谷子的策略不会错，"大小进退，其用一也"。

【阅读延伸】

公元前202年，刘邦一举平定了天下，后面他要做的事情就是在何处定都了。当时跟随刘邦打天下的谋士将领，大多是洛阳附近的人，所以这些人纷纷建议把都城定在洛阳。

娄敬却不这样认为。此人当时是齐国的一名戍卒，被发往陇西（今甘肃一带）戍边。经过咸阳的时候，他听说刘邦要将都城定在洛阳，赶紧托同乡虞将军要求面见刘邦。几经波折，娄敬终于见到了刘邦。一见面娄敬就大胆问道："听说陛下有意以洛阳为京城？"

刘邦坦白回答："是的，我确实有这个想法。周朝定都洛阳，拥有天下数百年，兴盛一时。"

"陛下，使不得啊，您有所不知，将都城定于洛阳，有很大的危险啊！"娄敬非常忧心地说。

刘邦不解，忙问："哦？此话怎讲？洛阳南向洛水，而且还有充足的粮食，将都城定在这里不是很好吗？"

"周朝建都洛阳，是靠德政感召人民。周朝鼎盛时期，四方归附，万民臣服，然而衰败以后就不能控制天下，不是恩德太少，而是形势太弱。"娄敬解释道。

刘邦闻言，陷入沉思，并示意娄敬继续说下去。

娄敬接着说："陛下自起事以来，大小战争经历了一百多次，如今的洛阳已不可与过去同日而语，而是疮痍满目、伤痕累累了，在这样一片无险可守、荒芜贫瘠的土地上，怎么能建起一座坚不可摧的都城呢？"

刘邦觉得有道理，便谦虚地问道："那先生觉得都城应该建在何处呢？"

娄敬也不谦虚，直截了当地说："依我看来，不如建都于长安。关中土地肥沃，百姓富足，再加上有高山被覆，黄河环绕，四面边塞可作坚

忤合第六：进退自如，灵活应变

固的防线，即使危机出现，也凭险可守，免于身陷重围。"

汉高祖认真思考了娄敬的话，觉得颇有道理，便找来一向非常信任的张良商量。

张良听了娄敬的叙述后，也沉思良久，才说："洛阳确实有一些可以防御的险阻，但是周围的地区太狭小，只不过数百里，不是用武之地！而关中左边有崤函，右边有陇蜀，再加上广阔的沃野，可以说是位置极佳。如果诸侯有变，便可顺流而下，有充足的物资可以供给前方，娄敬确实说得很有道理呀！"

听了张良的肯定，刘邦也不再犹豫，当下就决定把都城建在长安，并立即下令：即日驾车西入关中，并决定以长安为京都，开始有计划地进行建设。

后来发生的很多事都证明了当初定都关中的正确，比如战胜英布等谋反诸侯的事情。刘邦不止一次地感慨："是娄敬最早主张在秦地建都的啊！"后来，刘邦赐娄敬国姓刘，还给他加了官晋了爵。

刘邦的文臣武将们之所以主张建都洛阳，有的是为了自己的私利，有的只着眼于洛阳一地的形势，就连刘邦自己也只看到了洛阳曾是强大的周朝的都城，而且粮食充足这些蝇头小利，想把洛阳定为都城。只有娄敬、张良着眼于大局，对天下政治、经济大势进行了一番全面的分析，主张把都城定在长安，他们把目光投向更远更高的天下全局，所以才制定出了高瞻远瞩的战略。

谋虑计定，而后行之

必先谋虑计定，而后行之以飞箝之术①。

【注释】

①行之以飞箝之术：意思是指运用飞箝之手段达到忤合的目的。陶弘景注："将行反忤之术，必须先定计谋，然后行之，又用飞箝之术以弥缝之也。"

【译文】

必定先用忤合之术做好周密的计谋，然后用飞箝之术来作为补充手段，从而实现它。

【智慧全解】

运用忤合之术，选择顺和还是背反的时候，要先认识清楚客观情况，再度量好主观条件，然后才能在主客观条件都明了的基础上制订出相应的计谋。

鬼谷子所提倡的"先谋虑计定，而后行之"的策略，其实就是我们常说的"谋定而后动"，说白了就是做事之前要有所计划，有所准备。我们知道，大凡出色的演员在拍戏时，通常每场戏都会准备好几种甚至是十几种表演方式，以供导演选择，演员的做法就是"先谋虑计定，而

忤合第六：进退自如，灵活应变

后行之"。

提前做好谋划，做好充分准备是做事成功的前提条件。古往今来，很多本来可以成功的事情，很多可以名垂千古的英雄，往往因为没有准备而遗恨终生，遗恨千古。比如项羽，因为对刘邦背约偷袭没有谋虑，因而败亡，无颜见江东父老，乌江自刎；比如关羽，因为对东吴没有预先提防，而败走麦城；再比如恺撒，对那群元老们没有准备后续计策，落得个死于乱刀之下的结局。

正所谓"有谋才能心定，心定才能意坚，意坚才能无畏"，只有"先谋虑计定"，才能做到有的放矢，有勇有谋，这样做事，还愁事情不成吗？

鬼谷子还说，制订好顺和或背反的基本计谋后，接下来就去执行这个计谋，执行的过程中，通常还要配合飞箝之术才能使事情顺利达成。这是因为，要想使我方计谋顺利实施并成功，要依靠我方对局势和对方的掌握和操控，如果能够使用飞箝之术将对方牢牢掌控，那么，我们在实施忤合之术的计策时，就不会受到过多不确定因素的干扰了。

【阅读延伸】

公元208年，曹操举兵南下，而就在这一年，东汉皇族刘表去世，他的儿子刘琮继位。

这一年，刘琮败北，投降了曹操。刘表麾下的刘备带领两万人退到了夏口，曹操率领二十万大军逼向刘备。弱小的刘备哪里能抵挡得了呢？于是刘备便派诸葛亮出使江东，说服孙权共同抗曹。

曹操大军与孙刘联军在赤壁遭遇，一交手，曹军就落于下风，于是便退到江北，与孙刘联军隔江对峙。曹军战船很多，士兵又多是北方人，为了使战船更稳，曹军就把所有战船用铁链连在了一起。周瑜的部将黄盖针对敌强我弱、不宜持久及曹军士气低落、战船连接的实际情况，建议采取火攻，奇袭曹军战船。周瑜采纳了这一建议，制订了"借助风势，以火佐攻"，因乱而击之的作战方略。

周瑜利用曹操骄傲轻敌的弱点，先让黄盖写信向曹操诈降，并与曹操事先约定了投降的时间。曹操不知是计，欣然应允。于是，黄盖率艨艟（一种快速突击的小船）、斗舰数十艘，满载干草，灌以油脂，并巧加伪装，插上旌旗。同时预备快船系挂在大船之后，以便放火后换乘，然后扬帆出发。当时，江上正猛刮着东南风，战船迅速向曹军阵地接近。曹军望见江上船来，均以为这是黄盖如约前来投降，皆"延颈观望"，丝毫不加戒备。

黄盖在距曹军不到一里时，下令各船同时点火。一时间火烈风猛。船往如箭，直冲曹军战船。曹军船只首尾相连，分散不开，移动不得，顿时便成了一片火海。这时，风还是一个劲地猛刮，熊熊烈火一直向岸上蔓延，烧到了岸上的曹军营寨。

曹军将士被这突如其来的大火烧得惊慌失措、鬼哭狼嚎、溃不成军，烧死、溺死者不计其数。在长江南岸的孙刘主力舰队乘机擂鼓前进，横渡长江，大败曹军。

曹操被迫率军由陆路经华容道向江陵方向仓皇撤退，行至云梦时曾一度迷失道路，又遇上大风暴雨，道路泥泞不堪，以草垫路，才使得骑兵得以通过。一路上，人马自相践踏，死伤累累。孙刘联军乘胜水陆并进，穷追猛打，扩大战果，一直追击到南郡。曹操留曹仁、徐晃驻守江陵，乐进驻守襄阳，自己则率领残兵败将逃回北方。赤壁大战至此以孙权、刘备大获全胜而宣告结束。

赤壁之战中，周瑜不仅使用了诈降计、苦肉计，更使用了飞箭计、连环计，充分利用了曹操骄傲轻敌的心理特点，以及北方人不善水战的致命弱点，以火攻导致了魏军的惨败。在这一连串的计策中，周密的谋虑是关键，否则任何一个环节出现差错，都有可能导致整个战局的变化。"谋虑计定，而后行之"，才能有必胜的把握。

看清时势，利我则合

古之善背向者，乃协四海，包诸侯，忤合之地而化转之，然后求合。①故伊尹五就汤，五就桀，而不能所明，然后合于汤；吕尚三就文王，三入殷，而不能有所明，然后合于文王。此知天命之箝②，故归之不疑也。

【注释】

①背向：即忤合。背，背离，即"忤"。向，趋向，即"合"。协：服从，即对对象的掌控。②天命之箝：即天命所归。古人认为朝代兴衰是天意，天意归谁，谁便兴盛。

【译文】

古代那些善于实施忤合之术的人，能够把天子和诸侯都掌控在自己的手中，运用"忤合"之术去驾驭他们，使对方根据自己的实际情况而改变，然后与之相合。所以，伊尹曾经五次归附商汤、五次归附夏桀，但心里还不明白投奔谁，最终合于商汤而受到赏识、重用；吕尚曾三次依附周文王、三次依附殷纣王，但心里还是不明白到底要投奔谁，最终离开纣王而投奔了周文王。经过反复的忤合，最终知道了天命所归，所以他们最后一次归附后就再也没有怀疑过。

【智慧全解】

人生在世，谁都有面临抉择，处于十字路口徘徊的时候，是该忤还是该合呢？古有伊尹五就汤、五就桀，最后合于汤，吕尚三就文、三入殷，最后合于文。由此可见，选择一个明主并不是那么容易的，都是经过反复忤合，最后才知道了天命所归，选定自己的归属。处于十字路口时，要想选准方向，跟对人，一定要了解世界万物的发展规律，认清自我，看清形势，这样才能知己所往。

在这个世界上，凡事皆有阴阳，万物皆有变化，无论是世事还是人生都是一个不断变化的过程，今天富贵者，十年后不一定还富贵；今天贫困者，十年后不一定依然贫困；今天是至交好友，十年后说不定就成了陌路人；今天是死对头，十年后很可能就成了生死之交。这就是我们常说的"三十年河东，三十年河西"。因此，在选择方向与归属的时候，一定要知万物之阴阳之理，世界之变化之道。

老话说得好：男怕入错行，女怕嫁错郎。跟随一个"不利于我"的人，是很可怕的。生于乱世，最怕跟错人，跟错了就沦为逆贼流寇，跟对了就能成为将相王侯。当今社会也一样，跟对了上司，就能才华尽施，飞黄腾达；跟错了，轻则坐冷板凳，重则被"炒鱿鱼"。所以鬼谷子才强调"利我则合"。

处于选择的当口时，一定要看清形势，分清双方状况，才能做出正确抉择。要做到这些，首先，要摒弃俗见，合于我者，可投之，可用之；其次要能预知时势，要敢于站在新的一方，去背反旧的一方，这样才能成就大业；其次，要有不同凡响的才智，才能成就一番大事业。在此之前，还要搞清楚自己是不是正处于十字路口。如果你一直麻木不仁，压根儿不知道今夕是何夕，那就只能坐等败亡，"忤""合"的问题也就不存在了。

【阅读延伸】

秦二世时，有一名儒士名叫叔孙通，此人学识渊博，很有智慧，被朝廷召来做了待诏博士。

秦末的暴政激起农民揭竿起义，秦二世召集众博士商议应对之策。绝大部分博士都劝谏秦二世尽早发兵镇压，只有叔孙通一脸淡然，说："明主在上，法令具于下，哪里会有叛反之人呢？那些人只是一群鸡鸣狗盗之徒罢了，根本不必放在心上。让各郡按罪抓捕就可以，有什么可担忧的？"叔孙通一番话可谓是极尽谄媚的阿谀之语，秦二世听了当然很受用，当即就哈哈大笑，赞道："说得好！"秦二世又问其他人天下形势是不是像叔孙通说的那样，其他人有的坚持说是反叛，有的则依附叔孙通的说法。于是秦二世根据众博士各自的言论，将说是反叛的都抓捕下狱治罪，而对叔孙通则大加封赏。

议完政事，各自回家，那些依附叔孙通之说的博士们也随着叔孙通到了他家。大家关上门后才露出原意，纷纷问叔孙通："先生今天不太一样啊，为什么会在宫里说出那样的谄媚阿谀之辞？"叔孙通长叹一声，说："你们哪里知道，今天我差点丢了性命啊！"

为了保全性命，叔孙通当晚就简单收拾了一些细软，逃离了咸阳。叔孙通可谓是一个通晓天下形势之人，他知道自己到了选择的时候，此时的他虽然还不知道自己的归宿在哪里，但已经明白自己留在咸阳是一定会出事的，所以他毅然决然地选择了"背反"暴秦。

从咸阳逃走后，叔孙通先是回到了家乡薛地。此时，秦末起义正如火如荼地进行着，项梁、项羽的义军已经占领了他的家乡，于是叔孙通就加入了楚军，投奔了霸王项羽。转瞬到了楚汉相争时期，汉高祖率军攻下了彭城，叔孙通分析了形势后，又降了高祖。可是高祖在彭城立足未稳，就被楚军打败了，高祖仓皇逃出彭城。此时，叔孙通完全可以留在彭城，因为项羽一向尊重儒士，绝对不会因为叔孙通投降过汉军而责罚或刁难于他。但是，叔孙通没有那样做，他毅然选择跟随为了逃命连自己两个子女都弃之不顾的汉高祖。他之所以如此不顾性命地追随汉高祖，原因只有一个，那就是他认定汉高祖才是真正的明主，可以平定天下，是一个能够给百姓带来福利的明君。叔孙通的这个选择，显然还看不到有什么美好的未来，但他相信自己的选择没有错。

　　当时，汉高祖为了争霸天下，比较重视武将，对儒生们并不重视，于是，叔孙通就换掉了自己一直穿着的儒服，改穿楚服。高祖拜叔孙通为博士，号稷嗣君。当初跟随叔孙通一起侍奉汉高祖的有一百多弟子，这些人看到老师向汉高祖推荐的都是一些江湖草莽，根本不提及自己，都有些生气，在背后骂道："我们跟随先生这么多年了，他得到汉王的重用，却把我们都抛在了一边，专举荐一些草莽奸猾之徒给汉王，真不明白先生打的是什么算盘。"没想到，这话很快传到了叔孙通耳中，叔孙通向弟子们解释道："如今汉王正处在争夺天下的阶段，你们可以去战场上拼杀吗？所以我才举荐那些可以为汉王冲锋陷阵的人。请你们再耐心等待些时候，我不会忘记你们。"

　　公元前 202 年，汉高祖平定了天下，建立了西汉，由叔孙通筹理登基礼仪诸事。之后，叔孙通又为大汉制定了君臣礼仪和其他必要的礼乐制度。他的众弟子也受其举荐，得到了汉高祖的重用。

　　叔孙通之所以能够尽情施展自己的才华，正是因为他能够审时度势，认清谁能对他有利。试想，如果他一直追随秦二世或项羽，就算他能侥幸保全性命，那他一身的本事也无从施展，哪里还有机会去制定大汉的礼乐制度？如此一来，儒家的礼乐传承岂不是要受到严重的影响？后世的我们哪里还知道历史上有过叔孙通这样一位学富五车的儒生呢？

度己知人，纵横天下

非至圣达奥①，不能御世；非劳心苦思，不能原事②；不悉心见情，不能成名；材质不惠③，不能用兵；忠实无真④，不能知人。故忤合之道，己必自度材能知睿⑤，量长短远近孰不如。乃可以进，乃可以退，乃可以纵，乃可以横。

【注释】

①达奥：穷达、通晓深奥玄秘的事理。②原事：穷尽事物的原理。原，追溯、考究渊源。③惠：同"慧"，聪慧。④忠实：忠于实际。真：真诚。⑤知睿：知，同"智"，智慧，指聪明才智。

【译文】

如果不能像圣人那样洞悉深奥隐秘的世理，就不能立身处世、治理天下；不能费尽心神地去思索，就不能追溯、究察事物的本原；不能精心地去发现事物的本质，就不能给事物以成功的命名，以达到名实相符的目的；个人才能气质不佳，颖悟聪慧不够，就不能用兵打仗；为人处世虽然忠于实际但没有真诚的态度，就不能真正了解别人。所以，运用忤合之术，一定要先估量自己的才能和智慧，估量自己与对方之间的优劣短长，确定对方不如己方之后再实施。这样就可以进退自如，纵横天下了。

【智慧全解】

鬼谷子说："故忤合之道，己必自度材能知睿，量长短远近孰不如。"在这里，鬼谷子再次强调，"度己知人"，才能进退自如，纵横天下。

在古代，臣子们所追随的君主是贤是愚，直接影响着他们未来的发展。假如他们跟随一个贤明之主，那他们就幸运了，他们就可以受到重用，施展自己的才华。与之相反，如果他们跟随了昏庸无能之辈，那他们就有罪受了。在一个昏君手下做事，是相当危险而困难的，不但自己一身本事无处可施，还有可能遭到祸害。因为昏庸的君主通常无法正确地看待人和判断事，对忠直之臣产生猜疑猜忌之心，却喜欢那些奸邪善媚之徒。这样一来，贤臣们哪里还有好出路、好下场呢？历史上不是出现过很多受到君主冷遇和迫害而身陷囹圄或人头落地的忠臣吗？岳飞就是典型的一个。当然也有一些幸运之人，因为能得到君主的信任，而将自己一身本领尽情施展。其实，这些人的命运并不能完全归于幸运，主要原因还在于他们都能够度己知人，认清时势，采用灵活多变的策略让君主认同自己。

在这个世上，不管是人还是事，都是复杂而多面的。如果自己没有真知灼见，察人不明，就无法看清局势，认清自己，更无法了解自己的对手和敌人。因此，我们与人打交道，要学会冷静观察，勤于动脑，度己知人，进而做出正确的判断。只有这样，才能辨别真伪、分清好坏，才能正确地把握事物阴阳，合理地制订策略。

要想成就大事业，谋取大成就，我们首先要了解自己，看清别人，不要做愚忠呆实的人。岳飞可谓是一个雄才大略之人，可是他的愚忠蒙蔽了他的双眼，最终导致他不但没能实现自己的抗金救国的宏愿，还落了个莫须有的罪名含冤而亡。这实在是一个大悲剧。所以，成就大事就要选择明主，选择明主就要具有察人之明，而这一切的前提就是先弄清楚自己的实力，以免盲目进取，导致无功而返。

忤合第六：进退自如，灵活应变

【阅读延伸】

东汉末期有个非常杰出的谋士名叫郭嘉。此人从小胸怀大志，对时势尤为关心。二十岁时，郭嘉就预测到天下终将大乱，而大乱则是他发挥才华、施展抱负的大好机会。于是，他隐居起来，以候时机。另外，他还悄悄结识了很多当时很有才华的人。

后来，郭嘉听说北方的袁绍势力日益强大，于是他就带领一群朋友投奔了袁绍。袁绍看重郭嘉满腹才学，对他很是器重。郭嘉原以为在袁绍处能成就大业，可是，随着时间的流逝，郭嘉发现袁绍是一个优柔寡断之人，而且用人不明，这种人哪里能成就大事呢？他劝说同去之人一起离开，可是那些人不以为然，郭嘉只得独自离开。

郭嘉听说曹操正在广招名士，便前往投奔。曹操召见郭嘉时，询问起有关袁绍的情况，于是郭嘉就说出了著名的"十胜十败"之论。郭嘉向曹操献计，建议曹操乘袁绍攻击公孙瓒之机，出兵攻打吕布。这样既可以扩大曹军实力，又可以避免以后与袁绍交战时吕布从侧翼威胁曹军。

曹操对郭嘉的远见卓识甚为敬服，感叹道："使孤成大事者，必此人也。"郭嘉也看出曹操是一个雄才大略之人，认为此人才是自己的明主，便当上了曹操参谋军事之官——官师祭酒，为曹操的南征北战出谋划策，尽心尽力。

后来，曹操采纳郭嘉的计策，出兵攻打吕布，曹军势如破竹，先破彭城，再败吕布，然后包围下邳，取得了一连串的胜利。吕布坚守下邳不出，曹操屡屡攻打不克，便想退军。郭嘉赶紧劝阻："吕布虽勇，但并无谋略，现在他三战而败，锐气已经衰减，三军将为首，将衰则军衰。陈宫虽有谋，但其反应迟钝。现在我们应该乘吕布锐气还没恢复，陈宫计谋还没设定的时候，进军急攻，这样一定能彻底打垮吕布。"

曹操觉得郭嘉所说有一定道理，便依计行事，结果，果然于那一年的12月攻下了下邳，擒杀了吕布。

建安四年（公元199年），袁术进犯，曹操欲派刘备前去抵抗。郭嘉一听大惊，赶紧阻拦："不可，让刘备去，他一定会反。"然而，这次曹操没有听他的，结果刘备果如郭嘉所说，杀了徐州刺史车胄，反叛了曹操，曹操两面受敌，后悔得肠子都青了。这时曹操想出兵灭掉刘备，然后攻击袁术，大多数人都担心袁绍会从背后偷袭，曹操因此而迟疑不决，这时郭嘉对曹操大力支持，他分析道："袁绍是个犹豫不决之人，他一定不能迅速做出反应，而刘备刚反，立足未稳，迅速攻之，其必败。然后我们回师对付袁绍。这是我们的大好机会，不可失去。"曹操听后，下定决心，从官渡回师攻击刘备，结果大胜，还俘虏了关羽，夺取了下邳。

这一战后，曹操更加信任郭嘉，几乎每次出征，都让其跟随左右，每逢军国大事议论纷纷之时，郭嘉总会在充分了解对方的基础上，提出自己独到的见解。

选择一个明主，是一件相当不易的事，它需要你具有真知灼见、察人之明，能度己知人。郭嘉做到了。如果郭嘉不充分了解天下形势，看不出袁绍是无能之辈，或许他会一直跟随其左右，那么，他也就会错过曹操这样一个雄才大略的明主。郭嘉的故事是对鬼谷子"己必自度材能知睿，量长短远近孰不如。乃可以进，乃可以退，乃可以纵，乃可以横"的最好诠释。

揣篇第七：揣情度意，权衡得失

「揣」，揣测，揣度。本篇包括量权与揣情两个方面，量权，权衡天下的强弱；揣情，揣测诸侯的内情。通过量权和揣情，就能够掌握君主或诸侯的内心，从而加以利用，达成自己的目的。鬼谷子认为，智谋的基础和游说的法则就是要揣度清楚所有隐蔽和深藏的实情，否则将什么也做不成、得不到。

量权揣情，知其强弱

古之善用天下者，必量天下之权而揣诸侯之情。① 量权不审，不知强弱轻重之称②；揣情不审，不知隐匿变化之动静③。

【注释】

①善用：善于使用。揣：揣测，度量。权：此指政治情势变化。②审：熟知。称：相称，合适。③动静：指不断变化的动态信息。

【译文】

古代那些善于把游说之术运用于天下的人，必定能准确把握天下形势的发展趋势，揣度各诸侯国君主内心的真实意愿。如果不熟知天下局势和各诸侯国综合实力，就不会知道诸侯国中谁强谁弱，不会知道各诸侯国内部哪个地方强哪个地方弱，不会知道各诸侯国在各国形势中的地位谁轻谁重。如果不熟悉诸侯国君主的内心世界，就不会知道对方内心隐藏的真实想法，不会知道他对外界情况发生变化时的内心反应。

【智慧全解】

现代社会竞争尤为激烈，谁都想在竞争中将对手挤出局，自己夺得胜利。如果自己处于绝对优势，这根本不是问题，轻轻松松就能把对手挤出竞争领域，可是，世无常贵。如果己方处于劣势，或是与对手势均力敌，你对胜负没有多少把握时，该怎么办呢？鬼谷子在此为我们提供了一个策略："量天下之权而揣诸侯之情"，弄清楚对方的强弱轻重情况，然后再来决定自己的行动方略。这是做决定谋计策时一个必不可少的前提条件。

常言说得好："好汉不吃眼前亏。"当敌强我弱时，我们切不可急于强取，而要巧取守势，避祸自保，避开对方气势汹汹的锋芒，削减对方的气势。也就是人们常说的善于藏匿，避其锋芒。然后再寻找其他的机遇，这样更容易变被动为主动，将对方引入自己的局中。

古时候，民间英雄打虎时，很少有人直接与虎正面恶斗，直面凶猛的老虎是自取灭亡。所以英雄们往往在老虎凶猛地扑过来时，灵活地躲避，避开其锋芒。如此绕它几个来回，老虎锐气大减，体力已经大不如前了，情绪也开始暴躁了，这个时候，再向老虎发起进攻，就变得容易多了。打虎英雄的做法就是鬼谷子所倡导的"量权揣情"，而后行之。

总而言之，能把握市场主动权的人是优秀者，能主动退却，寻找或制造战机的人是大智者，这样的人不仅不会失败，而且还会使胜算倍增，甚至会扭转不利局势，转败为胜。这样的人还愁不成功吗？

【阅读延伸】

北宋时期，渭州有一名知州，当时只有19岁，名叫曹玮。此人虽然年纪不大，但有勇有谋，在当时小有名气。

有一年，曹玮领兵抗击骚扰北宋边境的西夏，打了个小胜仗，迫使敌人撤了兵。曹玮命令士兵驱赶着缴获的一大群牛羊往回走，牛羊走得特别慢，很快就落在了大部队后面。

西夏军统帅狼狈地逃窜了几十里，这时探子报告说：宋军贪图战利品，不愿丢下掠夺的牛羊，这样一来，部队走得乱七八糟，一点队形都没有。西夏军统帅听后，觉得这是自己反击的好机会，马上率军掉头返回来，准备袭击曹玮的部队。

收到西夏军返回突袭的情报，曹玮丝毫不慌张，仍然不紧不慢地带着部队往前走。手下非常担心，对曹玮说："敌人马上就追上来了，我们丢下牛羊吧，那样我们才能安全、快速地赶回营地，带上它们跑也跑不动，打又打不了，怎么能行呢？"

而曹玮丝毫不为所动，也不给部队做任何解释，依然那样不慌不忙地走着。当他们走到一个地势有利的山口时，曹玮突然命令部队停下来，以候敌军的到来。

西夏军队很快到达那个山口，这时，曹玮竟然派人向西夏统帅传话："你们大老远地赶过来，一定累坏了吧。我们汉人最讲道理，不想乘人之危，你就让兵马好好休息一下吧，等一会儿我们再决战。"曹玮的这一做法真是太不合常理了，众手下全都直吸凉气，抱怨声四起。

西夏将士来回奔跑这么久，还真的累得直喘气，听对方这么一说，个个喜形于色。统帅很乐意地接受了曹玮的建议，下令众军，排好阵形，就地休整。

曹玮的部下不满了，曹玮见此，连忙解释："西夏军远道杀来，心中正有一股锐气要杀我们个措手不及呢。我们如果在他们士气正旺之时与之交战，一定会伤亡惨重。现在让他们在长途行军后稍做休息，他们心中的那股锐气就会慢慢消散，精神也会随之低迷下去，浑身有气无力。这个时候我们再出击，就能轻松取胜。"

过了一会儿，曹玮派人对西夏统帅说："你们休息得差不多了吧？我们可以开战了！"于是，双方列队开战，击鼓进军。战局果然如曹玮所料，只一个回合，曹玮的部队就打败了西夏军队。

在西夏军队挟着一股锐气前来袭击之时，曹玮让其暂时休息，他的真意并不是让对方养精蓄锐，而是要削减对方内心的那股锐气，并寻找于己有利的战机。曹玮这种不按常理出牌的做法果然令宋军取得了胜利。这就是鬼谷子的"量天下之权而揣诸侯之情"的实际意义。

度于大小，谋于众寡

何谓量权？曰：度（duó）于大小，谋于众寡，①称货财有无之数，料人民多少，饶乏有余不足几何；②辨地形之险易，孰利孰害；谋虑孰长孰短；揆③君臣之亲疏，孰贤孰不肖；与宾客之知慧，孰少孰多；观天时之祸福，孰吉孰凶；诸侯之交④，孰用孰不用；百姓之心，去就⑤变化，孰安孰危，孰好孰憎。反侧孰辩，⑥能知此者，是谓量权⑦。

【注释】

①度：计算。小大：指国家、力量之大小。谋：考虑。众寡：指谋士的多少。②称：此指衡量。料：估计，估算。③揆：推测、度量。④交：交往。⑤去就：离开与靠近，指民心的向背。⑥反侧：反过来覆过去。此指从正面和侧面等不同方面来对待。孰：同"熟"，熟练。辩：同"辨"，辨别。⑦量权：指对一个国家的综合国力的充分了解。

【译文】

什么叫作量权呢？就是要考虑一个国家国土的大小，谋士的多少，估量一个国家经济实力的强弱，人口的多少，物资丰富或匮乏的有哪些；分辨清楚其地形的险要之处与平易之处，哪里的地形有利，哪里的地形于己不利；了解一个国家的谋士哪些善于谋划长远，哪些善于谋划眼前；推断君臣之间的关系亲疏，发现大臣中谁贤谁奸；考察对方宾客的智慧是多是少；观察天象时序的变化，什么时候给人带来福祉，什么时候给人带来祸患，什么时候行事是吉，什么时候行事是凶；考察诸侯之间的交往，哪个可以利用，哪个不可以利用；考察老百姓的民心向着谁背弃谁，这种民心的变化，什么样是安全，什么样是危险，老百姓心里喜爱什么，憎恨什么。能够从多个方面熟练地了解到这些情况，进行辨别，并能够知道如何应对，才叫"量权"。

【智慧全解】

在这里，鬼谷子单独强调了量权的重要性，也就是要充分了解对方的情况。量权在战争中有着重要的意义，战争中必须对对方的有关情况做全面而综合的分析，看哪些因素对我有利，哪些因素对我不利，并根据具体情况而制订计谋，采用行动，趋利而避危，以求克敌制胜。

春秋末年，楚平王杀害了伍子胥的父亲和兄弟，伍子胥为报此仇来到吴国，帮助阖闾夺取了吴王之位，受到了阖闾的重用。伍子胥派人观测天象，考察地理，又根据四方邻国的实际情况，制订出震慑邻国的规划。这些措施很快使吴国强盛起来。经过一段时间的准备，吴军大举进攻楚国，五战五胜，最后攻陷了郢都，至此，伍子胥的仇恨得以昭雪，阖闾也成就了自己的霸业。由此可见，要想战胜对手，必须先了解对手的实力，了解自己与对手共同的环境。知彼知己，才能扬长避短；度人量己，根据具体情况，才能以自己的优势攻击对手的短处，才能稳操胜券。

鬼谷子的量权不仅在战争中能发挥重大作用，在与人打交道中也能起到非同一般的作用。在与人打交道之前，你必须对对方的情况、实力进行充分的了解，只有这样，你在与对方谈判时才能有的放矢，驾轻就熟，才能把话说到对方的心窝里，抓住对方的弱点，一语中的，一举成功。

人是社会性的动物，都要受到社会环境的影响，人们做事通常都追求"天时、地利、人和"，这就充分说明了社会环境对人的重要影响。对于想要成就大事业的人来说，做事一定要考虑这三方面的因素，这就是鬼谷子所说的"量权"。不过，要做到真正的量权，是要下了一番功夫的。

【阅读延伸】

19世纪30年代末，西方资本主义国家疯狂地向中国输送鸦片，每年多达三万余箱，导致中国大量白银外流，民众身体败坏，社会生产力遭到严重破坏。面对危及国家前途和命运的社会现实，爱国人士纷纷起来抗争，要求清政府查禁烟土。

当时，西方资本主义国家对中国走私鸦片的一个重要集散地就是广东。道光皇帝为了维持封建统治，只得响应民众的要求，任命湖广总督林则徐为钦差大臣，到广东查禁鸦片。

林则徐来到广州后，那里的外国鸦片贩子和中国走私贩卖鸦片的不法分子根本不把他放在眼里，认为朝廷的这次禁烟肯定跟以前一样是走过场而已，雷声大，雨点小，不会有什么真正的行动。

然而，他们全想错了。爱国英雄林则徐这次可是下了狠心，决心要狠狠打击一下中外鸦片贩子。不过他也清楚当时的形势，他知道，外国的鸦片贩子同中国鸦片走私者，甚至包括一些被贿赂收买的地方官、水师将台等，已经勾结在一起，形成了一个严密的贩毒网，牵一发而动全身，要打破它，不是一件容易的事情，所以必须想一个万全之策才行。于是，林则徐开始了他的调查探情行动，以摸清底细，谋划良策。他把钦差大臣的行辕设在越华书院，然后以钦差大臣的名义召集广州越华、粤秀、羊城书院的肄业生数百人，宣称要亲自出题考试，检查他们近来的学习成绩。然而，考试是假，探情是真，林则徐在试卷内夹了条子，要求所有参加考试的学子们将个人所知道的有关鸦片的问题都写出来。林则徐所出的问题非常广泛，包括有哪些人在走私贩卖鸦片，这些人所在的地方、贩卖鸦片的时间、途径、数量以及手段等，还包括哪些人行贿、哪些人受了贿，以及众生对这次禁烟有什么好的建议等。林则徐这样做，不但为他收集了贩卖鸦片的实际情况，而且激发起了学生的爱国热情，使他的禁烟行动得到了民众的广泛支持。

林则徐经过调查了解掌握了情况后，一面与两广总督邓廷桢、广东水师提督关天培等一起通力合作，严拿贩卖、走私鸦片之人；一面组织力量，通令严密监视英、美等国的鸦片烟商，责令他们在三日内交出鸦片，并立下保证，以后永不贩运鸦片入中国。林则徐还立下了誓言："若鸦片一日未绝，本大臣一日不回，誓与此事相始终，断无中止之理。"

许多外国鸦片商看林则徐决心之大，行动之猛，都意识到形势不妙，想要溜之大吉，结果被林则徐派出的清兵及当地百姓截住。英、美鸦片商看出林则徐是动真格的了，只好交出鸦片237万多斤。1839年6月3日，林则徐亲自指挥，在广州虎门海滩将收缴的鸦片全部烧毁。

先古圣贤姜子牙曾说："先谋后事者昌，先事后谋者亡。"林则徐禁烟行动的成功，关键就在于他先谋而后动。他料定外国鸦片商决不会轻易交出鸦片，于是他便先量权，"度于大小，谋于众寡"，不动声色地了解到对方的实际情况，然后才以迅雷不及掩耳之势突然出击，收缴了大量的鸦片，从而取得了禁烟行动的胜利。

甚喜之时，不能隐情

揣情者，必以其甚喜之时，往而极其欲也，其有欲也，不能隐其情；①必以其甚惧之时，往而极其恶②也，其有恶也，不能隐其情。情欲必出其变③。

【注释】

①揣情：揣度对方内心的隐情。极其欲：最大限度地刺激对方的欲望。②恶：指厌恶、害怕之事物。③变：此指变化中的情态。

【译文】

揣度对方内心的隐情，必须在他最高兴、喜悦的时候去迎合他，尽力去刺激并满足他的欲望，在他吐露欲望的时候，就隐瞒不住其真情实感了；必须在他最恐惧、厌恶的时候去见他，最大限度地去诱发他的恐惧感，对方有恐惧憎恶心理的时候，他内心的真实想法就隐藏不住了。人的内心情感与欲望会在他的情绪极端变化的时候不自觉地显现出来。

【智慧全解】

人的情绪是非常奇妙的东西，虽然无影无形，却能支配我们的生活。有时候我们感觉自己精力充沛，任何问题也难不倒我们，这是亢奋的情绪在支配着我们；有时候我们觉得萎靡不振，觉得手上的事情无法完成，这是沮丧的情绪在支配着我们。人的情绪虽然看不见摸不着，却具有巨大的力量，不容小觑。

人的情绪在与人沟通中也能起到重要作用。学会观察、引导、利用他人的情绪，巧妙地放大别人的情绪并使之为我所用，沟通就能顺利畅达，我们的目的就能顺利达成。那么，我们该如何引导利用他人的情绪呢？鬼谷子为我们提供了答案。

鬼谷子认为，要想从别人那里得到我们想要的信息，或者让别人答应我们的要求，就要善于揣摩对方的情绪。一个人在平静理智的时候，戒备心最重，这时我们就要停止打探，再寻找机会。我们要等对方情绪有大的波动时，再放大他的情绪，巧妙地利用情绪达到我们的目的。

鬼谷子说："必以其甚喜之时，往而极其欲也。"意思是说一个人在极为兴奋的时候很容易情绪失控，这时如果我们抓住机会锦上添花，让他更加兴奋，那么，他一高兴，就会吐露出真实情况，即"不能隐其情"，这是我们探其真情的最佳时机，十有八九问什么，他就告诉我们什么。

鬼谷子又说："必以其甚惧之时，往而极其恶也，其有恶也，不能隐其情。"意思是说当对方遇到困难，脸上出现恐惧的神情时，我们要巧妙地用语言使之更加恐惧。一个人往往在恐慌之时，会失去理智，此时我们询问他，也会轻易得到我们想要的信息。

总之，在他人情绪有大的波动时，我们善加利用，最容易得到我们想要的信息，这就是鬼谷子所说的"揣情""情欲必出其变"。

【阅读延伸】

东汉和帝时期，有一位名叫窦宪的权臣。他仗着自己的妹妹是皇后，便在朝中飞扬跋扈，不可一世，搞得朝中大臣整日处于惶恐之中。

有一年，窦宪纳妾，地方官员纷纷前来送礼道贺，以示巴结之意。汉中郡太守也准备了一份厚礼。太守手下有一个相当聪明的人，名叫李郃，此人办事谨慎细心，行事稳当妥帖，他认为窦宪专权，树敌太多，当下虽然显赫,但日后必有杀身之祸,于是劝太守不要与窦宪有过多交往。李命说:"有史以来,凡是专横擅权的外戚没有一个得到好下场的。当今窦宪以将军和皇亲国戚自居,为所欲为,横行霸道,要不了多久,他就倒霉了,希望大人能一心一意敬奉皇上,不与窦将军交往,不送这份贺礼,以免受到牵连。"

太守听了李命的话,虽然觉得非常有道理,可是又担心得罪了窦宪,最后还是决定派人送礼。李命见阻止不了太守,就主动请求去送礼:"如果太守执意要送这份礼,我也没办法,不过请您把送礼这个任务交给我吧,我保证让大人满意。"太守答应了李命的请求。

李命携带太守的厚礼上路后,马上让人打探京城的情况。当时,朝廷中的外戚势力与宦官势力之间积怨甚深,到处流传着皇帝对外戚不满的传言。李命了解到这些情况后,猜测到不久后朝中就会发生大的变故,所以他命令随从慢慢前行,故意拖延时间,以观其变。没过几天,当他们走到扶风的时候,京城就传出消息,说窦宪自杀了。原来,汉和帝收到消息,说外戚集团中有人要谋害自己,就支持中常侍宦官郑众,捕杀窦宪同党,窦宪知道自己逃不过这一劫了,于是便自杀了事。李命得到消息后,淡然一笑,马上带领随从打道回府,向太守复命去了。

窦宪死后,他的亲信、与其来往的人,有很多被杀、被关、被管制,而汉中太守却丝毫没受到波及。经过此事后,太守对李命佩服之至,信任倍增。

李命可谓是"揣情"的高手,他早就预知到窦宪因过于张狂必然会倒霉,就劝说太守勿与其来往。太守不听,于是李命就在去送礼的途中又揣情获得朝廷的信息,然后决定拖延时间,最终保全了太守。从这里可以看出,决定事情成败的一个重要因素就是获得情报的多少。这就是鬼谷子揣情的意义。

以其见者，知其隐者

感动而不知其变者，乃且错其人，勿与语而更问其所亲，知其所安。①夫情变于内者，形见于外。故常必以其见者而知其隐者，此所以谓测深揣情。②

【注释】

①感动：触动人的情感。错：同"措"，安置。其所亲：他所亲近的人。安：此指心意所在。②见：同"现"，表现出来。测深：探测内心深处。

【译文】

如果触动了对方的情感但仍然不知道他内心的变化，就暂时把他放在一边，不与他进行语言交流而改为问他身边亲近的人，了解他的心意所在。人的情感在内心发生变化的时候，一般会对外表现出来。所以常常可以通过外在的表现去推测人的内心实情，这就叫作"测深揣情"。

【智慧全解】

在此，鬼谷子提出了"以其见者而知其隐者"的观点，也就是通过对方的外在表现去推测他的内心实情，鬼谷子称之为"测深揣情"。

与人打交道，既有合作，又有竞争；既有对亲人的爱护，又有对仇人的憎恨。这些心理活动及内心意图通常会反映在具体的态度、姿势上。所以我们就可以通过别人所表现出来的态度、姿势来了解他的心理活动和真实情况。人的态度会表现出他的心理意图，而态势则会将各种各样的心理活动作为一个整体特征表现出来，反映出人心里的情感、情绪。当我们看到一个人正垂头、屈膝、弓腰、驼背的态势时，我们可以判断此人心理处于一种沮丧的松弛状态；当我们看到一个人正不断神经质地摇摆，双手不知放于何处、眼睛四处观望的态势时，我们可以判断此人心里很紧张。与人交谈，如果对方由刚开始的普通姿势转换成抱着胳膊、架起二郎腿，头往上扬的姿势，这说明他可能有不同的意见要发表，说明他对现有的谈话内容感到无聊，或者说谈话内容对他有反面刺激，产生了难以忍受的疏远感或被拒之门外的感觉。

有这么一个小故事：一天，德谟克利特在街上偶然遇见一位熟识的姑娘。德谟克利特便同她打招呼："姑娘，你好！"第二天，德谟克利特再一次碰到与头一天同样打扮的那位姑娘时，却这样打了个招呼："这……这……这……位太太，你好！"德谟克利特这样一语道破，便转身离去。一夜之间成为"太太"的那位姑娘被德谟克利特看穿时，脸上涌起了羞惭的红潮。那么，德谟克利特是如何看穿那位姑娘一夜之间变成了太太呢？这是他仔细观察那位姑娘的脸色、眼睛的活动、面部表情及走路姿势的结果，由此可见心理活动容易从态势上表现出来。

心理学研究证明，外界事物对人大脑的刺激，往往会使人体内部某些相应组织的机能在短时间内出现异常现象。意思是说，人的喜怒哀乐，不仅是通过口头语言，在更多情况下是通过人的肌体来表现的。另一方面，由于个性差异，每个人的思想和感情的流露，又多包含在一种与众不同的习惯性动作、神态当中。所以，在与人交往中，如果我们善于从对方的态度、姿势两个方面洞察对方，那么我们就算成功了一半。

不过，鬼谷子在这里所讲的"以其见者而知其隐者"，要比日常我们所理解的察言观色要严谨、高明得多。平时我们所说的察言观色，主要是我方处于被动，需要观察对方的脸色行事。而鬼谷子在此所说的察言观色，是我方占主动，我方先制订计谋，接着就是实施计谋。在实施过程中，要将对方仔细观察，摸透对方的内心反应，而后再行动。

总而言之，在与人打交道时，我们要学会从对方的外在表现，如言语、举止、态度等各个方向去揣摩对方的内心情感，该进则进，该退则退，这样我们的目的就能达成。否则，很有可能因为言辞的失误而惹出麻烦。

【阅读延伸】

春秋时期，赵国之中还有一个国中之国——中山国。中山国的君王有两位宠姬——阴姬、江姬。为了争夺王后之位，这二人展开了博弈，诸位大臣也为自己看中的王后人选争斗不已。一个名为司马喜的大臣选中了阴姬作为自己的盟友，谋划帮助阴姬登上后位，以便为自己谋求利益。

司马喜先找到阴姬的父亲，游说道："俗话说父凭女贵，如果阴姬能成功争得王后之位，您就能得到封地；如果失败了，恐怕您的身家性命难保了。您要想阴姬成功，就让她来见我。"

阴姬父亲马上允诺："如果先生能促成此事，我父女一定谢以厚礼！"阴姬父亲当即拜托司马喜协助阴姬争夺王后之位。

司马喜经过一番筹谋后，写了一个奏折上递给中山王，奏折中说："臣有一良策，可以削弱赵国，强盛中山。"任何君王读到这样的奏折都会满心欢喜，于是中山王马上召见司马喜，请他详陈强国之策。

司马喜对中山王说："大王，臣请出使赵国，去详细观察赵国之地形险易、百姓之贫富，察看他们君臣之间的关系，仔细对比敌我双方力量之后，臣再向大王细陈强国之策，还请大王恕臣现在不说之罪。"

中山王答应了，很快派司马喜去了赵国。

司马喜一到赵国，就求见了赵王，他对赵王说："臣很早就听说赵国盛产美乐和佳人。可是臣觉得不然。这次臣来贵国，一路走来，仔细看了百姓民俗、容貌颜色，跟以前听说的并不一样啊！臣经常到各国游历，也算见多识广了，可是还从来没见过有比中山国的阴姬更美的女子。不知道的，还以为她是神仙下凡呢，她的容貌已经如此美丽了，可是她的眉目、鼻子、脸蛋、额头、发式，处处都散发着一种古帝王之后的气韵，绝非等闲诸侯的姬妾。"

赵王听了，不禁意动神迷，问道："我请中山王将阴姬让给我，先生觉得怎么样？"

司马喜故作惶恐，说："臣只是觉得阴姬国色天香，就忍不住对大王说了。如果大王想得到她，那臣就不敢参与了，还请大王不要说是听臣讲的这些。"

司马喜告别赵王后，很快回到了中山国，对中山王说："臣去赵国，仔细观察一番，发现赵王乃好色之人，一无贤德，二无仁义。臣听说赵王特别想得到我国的阴姬。"

中山王一听这话，脸色顿时不好看了。

司马喜见中山王变了脸色，稍稍停了一下，又接着说："赵国实力强盛，赵王想得到什么一定会得到。大王如果不答应，中山国就危险了。如果大王答应了赵王的要求，大王就会成为各诸侯的笑柄。"

这话听得中山王又生气又恐惧，哪里还记得司马喜的强国之策呢？他沉默了一会儿，又问司马喜："现在该怎么办呢？"

中山王的反应正是司马喜所希望的，司马喜心中窃喜，马上献上自己的"良策"："臣有个建议，大王可以尽快立阴姬为王后，这样就绝了赵王的心愿。因为从古至今，还从来没有抢他人王后的，就算赵王不顾廉耻来强取，邻国也不会答应。"

中山王听了司马喜的好计策，根本不作他想，马上下旨立阴姬为王后。而赵王也没有向中山王提出索要阴姬的要求，司马喜的骗局可谓是滴水不漏。

后来，司马喜成为中山国相国，非常受中山王宠信，这其中阴姬自然出了不少力。

司马喜的成功正是因为他从中山王的神色、姿势中窥知了他的内心想法，成功地牵制了他的情绪，激发出中山王内心的情感。中山王所透露的憎恶、愤慨、忧恐之情正是司马喜所希望的，司马喜一边诱导，一边不断观察中山王的表情变化，当中山王的那些情感被成功激发出来显现于外时，司马喜便顺势收尾，为自己的计谋画上了圆满的句号。

若非揣情，无所索之

故计①国事者，则当审权量；说人主，则当审揣情。谋虑②情欲，必出于此。乃可贵，乃可贱；乃可重，乃可轻；乃可利，乃可害；乃可成，乃可败。其数③一也。故虽有先王之道、圣智之谋，非揣情，隐匿无所索之。④

【注释】

①计：合计，谋划。②谋虑：计谋打算。③数：道理。④先王之道：指古代圣君贤王治理国家的成功经验。索：寻求，得到。

【译文】

所以谋划国家大事，就用量权之法，对这个国家的综合国力仔细考量；游说君主，就用揣情之法，对游说对象的心理进行仔细探寻。一切谋略和考虑都是以此为出发点的。善于运用量权和揣情之术的人，可使自己获得富贵，使别人落于贫贱；使自己得到重用，使他人受到轻视；使自己获得利益，使他人受到损害；使自己赢得成功，使他人落入失败。其中的道理是一样的。因此，即使具有先贤的经验、圣人的谋略，若不用揣情和量权之术，也不能把那些隐蔽的东西弄清楚。

【智慧全解】

鬼谷子说："非揣情，隐匿无所索之。"意思是说，如果不用揣情、量权之术，是不能把对方隐蔽的东西搞清楚的。鬼谷子在此强调的仍然是在制订计谋之前，要先揣摩清楚对方的实情，在此基础之上进行缜密的分析、判断，才能制订出最佳的行动方案，达成我们的目的。也就是我们常说的"知己知彼，方能百战不殆"。鬼谷子认为，揣情之术是策划计谋的前提条件，是游说君主的基本法则。

孙子兵法曰："胜兵先胜而后求战，败兵先战而后求胜。"意思是说，打胜仗的军队总是先谋取必胜的形势，然后才对敌方宣战，打败仗的军队总是先打仗，然后才去谋求胜利。孙子兵法的主张与鬼谷子相同，要使战争必胜，在作战之前，首先要做到"知己知彼"，如此才能"百战不殆"，也就是要先知晓敌我双方的情况，预先掌握信息，依据整体形势进行战前谋略。这就是鬼谷子所说的揣情之前提，"谋虑情欲，必出于此"。当然，在整个过程中，一定要讲求客观实际，千万不可靠主观臆断、迷信推想。

有些时候，由于条件所限，我们可能无法直接观察到对方的行动，这时就需要去了解与对方有所接触的其他事物，特别是与之直接发生作用的事物。这些事物会像镜子一样将对方的状态、动向真实地反射出来，帮助你做好准备，这样制订出的计谋才能合情、合理、合意，才能达成我们的目的。

【阅读延伸】

南宋时期，宋金经常发生战争。1140年，金太祖任四太子兀术为元帅，率领10万精兵，疯狂地进攻南宋，企图以武力逼迫南宋屈服。

形势万分危急，宋高宗惶恐不安，急命岳飞率军前往抗金。岳飞率领数万岳家军，从湖北出发，迅速进入河南中部，多次击败金军，占领军事重镇颍昌府（今河南许昌）、淮宁府（今河南淮阳），并乘胜进攻一举收复了郑州、西京河南府（今河南洛阳东）等地，打得金军畏惧不已。

金兀术仔细观察分析了岳家军的情况，看到岳家军兵力分散，而岳飞只带了为数不多的军队驻守在郾城（今属河南），便率常胜军"铁塔兵"1.5万人，直插郾城，想一举消灭岳家军的指挥部。

岳飞得到消息后，心里一顿惊慌，决定迎战，因为在此之前，宋军吃过"铁塔兵""拐子马"的大亏，好几次战役，宋军都被这两支金兵打得落花流水，可又无计可施。原来，金兀术的"铁塔兵"是他从全军中精挑细选出来的亲兵卫队，这支部队的士兵全都头戴铁盔，脸罩铁网，身披铁甲，脚穿铁鞋，总之，全身上下，除了两只眼睛，其他部位全被铁罩着，真的成了刀枪不入的"铁布衫"。"拐子马"呢，是把战马从头到尾覆盖上铁甲，只露出四只马脚，铁兵骑在铁马上，有强大的冲击力和保护力，实在是厉害至极，成了钢铁盾甲之旅，令宋军吃尽了苦头。如今这支部队前来攻击，岳飞哪能不担忧呢？

不过，岳飞也仅仅是担忧了一阵而已，他并没有像其他人一样闻风丧胆，他静下心来，仔细总结以往宋军失败的教训，认真分析金军装备和作战的特点，然后对作战方式进行改进，制订了一系列新的战术，这才宣布作战。岳飞警告士兵们，右手要紧握麻绳大刀，左手拿着盾牌。冲入敌阵后，用盾牌保护好自己，切不可让"铁塔兵"的长枪、大刀伤着自己。在战场上，不要急于和对方拼命交战，要尽可能用绳索绊住对方的马腿，用大刀砍对方的马蹄。

战斗开始后，岳家军在战场上开始运用这种新的战术，"拐子马"每三匹连在一起，一只"拐子马"一旦被绊倒或砍伤，其余两匹也就失去了作用。而且，前面的"拐子马"倒了，后面的"拐子马"冲上来，人马互相践踏，乱作一团。

岳家军奋起攻击，很快就把金军杀得人仰马翻，尸横遍野，一举歼灭了金兀术经营多年的撒手锏，取得了胜利，这就是历史上有名的郾城大捷。

岳飞大破"拐子马"可谓是精彩无比，堪比神话。岳飞的胜利，正是基于对金军的细致观察，对敌我双方各方面情况的认真总结分析，做到了"知己知彼"，从而使其在指挥中避免了盲目性和主观随意性。岳飞的战术完全符合客观实际，这才真正做到了"百战不殆"。

最难守司，时有谋虑

此谋之大本也，而说之法也。①常有事②于人，人莫能先，先事而生，此最难为。故曰揣情最难守司，言必时有谋虑。③

【注释】

①本：根本。法：普遍的法则。②有事：指策划、实施某一行动。③守司：掌控，把握。时：窥伺，暗中审察。

【译文】

可见，量权和揣情是谋略的根本，是游说的法则！对人实施揣情、量权之术，没有人能够与之争先，在办事之前预先设计好揣术，这是实施揣术最难做到的。所以说，揣情之精髓是最难掌握的，游说时一定要时时谋虑，小心应对。

【智慧全解】

鬼谷子认为在办事之前预先设计好谋略，是最难办到的，所以他说："言必时有谋虑。"的确，预测未来、揣摩他人的心事是最难掌握的。即使如此，还是有许多专家、节目在预测未来，这些预测很大程度上只是满足观众的心理需求，看准了观众想听什么，然而迎合观众而说的。不过，不得不承认，能说出大众想说的话，也是一种本事，这也正是鬼谷子所说的"揣情"。

过去的游说之士采用的也正是这种方法，他们仔细体味揣摩君王的真实想法，然后去游说，而不是一味地靠花言巧语、口若悬河的口才。假如君王心思缜密，难以琢磨，就算你口吐莲花，也是白费口舌，纵使你说破嘴皮子，也无法说动他。

很多时候，我们会为说服某个人而沾沾自喜，其实不然也，对方之所以能被说动，只是因为他从内心本来就萌发了做某事的念头，我们只是适时地点拨了他而已。在与人打交道的过程中，揣度好对方的真实想法，做到有的放矢，就算是再固执的人，也一样会被我们说动。

揣情，特别是揣度对方隐匿的情、不愿为外人道的情，是"此谋之大本也，而说之法也"。因此，揣情要依赖细致的观察，广博的见识，还要靠多站在对方的立场上去思考。显然，后者要比主观上的知识更重要一些。我们知道，真正的痛苦是那种说不出来的痛苦，暗中渴求的欲望也往往是隐晦不宣的。我们只有设身处地地为对方考虑，站在他的角度去思考，才能准确地摸清他的需求、他的想法，才能更准确地揣情。

揣情虽然"最难守司"，但只要我们时有谋虑，还是可以做到的。只要做到了揣情，我们就能在纷繁的世事中拨开云雾见明月，透过现象看到本质，这样做事，哪里还有不成功的呢？

【阅读延伸】

明朝宣德年间，全国上下有一个地方最难治理，令不少官员头痛不已，这个地方就是苏州（今江苏苏州）。后来，杨溥、杨士奇，杨荣三位辅国大臣经过一番商议，决定推荐足智多谋的况钟任苏州太守，前去治理。

鉴于苏州难治的现状，宣德皇帝在况钟前往苏州赴任之前，赐给他一道圣旨：可以"便宜行事"，也就是说，况钟在苏州可以自作主张以治之。况钟揣着这道强力支持自己的圣旨出发了。

到了苏州，况钟并没有"新官上任三把火"，一去就大刀阔斧地干起来，而是装出一副懵懵懂懂的样子，属吏送来文书，不加细审，一律

揣篇第七：揣情度意，权衡得失

照准。那些奸猾吏员见状，以为又来一个无为之官，便更加肆无忌惮、无法无天起来，直把苏州搅得乌烟瘴气。

就这样过了一个多月，况钟把属员的忠奸、好坏摸了个一清二楚。这时的况钟再也不是那副浑浑噩噩的样子了。他两眼放光，精神十足，突然宣布摆好香烛，命司礼官当众宣读圣旨。众属吏一听有圣旨，全都大惊失色，当听到圣旨中"若僚属行为不法，可径自拿问治罪"等词句时，不法属吏们更是吓得浑身像筛糠一样地颤抖起来。读完圣旨，况钟立即升堂，拿出判笔，一一列数不法属吏们这一个月来的不法罪行，并命手下人将他们脱去衣服，当众打死在大堂之前。

从此以后，苏州吏员洗心革面，痛改前非。况钟治下一改往日的混乱腐朽局面，呈现一片清明、安宁之象。

很多时候，隐己是为了摸清情况，查明虚实，以便制订应对之策。然而，正如鬼谷子所说"人莫先事而至，此最难为"，况钟之所以能够一举成功，其关键就在于他摸清了敌情，筹划好了切实可行的实施措施，而且还没被人看破。况钟真可谓揣情之高手。

揣情饰言，而后论之

故观蜎（juān）飞蠕动①，无不有利害，可以生事。美生事者，几之势也。②此揣情饰言成文章③，而后论之也。

【注释】

①蜎飞蠕动：小虫子的飞行爬动。②美生事：产生大的事端。几：几微，事物微小的征兆。③饰言：修饰言辞。文章：文辞，说辞。

【译文】

即使是小虫子的飞行与爬动，也隐藏有利害关系，由此可以生出种种事端。大的事端生出来，通常都有小的征兆。这就要求我们掌握揣情术，善于修饰言辞，使之富有文采、条理通顺、有煽动性，然后再采取有目的的行动进行游说。

【智慧全解】

在此，鬼谷子所说的"揣情饰言，而后论之"，其主旨意思就是说话要看时机，在对的时间里说对的话，所说的话才能产生应有的效果。

古人作战，讲究天时、地利、人和，而天时就是时间对战局的重要性。在现代生活中，无论是职场升迁，还是商场谈判，都讲究"天时"，即时间的学问。人们常称职场新人为"愣头青"，其意思就是这种人办事说话从不等时机，只是凭着一股拼劲，直冲而上，这种人做事往往效率较低。纵观那些成功人士，我们会发现，这些人虽然有着不同的经验，但其中却有着一个共同点，那就是做事需要沟通，说话会看时机。比如说有些人在参加聚会发言时，会临场应变，把发言的内容跟当下的场景结合起来，结果话语直达人心，给人留下深刻的印象。一些职场人士在没有出名之前，或许人微言轻，但是如果抓住了说话的时机，说出的话贴切真实，也能够引起人们的重视，给人留下深刻的印象，说不定还能助他平步青云，直达成功。

鬼谷子说"蜎飞蠕动，无不有利害，可以生事"。小小的虫子都知道藏己而后动，我们更应如此，要学会有话藏着慢慢说，在等待时机的过程中很好地做到"三思而后行"，这样说出的话才有分量，才能直入他人心坎。轻易说出的话通常没有经过时间的沉淀，不够谨慎，轻飘飘地从他人耳边一过了之，根本起不到应有的作用，严重的可能会惹来麻烦，遭到他人的厌恶。

人的大脑每天接收和处理的信息数不胜数，"智者千虑，必有一失"，事情想得不周全，必然会有失误，这是在所难免的。所以我们在开口之前，要把言辞在我们头脑中转悠几圈，等待合适的时机再说出来。让话语在头脑中转悠转悠，可以弥补思虑的不周，可以提升表述水平，让自己的言辞更丰满、更合情合理，从而使自己在关键时候表现得更出色。

【阅读延伸】

汉武帝刘彻有位乳母，刘彻对这位乳母非常敬重，关爱有加。有一次，乳母在宫外犯了罪，被官府抓了，官员将事情禀告汉武帝。这一下汉武帝犯了难。俗话说，天子犯法，与庶民同罪，何况乳母呢？如果不给乳母论罪处置，自己天子的尊严就不复存在了，以后拿什么君临天下？可是，这位毕竟是自己的乳母啊，老话说"滴水之恩，当涌泉相报"，何况自己是吃他的乳汁长大的呢？这是多大的恩情啊！自己怎能忍心处置，这不是忘恩负义吗？

汉武帝思虑再三，还是决定以大局为重，依法处置自己的乳母，以维护自己的天子尊严。

自己奶大的孩子，乳母哪里不知道他是什么样的人呢？乳母知道这一次自己凶多吉少，情急之下便想起了能言善辩且正受皇帝信任的东方朔，请求东方朔救救自己。

东方朔也犯了难，想了好半天，才说："活命的办法还是有的，不过还得靠你自己。"

乳母一听有救了，眼睛顿时一亮，急问："先生快说，什么办法？"

东方朔说："办法也很简单，你只要在被抓走的时候，不断地回头注视皇帝，但有一条，你千万不要说话，这样或许还有一线生机。"

乳母有些不信这样就能救自己，也不理解这其中有什么玄机，但还是点了点头。

很快乳母被传讯，这时乳母故意走到汉武帝面前向他辞行，用哀怨的眼神注视着武帝，几次欲言又止。汉武帝看着她，心里很不是滋味，有心想赦免她，又苦于君无戏言，无法反悔。

此番情形全落入一旁侧立的东方朔的眼中，他看时机成熟，便走了过去，对乳母说："你快走吧，别痴心妄想让皇上饶了你，现在皇上已经长大成人了，再也不需要靠你的乳汁活命了，你赶紧走，不要再看了。"

汉武帝当然听出了东方朔话里的意思，又想起了小时候乳母对自己的百般疼万般宠，终于不忍心看乳母被处以刑罚，所以法外开恩，将她赦免了。

东方朔之所以能成功救下那位乳母，正是瞅准了说话的时机。汉武帝本来就心疼乳母，只是为了大局才不得不下狠心处置她的，又看到乳母一步三回头的哀戚模样，心里更加不忍，这时东方朔开口，正合皇上之意，汉武帝当然借坡下驴，饶恕了乳母之罪。东方朔"此揣情饰言成文章，而后论之也"，故而劝说成功。

摩篇第八：谋之于阴，成之于阳

「摩」，揣摩，推测。本篇是「揣篇」的续篇，当揣测不出对方实情时，应运用「摩术」进一步试探，然后观察对方的反应，以了解实情。「揣篇」着重论述揣度对方的内心实情，「摩篇」着重论述揣情的方法，所以说，「揣术」与「摩术」合在一起就是「揣摩术」，即揣情摩意的一种智谋。

摩之在此，符应在彼

摩者，揣之术也。①内符者，揣之主也。②用之有道，其道必隐。微③摩之，以其所欲，测而探之，内符必应。其所应也，必有为之。故微而去之，是谓塞窌(jiào)、匿端、隐貌、逃情，而人不知，故能成其事而无患。④摩之在此，符应在彼，从而用之，事无不可。

【注释】

①摩：本指切磋、研究，这里指揣测对方心理。术：方法，手段。②内符：符于内，即见外符而知内情，指通过观察对方的外在表现而准确地判断出其内心实情。主：主旨，目的。③微：微暗，暗地里。④去：离开，指巧妙地保持一定的距离。塞窌、匿端：堵塞漏洞，隐藏头绪。窌，方形地窖，引申为漏洞。隐貌：隐藏起己方的外在表现。逃情：隐藏起己方的内心真情。

【译文】

摩是揣术的一种手段。人内心的真实想法肯定会表露于外，通过摩的手段将人内心隐情暴露出来为我所知，这是揣的主要目的。隐蔽是摩术运用规律的关键。暗暗地运用摩的手法，根据对方的需要，顺着对方的欲望去探测他的内心世界，其内心真实的想法在欲望的驱使之下，一定会有所反应。只要有了反应，在外部表情中显露出来，我们就能够有所作为。当我们的目的达到之后，再悄悄地离开，这就叫作堵塞漏洞，隐藏头绪，把己方的外在表现与内心想法都隐藏起来，不泄露己方的表情，让对方及他人都不清楚己方的行为与心理，这样事情办成功了，而且不会留下祸患。我们用满足对方欲望的办法去引诱他，对方一定会有行动反应，然后我们就根据他的反应来行事，这样就没有什么事情做不成功了。

【智慧全解】

　　鬼谷子在此提出一种"摩"术，也就是通过言语刺激等手段，让对方充分暴露出真实想法，然后据此来揣情。鬼谷子强调使用摩术贵在隐蔽，不暴露出自己的实情，要"摩之在此，符应在彼"，说白了，就是"人在明处，我在暗处"。这是所有谋略家所追求的境界，更是在人际交往中进退自如的法则。

　　历史上很多谋略家、军事家曾成功地运用了这种策略，取得了胜利。例如，公元前341年，魏国太子申和大将庞涓率军十万攻韩，齐国派兵救韩。大将田忌采用军师孙膑之计，直扑魏国都城大梁。魏军回兵救大梁，孙膑向田忌建议，采用佯退示弱、诱敌来追的方针。齐军每天减少烧饭的灶数，造成齐军不敌而逃亡大半的假象。庞涓误认为真，便率部分兵马追击，结果在马陵被孙膑的伏军万箭截杀，庞涓兵败最后被杀。齐军乘胜追击，大获全胜，俘虏了太子申。

　　孙膑用减灶的方式，故意向庞涓示弱，让庞涓相信齐军已逃亡大半而沾沾自喜，从而产生轻敌的心理。实际上，齐军实力丝毫未损，最终在马陵之战中射杀庞涓。

　　在战争中，隐藏自己的实力以麻痹敌人，是一条行之有效的策略，这样可以让对手产生轻敌的心理，等到敌人大意而来，所有的弱点也就暴露在我方的面前，这时我们再出以重击，就能一举击溃对手。

　　隐藏自己、揣摩对方时要及时反思、总结，以观察自己揣摩的结果是否正确有效，防止揣摩走入歧途；更要细心、谨慎，当事情进展到一定的时候及时抽身而退，让外人毫无察觉，以绝后患。这就是鬼谷子所说的"微而去之,是谓塞窌、匿端、隐貌、逃情,而人不知,故能成其事而无患"。要做隐藏在背后的推手,而不做抢占风头的小兵。古往今来,最早死的都是锋芒外露的人。如果是好事情,把功名让给领导,这样你才能在以后的生活中获得更多的机会;如果是坏事,更要隐藏好自己,不能因此为自己埋下绊脚石。

"摩之在此,符应在彼",说起来简单,做起来却不易,它需要有大智慧,大胆识,这样才符合鬼谷子所说的"成其事而无患"的要求。不过,摩之术一旦运用熟练,可保事业无忧,前程无量。

【阅读延伸】

西汉谋士张良,智慧过人,屡出奇计,为西汉的建立立下了汗马功劳,刘邦赞他"运筹帷幄之中,决胜千里之外"。然而,这个评价还不足以概括张良的全部智慧,他最大智慧却在于善于隐藏自己的智慧,从而保身避祸。

汉朝建立后,刘邦大肆封赏,作为大功臣,张良的赏赐自不会少。刘邦让张良自选齐地三万户,作为封邑,可张良却拒绝了,很多人对此表示不解。同朝的陈平也纳闷至极,便问张良:"先生功高盖世,理当受封,为什么要拒绝呢?我们追随皇上出生入死,不就是为了能尽享荣华、福荫后世吗?现在终于得偿所愿,先生怎能轻言舍弃呢?"张良听后,只是笑了笑,没有回答。

陈平见他只笑不语,又问:"先生智慧超群,非常人不能比也,难道是先生另有谋划?"话说到这分儿上,张良不能不言语了,他说:"我家世代辅佐韩国,秦灭韩时,我有幸活了下来。现在大仇已报,我已经没什么遗憾的了。现在我只想追随仙人游历四方,逍遥度日。"

从那以后,张良果如其言,整日闭门不出,在家潜心修炼神仙之术。很多人对他的行为无法理解,有一次,他的心腹终于忍不住问:"世人任谁都不愿放弃荣华富贵,现在功成之时,大人却销声匿迹了,这样是不是太可惜了?"张良长叹一声说:"这正是我选择离开的原因啊!"

张良停顿了一会儿,才又压低声音说:"我年少之时,散尽家财,行

摩篇第八：谋之于阴，成之于阳

刺秦王，追随沛公，只担心义不倾尽、智有所穷，所以才有了今天的虚名。现在天下大局已定，天下太平，谋略已经没什么用处了，我还显摆什么呢？谋有其时，智有其废，进退应时，这才是智者所为。"

张良的这番话可谓肺腑之言，从来没跟外人说过。好友来探望他，他也从来不与之议论时事。有段时间，刘邦要废掉太子刘盈，大臣们纷纷来找张良商议此事。可是张良每次只是枯坐而不语。有一次，群臣又来，直到最后，张良才轻声说了一句："皇上既然这样想，一定有他的道理，身为臣子，怎么能对皇上的意愿妄加评议呢？"

大臣们听了，只得无奈而去。张良的心腹也不解，说："废立太子乃是国家大事，大人怎么能置之不理呢？"张良叹息道："我非常清楚皇上的性情，这种事牵涉甚多，就算是有心去理，也是心有余而力不足，只会惹来一身的麻烦。臣僚们怪我事小，皇上怪我事大啊，我能怎么办呢？"

后来，为了太子之事，吕后派人来求张良，张良推辞不过，才给吕后出了主意，让吕后请出商山四皓辅佐太子。刘邦对此四人一直很尊敬，看到这四人出山辅助太子，知道太子势力已经逐渐强大起来，只得放弃了废太子的念头。

保住了太子，吕后要重谢张良，张良再次婉言谢绝："这都是皇后的高见，与臣无关。此事不要再说了。"吕后听说后，感慨道："张良不居功是小，弃智绝俗才是大啊。我以前只知道他足智多谋，现在才知道他竟然如此深不可测。"

刘邦死后，吕后专权。张良仍然不问世事，任谁来求见，都概不接见。吕后见他一心钻研养生之道，也就不再把他放在心上，反而对他愈发敬佩。后来，吕后对其他大臣不是杀就是贬，唯独对张良礼遇有加，这都是因为张良善于藏智的缘故。

张良善谋更善隐，他是真正领悟了鬼谷子的揣摩之术，把它运用到了最高的境界。有功而不倨傲，功成而悄悄隐退，可谓是看透世间人情，悟透君主之心，把智慧谋略运用得炉火纯青，完美地保全了自己。

主事日成，而人不知

古之善摩者，如操钩而临深渊，饵而投之，必得鱼焉。①故曰主事日成而人不知，主兵日胜而人不畏也。②

【注释】

①钩：钓钩。饵：鱼饵，诱饵。此处指把鱼饵别在鱼钩上。②主事：此指主持国家政治、经济大事。主兵：指挥战争。人不畏：士兵相信统帅的谋略而不畏惧敌人。

【译文】

古代那些擅长使用摩术的人，就像拿着钓钩坐在深渊边上，装上钓饵，投入水中，一定能够钓到鱼。所以说，这种人主持国家政治、经济大事，每天处理事务都能成功而别人却无法感受到；指挥军事，每天都能打胜仗，士兵相信统帅的谋略而不惧怕敌人。

【智慧全解】

鬼谷子在此强调了"高调做事，低调做人"的智慧，即"主事日成，而人不知"。低调做人就是用平和的心态去看待世间的一切，这是一种大智慧，能使你在与人共事的时候留有较大的回旋余地，更好地保全自己。

古语云："曲高者，和必寡；木秀于林，风必摧之；人浮于众，众必毁之。"一个人应该和周围的环境相适应，适者生存，这样才能有一颗平凡之心，才不至于被外界左右，才能冷静务实，这是一个人成就大事的最起码的前提。当今社会，世事繁杂，世态纷扰，只有低调之人才能够坚持淡定从容的志趣，以平和乐观的心态来面对变幻莫测的人生，才能够在社会这个纷繁的大舞台上扮演好自己的角色，做最后的强者。

许多人曾向李嘉诚请教怎样才能做好生意，而李嘉诚总是用同一句话回答："树大招风，保持低调。"他这样解释这八个字的意思："无论做什么事都要以一种低调的合作态度与人打交道，谈生意也一样。"在与人打交道中保持低调，别人会觉得与你相处很舒服，不拘谨，你也会获得他人的敬佩和认可，从而建立良好的关系。

纵观古今中外，我们往往会发现：大凡高标处世者，其做人的基调都很低；大凡低调做人者，其处世的标准都相当高。于是，就产生了一种奇妙的因果关系：越是低调做人者，越能成就大事；越是功成名就者，越是低调做人的典范。

做人不招摇，不在别人面前显摆自己，凡事做到心中有数，自己有本事要在最恰当的时候拿出来，即使成功也不骄傲，这样做人才是大智慧。

生活中，并不是所有成功者都甘愿保持低调，很多人都怀有"衣锦还乡"的情怀，还有很多人在高调创造名气。当今社会，名气就是价值，谁会心甘情愿放弃这种好机会呢？可见成功不易，成功之人保持低调更不易，要想真正做到低调，真的需要好好揣摩，认真领悟。

【阅读延伸】

东汉开国名将冯异自幼饱读诗书，熟读史书，精晓军事，为人气度宏大，识事深邃。年轻时曾在王莽新朝颍川郡任要职，掌管该郡五县防务。

王莽新朝末期，天下战乱纷起，乱世出英雄，当时涌现出许多英雄人物。这时冯异对颍川郡最高长官苗萌说："如今英雄壮士起兵的不少，但多为暴虐蛮横之徒。据我观察，发现刘秀言语举止不俗，绝非平常之人，我们可以投靠他建功立业。"

苗萌赞同，二人很快投到刘秀麾下。刘秀热烈欢迎，当即任命冯异为主簿，苗萌为从事。从此，冯异成了刘秀的重要谋士和得力战将。

此后，冯异跟随刘秀南征北战，出谋划策，运筹帷幄，决胜千里，取得了一个又一个胜利，尽显英雄本色。尽管冯异战功卓绝，但他行事向来低调，每次战斗结束或是驻营扎寨时，将军们总喜欢聚在一起，谈论自己在战场上的威风，吹嘘自己的战功，只有冯异但笑不语，经常一个人坐在旁边或看书，或倾听。因为这个时候，冯异最喜欢的就是找棵大树，坐在下面静读，所以大家都称他为"大树将军"。

攻破王郎后，刘秀给将领们重新分配任务，对部队也重新做了调整，使之各有统属。刘秀深入到军营中调查，下级官兵都说愿意在"大树将军"冯异麾下。刘秀因此对冯异更是赞赏有加。

冯异艰苦奋战，在关中大获成功，又连续数年镇抚西方，他关心民情，平反冤狱，施行仁治，威重化行。因而百姓安乐，纷纷感谢冯异的厚德，称他为"关中王"。这时，朝中有人对他产生了忌妒猜忌，诬陷他意图谋反。

冯异听说后，马上入朝觐见。面对无中生有的诽谤，冯异并没有做过多的解释，只是诚恳地陈请刘秀把自己召回，以解除众人的猜疑。

闻此言，刘秀感慨万分，对满朝文武说："想当年，邯郸王郎追杀我，我是又冷又饿，极度疲劳，就快死了，是冯异想办法弄到了粮食，煮成豆粥给我吃，救我于饥寒之中。如果他想称王，那个时候就是机会，还会等到现在吗？你们不要再胡说了。"

经此事后，刘秀不仅没有猜疑冯异，反而更加信任他。后来冯异立功越来越多，官也越做越大。但是，每次出行，在路上与其他官员相遇，不管对方官大官小，冯异总是主动让路，让他人先行，即使后来爵位至阳夏侯也是如此。

公元34年春，冯异终因积劳过度，突发重疾，死于军中。刘秀得知噩耗，哀思不止，特谥冯异为节侯，亲自慰抚子女家属，赏赐丰厚。冯异与东汉其他开国功臣并称"云台二十八将"。

冯异文武全才，功高盖世，但他并不以此为傲，反而行事低调，不自夸不居功，不追名逐利，低调是他的性格，更是一种智慧，从而使"大树将军"的美名永世长存。

谋之于阴，成之于阳

圣人谋之于阴，故曰神；成之于阳，故曰明①。所谓主事日成者，积德②也，而民安之不知其所以利；积善③也，民道之不知其所以然，而天下比之神明也。主兵日胜者，常战于不争不费，④而民不知所以服，不知所以畏，而天下比之神明。

【注释】

①明：事情办成了，功业彰显出来。②积德：积累德行，此指对民众有好处的德政措施一个接着一个。③积善：积累善事。指对民众的教育引导。④不争：不用打仗。不费：不耗费资财。

【译文】

圣人总这样在隐秘中谋划决策，所以被称作"神"；成事在明处，功绩人人能看到，所以叫作"明"。所谓主持政治、经济大事每天都能成功，是因为他在积累德行，民众享受到的好处一个接一个，但并不知道是谁给予了他们利益；他不断地对民众进行教化引导，可是民众接受的时候却不知道原因，这样天下人就把他比作"神明"。所谓指挥军事每天都能打胜仗，是说他经常不用攻杀的手段进行战斗，也没有耗费人力、物力就结束了战争，因而老百姓不知道他是怎样使敌人顺服的，也不知道他是怎样使敌人害怕的，所以天下人就把他比作"神明"。

【智慧全解】

　　中国人最擅长韬光养晦，故而鬼谷子说"圣人谋之于阴"，意思是说圣人们大都言行谨慎，做事不张扬。这样的人，才能"主事日成""主兵日胜"。事实正是如此，常言道："木秀于林，风必摧之。"一个人锋芒太露，很容易招致他人的嫉恨，并最终为自己带来祸患。

　　俗话说："枪打出头鸟"。一个人过于招摇，并不是什么好事儿，必定会招来他人的忌恨，给自己带来麻烦。深藏不露的人，从表面上看，他们好像都是庸才，胸无大志，木讷迟钝，其实他们只是不肯在言语上锋芒太露而已，不肯在行动上过于张扬罢了。因为他们知道，言语太露，必会得罪旁人；得罪旁人，旁人便成为阻力，妨碍自己做事。行为过于张扬，必会惹来旁人妒忌，旁人妒忌，也会成为阻力，妨碍自己做事。只要具有远见卓识，把握机会，就不怕找不到表现才华的机会，为什么非要招摇过市、惹旁人忌恨呢？

　　为人处世，总是才华外显，就会给对手造成压力和不快，他就会感觉你气势太盛，压得他喘不过气来，他就会将你视为眼中钉肉中刺，进而不择手段地对你施以明枪暗箭。所以要想成就大事，就要学会自敛锋芒、韬光养晦。这样才能有效地保护自己，才能使自己一身本领尽情施展。

　　当然，聪明之人做事，不仅追求"谋之于阴"，还要追求"成之于阳"，深藏不露的"藏"也是为了"露"，一旦时机成熟，就要毫不含糊地表现自己。就像当年毛遂向平原君自荐时说的："吾乃囊中之锥，未曾露锋芒，今日得出囊中，方能脱颖而出。"之后，毛遂在秦王面前，尽显自己的胆识、才华，从而成就了一个有胆有谋的英雄。

　　是金子总会发光，但一块永远埋于地下的金子是永远发不了光的，所以把握机遇的能力也很重要，一旦机会来临，千万不要错过。真人不露相，这是千真万确的。但永远都不露相的，肯定就不是真人了。"谋之于阴，成之于阳"，才是真正的大谋略、大智慧。

摩篇第八：谋之于阴，成之于阳

【阅读延伸】

　　唐懿宗咸通年间，楚州（今江苏淮安一带）淮阴县出了一起诬财案，搞得淮阴上下官员焦头烂额，头痛至极。后来还是江阴县令赵和智破了此案，还涉案人一个清白。

　　事情是这样的：楚州淮阴县有两户邻居世代通好，关系密切。有一天，东邻想外出做生意，可是本钱不太够，于是拿自己的田契作抵押，向西邻借了一千缗（每缗一千个铜钱），双方约定，此钱借期为一年，一年后，东邻会连本带利归还后赎回田契。

　　很快到了第二年还钱的日子，东邻很守约，先取八百缗交与西邻，说好第二天送余下的两百缗及利钱，再取回田契。由于两家关系很好，东邻没有索要收钱的单据，放下钱就走了。没想到到了第二天，去还钱取田契的时候，西邻却不承认已经收过八百缗钱。

　　东邻争辩无效，气愤至极，便到县衙告状。这下县令作了难，因为断案讲究证据，看不到收钱的单据，他也无从判案。上告到州衙，同样没有结果。西邻白得八百缗，得意得不行。八百缗，可不是小数字，东邻哪肯就这样失去？于是苦思良策，突然想到相隔数县的江阴县令赵和是一个明断如神的青天大老爷，于是就把状纸递到了江阴县衙。赵和接到状纸后，非常为难，因为淮阴与江阴是平级县，他若接下此案，必定会惹淮阴县官员不快，说不定会给自己惹来麻烦。想了好久，终于想到一个好办法。第二天，赵和往淮阴发了一张公文，说本县抓获一伙江洋大盗，供出一个同伙是你县的某某人。当时唐朝明文规定，凡是大盗案件，所牵涉之县必须尽力协助。所以淮阴县令接到公文就派捕快将西邻捉来，送与江阴公差带走。西邻自认与江洋大盗案没有关系，所以一点也不担心。到了江阴县，赵和威胁一番，让西邻将自己所有家产浮财一一写明，并标上钱物来源，以备查验。西邻一心想着摆脱江洋大盗案之嫌，想也不想就把自己的家产写了个一清二楚，其中有"八百缗，东邻所还"一款。赵和见后，拍案而起，唤出东邻与其对质。西邻这才知道事情的原委，又羞又悔，只得退款服罪。

鬼谷子说："圣人谋之于阴，故曰神；成之于阳，故曰明。"意思是说智者善于在暗中运用"摩意"之术，成事在明处，使人人都能看到功绩。赵和对此诬财案的审理可谓是"事在此，而意在彼"，是鬼谷子"谋阴成阳术"的典型做法。

圣人独用，众人皆有

其摩者，有以平，有以正，有以喜，有以怒，有以名，有以行，有以廉，有以信，有以利，有以卑。①平者，静也；正者，宜②也；喜者，悦也；怒者，动③也；名者，发④也；行者，成⑤也；廉者，洁也；信者，期也；利者，求也；卑者，谄（tāo）⑥也。故圣人所以独用者，众人皆有之，然无成功者，其用之非⑦也。

【注释】

①平：平和。正：正面，直率。喜：使之欢喜。怒：激怒。卑：谦卑。此指用平和态度对待摩意者。②宜：适宜，正好。③动：动怒。④发：发生，散发。⑤成：成全，使之成功。⑥谄：通"韬"，隐藏，隐瞒。⑦用之非：即用非其道，使用没有按照其规律。

【译文】

在运用摩术的时候，要根据不同的对象采用不同的方法：有的用平，有的用正，有的用喜，有的用怒，有的用名，有的用行，有的用廉，有的用信，有的用利，有的用卑。平的方法可以让对方平静地处理事务；正的方法可以让对方觉得刚好合适；喜的方法可以使对方高兴；怒的方法可以让对方激动；名的方法可以让对方名利得到远扬；行的方法可以让对方成就事业；廉的方法可以让对方觉得这样是廉洁自律；信的方法可以让对方因为讲诚信而被人期待；利的方法可以让对方得到自己所求的东西；卑的方法可以让对方隐藏起来，以韬光养晦的方式自保。因此，这些方法不仅圣人可以使用，普通人也可以使用，不过很少有人能够成功，这是因为他们没有掌握好规律。

【智慧全解】

在激烈的竞争中要想立于不败之地，一定要诉诸一定的手段。根据目标的不同，采取的手段也不相同，关键在于你的手段是否有效，是否能打动你想打动的人。正如鬼谷子所说："有以平，有以正，有以喜，有以怒，有以名，有以行，有以廉，有以信，有以利，有以卑。"无论采用什么手段，目的只有一个，那就是劝服对方，达成我们的意图。鬼谷子在这里的主张其实就是利用情感攻势，达到说服的目的。

具体该怎么做呢？你可以用平，让自己表现出心平气和、胸有成竹的样子，让对方觉得一切都理所当然，不存在一点不可告人的目的。你可以用正，让自己表现得大义凛然，一身正气，不夹杂一点私心杂念，这样对方就会觉得你大公无私，从而发自内心地钦佩你，顺从你。你可以用和，让自己成为一个和事佬，投其所好，讨其欢心，让双方的矛盾小化、软化，给自己积累一份人情。你也可以用怒，怒发冲冠，对方震惊，必然会做出一些反应，你再从旁观察他的变化，全面探知对方的底线。当然，这个怒是装出来的。

你还可以对对方动之以情、晓之以理，苦苦相劝，向对方言明功过是非、利害关系，以此让对方接受你。你或者选择孤注一掷、放手一搏。这当然得基于你仔细观察，等到时机成熟之时，这时勇敢而不失时机地进行一次尝试，你或许就能破茧成蝶，达成夙愿。

你还可以选择在实施谋略时，不等结果出来就处处为对方着想，给他人一个真心待人的好印象，以赢得他人的好感。或者你选择做一个诚实守信之人，说到做到，从而赢得他人无条件的信任。又或者你时不时地给对方施以小恩小惠，他得到好处，必然会紧紧跟随你，顺从你。

总之，鬼谷子的摩术有很多手段，你可以根据具体的情况，对不同的对象，灵活多变地选择策略。只要把握好摩之规律，普通之人也能运用自如。

【阅读延伸】

三国时期，魏、蜀、吴三国鼎立，吴国孙权霸居江东，有着不可小觑的实力，不过，孙权一直表现出一副谦卑的样子。

当曹操自封为魏王时，孙权给他写信说："你气宇轩昂，英武不凡，只要你登上大位，我会率先向你臣服，只要你剿灭了刘备，荡平西川，到时我会献出土地，俯首称臣。"孙权的用意曹操一眼就看穿了，笑着说："孙权表面愚钝，其实深不可测。他想让我激怒天下人，使我陷入孤立之中。他是想把我放在炉火上烧啊。"

曹丕称帝后，孙权丝毫没有表现出不满，反而派去使者，送上礼物和书信，并向曹丕讨封赏。曹丕封孙权为吴王，加九锡。孙权的部下都觉得这是羞辱，纷纷进谏："曹丕篡汉，这是大逆不道，主公理应顺天而伐之，现在却主动归附，难道不怕天下之人耻笑吗？东吴占据江南，地广兵足，早就可以自立为帝，怎么能接受曹魏的封号呢？"

孙权则不以为然，淡定地说："现在大势已定，该顺应四时天命。当年刘邦也曾接受项羽的封号，这并不妨碍他日后建功立业。他人耻笑有什么了不起的，只要没有实质性的伤害就行了。"于是孙权高高兴兴地接受了曹丕的封号。

后来，曹丕派来使臣，向孙权索要象牙、犀角、大贝、明珠、孔雀等特产，孙权毫不犹豫就答应了。曹丕使臣高兴万分，东吴的臣子们不乐意了，他们私下里埋怨孙权过于愚钝，还集体上奏："曹丕索取无度，真把自己当天子、把主公当臣子了，这怎么能接受呢？可是主公竟然一口答应，真是一点不顾及主公的威名，让天下百姓失望啊。"

孙权看群臣真的恼了，就召来众臣解释，他说："现在魏国时刻想打我们的主意，东吴的百姓还要依赖于我，我答应曹丕的索取，只是想换取百姓的平安，这有什么可惜的呢？"于是他备足物产，献给魏国，曹丕对此得意至极。

后来，孙权的臣属们屡屡劝他自立为帝，都被孙权以各种理由推辞了，孙权说："汉室既然已经没落，我挽救不了，心中万分自责，如今又怎么忍心与之争夺天下呢？"众臣听了，失望万分。见大臣们不了解自己的本意，孙权终于找了个机会吐露了自己的心声："东吴两面受敌，故而不能争强斗勇，那样会促使敌人尽早对我们下手。我之所以接受曹魏的册封，给魏国进献物产，只是为了蒙蔽魏国，让其对我们放松警惕。我不称帝，是为了不让人拿到攻击我的话柄，我这样做只是在等待时机成熟。"

后来，刘备和曹丕相继去世，孙权见对手日渐衰落，便撕掉了伪装，于公元229年登上了皇帝之位。

孙权高明地采用了鬼谷子摩术之中的"卑"，深藏起自己的智谋，以韬光养晦的方式保存了东吴，不仅使东吴百姓免遭于难，还使魏国及蜀国对自己放松警惕。等到时机成熟，他才一举登上皇帝之位。孙权的做法可谓是审时度势，顺应民众，因而获得了成功。

谋难周密，说难悉听

故谋莫难于周密，说莫难于悉听①，事莫难于必成。此三者，唯圣人然后能任之。②故谋必欲周密，必择其所与通者说③也，故曰或结而无隙④也。夫事成必合于数，故曰道数与时相偶者也。

【注释】

①悉听：使对方全部听从。②三者：指谋周密、说悉听、事必成。任：抱，负担。③通者：此指感情可以沟通、智谋层次相近的人。说：商量，谋划。④结而无隙：像打结一样紧密而没有裂隙。

【译文】

所以说，谋划决策最难的是做到周密无隙，游说别人最难的是做到让别人完全听从己方的意见，办事最难的是让所做的事情一定取得成功。这三者，只有那些掌握了摩意等权术的圣人们才能够做得到。所以说，谋划计策一定要做到周密，必定选择能够与自己心意相通的人一起商量谋划，这就好像给绳子打结一样紧密而没有裂隙。要想做事成功，一定要运用权术，使之符合游说所要求的技术，这就叫作基本原理、权术与时机三者相合而成事。

【智慧全解】

鬼谷子说:"故谋莫难于周密,说莫难于悉听,事莫难于必成。"世上唯有圣人才能做到这三点。听此话的意思,似乎在说我们普通人要谋划计策、游说他人、成就大事是相当困难,甚至是无法做到的,其实,鬼谷子并不是这个意思,在此他所要强调的是"故谋必欲周密,必择其所与通者说也""夫事成必合于数,故曰道数与时相偶者也"。在此,鬼谷子再次强调了谋之贵密的观点,并说,只要做到基本原理、权术与时机三者相结合,即使不是圣人,也能成就大事。

世上的万事万物都有各自的规律,要想所主持的事情顺利成功,就要使自己的谋略符合事物的规律,然后再辅之以恰当的方法;要想使自己的游说有人听从,就必须使自己的说辞合情合理。

古人云:"智者千虑,必有一失。"不管是多聪明的人,在多次谋虑的时候,也会出现一些失误。即使是鬼谷子所说的圣人,也可能会有错误。所以无论是游说还是做事,都要三思而后行,做到周密、周全。

王蒙曾说:"在任何处境下保持从容理性的风度,心存制约,遇事三思,留有余地。"王蒙的意思也是在强调做事切勿冲动莽撞,否则只会使自己陷入麻烦之中。无论做什么事情,我们最好先将自己的意图隐藏起来,学会全盘运筹,哪一步怎么走,哪一种事怎么做,要达到什么目的,采取什么方法,都要一一谋划好,这样才能让事情顺利而有条理地运转下去,最终达到办事成功的目的。

无论对组织还是个人,失败虽然在所难免,但是有些失败却是致命的,摔倒一次,很可能很多年也爬不起来。所以,做事一定要深谋远虑,谋划周全;说话要谨慎小心,既要符合时间与场合,又要符合对方的心意,这样才能把话说到对方的心里去,对方才能听从。

总之,只要我们把握好时机,掌握好权术,运用好机理,不管是谋划还是游说,都能取得良好的效果,就能成为鬼谷子嘴中的"圣人"。

序篇第八：谋之于阴，成之于阳

【阅读延伸】

清朝末年，有一名知县叫陈树屏。此人非常聪明，而且善于变通，最擅长的是为别人调解纠纷。不过，陈树屏并不是一个多话的人，但他所说的每一句，甚至每一个字都能切中要害。只要他出现，就没有调解不了的纠纷，没有化解不了的矛盾。当地人都夸赞他口才好，有智慧。

有一年春天的一天，天气特别好，阳光明媚，风和日丽，陈树屏突然诗兴大发，便邀请了一群文人朋友去游览黄鹤楼。没想到在黄鹤楼却碰到了他的上司湖北督抚张之洞和抚军大人谭继洵。于是两拨人便聚在了一起，相互问好后，就一边欣赏着黄鹤楼下的美妙春光，一边把酒谈笑。清风拂面而来，裹挟着花的芬芳；远处的长江风景秀丽，在阳光的照射下，闪烁着粼粼的波光，江面上也千帆竞渡。大家兴致高涨，宴席气氛非常融洽。

忽然，有个客人问："你们看，这长江之水浩浩荡荡，气势如此宏大，可是有谁知道它有多宽吗？"

问题一出，大家就七嘴八舌地讨论起来，有的引经据典，有的猜测估计，还有的等着倾听别人的回答。张之洞和谭继洵两个人是死对头，表面上一团和气，心里却谁也不服谁。两个人很快就因为这件事情磕了起来。

谭继洵清清嗓子，说："我曾读过一本关于长江的书籍，里面有相关的记载，我记得是五里三分。"

张之洞听后哪里服气，故意说："不对，我记得很清楚，怎么会是五里三分呢？书上明明写的是七里三分，你说的那么窄，江水怎么会有这样大的气势呢！"

谭继洵见对方和自己又是意见相左，而且明摆着说自己引用有误，一时觉得面子下不来，就梗着脖子和对方争执起来，两个人闹得脸红脖子粗。

两个上司发生争执，不但破坏了聚会的好气氛，而且还有失颜面，陈树屏心想：这不好吧，得赶紧阻止才行。他非常清楚二人平时就经常相互拆台，此时只不过是借题发挥，互相贬低而已。因为这个问题本来就说不清楚，就是说清楚了又有什么意义呢？为了不让大家扫兴，陈树屏眼珠一转，计上心来。他不紧不慢地拱拱手，谦逊地说："这江面啊，我记得有部书上记载得很清楚，水涨时，江面就宽到七里三分，落潮时就降到五里三分。二位大人一个说的是涨潮时分，一个是指落潮而言，你们说的都对，可见你们都是很有见识的人啊！"

说罢，陈树屏伸手端起自己的酒杯，高举着说："这个问题暂时不用再说了。今日难得大家赏脸，也难得这么好的天气，来来来，为了今天的好景，我们大家共同举杯喝一杯！"

众人听完这不偏不倚的圆场话，都会心地笑了。张之洞和谭继洵都知自己是一派胡言，只是和对方较劲。两个人一看东道主给自己台阶，赶紧顺势而下，举起酒杯。一场争辩就这样不了了之。

鬼谷子说："故谋莫难于周密，说莫难于悉听，事莫难于必成。"意思是谋划策略最困难的就是周到缜密，游说最难的是让别人完全听从，办事最难的是让所有的事情都办成功。陈树屏只说了那么短短的两句话就化解了两位上司的纷争，正是因为他的话说得周密而没有裂隙，不偏不倚，两位上司的面子都照顾了。如果他只顾及一方，就会伤害另一方，那争执就会发展成争吵、冲突了。可见，只有两全其美的言辞才可以让争执的双方接受。

摩之所欲，焉有不听

说者听必合于情，故曰情合者听。故物归类，抱薪趋火，燥者先燃；①平地注水，湿者先濡②。此物类相应，于势譬犹是也。③此言内符之应外摩④也如是。故曰摩之以其类⑤焉，有不相应者，乃摩之以其欲，焉有不听者？故曰独行之道⑥。夫几者不晚，成而不拘(gōu)，久而化成。⑦

【注释】

①归类：归向自己的同类。趋火：此指扔向火中。②湿者：指湿润的地方。濡：浸润，沾湿。③物类相应：同类事、物互相应和、感应。势：势态，此指在情势上必然产生的趋向。④内符之应外摩：从外部出发去摩对方，对方的内心反应一定会表现出来。⑤摩之以其类：指用相同的感情，设身处地地去琢磨别人。⑥独行之道：圣人使用的方法。⑦几：事物的微小征兆。拘：取。化：生成。

【译文】

要想游说时让别人完全听从你的意见，就一定要合于对方内心的真情，对方往往容易听取与自己内心情感契合的言辞。所以物都是以类而聚，抱起柴草扔进火中，干燥的先被点燃；在平坦的地面倒水，湿润的地方先积水。这就是物类相应的道理，而在情势上必然产生的趋向也是这样。这里说的内符回应外摩也是这个道理。所以说，使用摩术，就是要用同类去感应，如有不感应，就改用满足对方欲望的办法去引诱，这样对方哪里还有不听从的呢？所以说这种技巧，只有圣人能够运用。能够看到事物的微小征兆就采取行动，这样才不会错失良机，事情成功了，便悄悄退出，不将功劳据为己有，做到这样，久而久之，我们定能实现自己的政治追求，能够获得最后的成功。

【智慧全解】

要成就一番事业，需要做多方面的准备，但其中最关键的因素还是人的因素。都说人最难懂，人心最难测，其实未必，要想让他人为你服务，投其所好就可以了。不过，投其所好是有前提的，那就是投得必须正确，要准确地看清这个人的爱好，成功地做到"分类，分群"。

俗话说："物以类聚，人以群分。"世间万物纷繁复杂，但都是有类别之分的。这也就是鬼谷子所说的："抱薪趋火，燥者先燃；平地注水，湿者先濡。"不过，世上的万事万物还有一个特点，那就是一直处于变化之中，类别虽然分了，但并不是一成不变的，今天你是打工仔，明天或许就会成为老板。随着外界环境的变化，对方的需要也会随时发生变化，那么，你的应对策略也应随其改变。

投其所好，顺着对方的心意去说服，我们的说服就能顺利通畅。

除了物质上要投其所好，在精神上投其所好同样能起到意想不到的良好效果。这就是我们通常所说的情感投资。情感投资，从精神上投其所好，首先要尽量让对方喜欢你。人际交往中有个首因效应说的就是这个意思。与人交往第一印象是非常重要的，所以我们务必处理好跟人相处的前几分钟。在有好感的前提下，许多或许成功或许不成功的事情往往可能办成。

其次，要善于发现对方的优点，并真诚地进行赞美，人都是渴望肯定与赞美的，赞美是你打开对方心扉的钥匙。不过，赞美一定要有度，不能太夸张，太露骨，要不然就太假、太做作了。从对方的优点入手，能为你打开一条说服的通道。

再次，要善于发现对方的爱好与兴趣所在。良好的第一印象只能保证对方不讨厌你，寻找到对方的优点并赞美，只能增加对方对你的好感，而寻找到对方的兴趣点，就能很好地避开双方交谈的尴尬局面，保证交谈的顺畅进行，而且还能加深和维护你在对方心目中的好形象。时间长了，时机成熟了，你便能在此人心中种下一颗人脉的大树。

汽车大王福特先生曾说过："假如真的有什么成功之秘诀，那就是设身处地地替他人着想，了解他人的态度和观点。"因为这样，既能让你与对方沟通顺畅，彼此理解，又能更清楚地了解对方的思想，从而找到谈话的切入点，有的放矢，击中要害。

其实，说服他人，与人交往并没有想象中那样难，只要我们迎合对方的兴趣，投其所好，就能拉近彼此的距离，赢得对方的信任，为自己的事业增加一份成功的砝码。正如鬼谷子所说："摩之以其欲，焉有不听者？"

【阅读延伸】

清朝康熙年间，康熙皇帝曾下令全国上下禁止吸烟。康熙所禁之烟是烟草之烟，并非鸦片之烟。

17世纪中叶，烟草从吕宋（现在的菲律宾）传入中国，当时就有众多有识之士忧虑不已。有一位叫张介宾的名医曾在《景岳全书》中慨叹："烟草自古未闻也，自我万历时始出闽广之间，自后吴楚间皆有种植烟草矣！"从此，烟草便像恶雾毒瘴，蔓延四方，危害着千百万中国人的身心健康。到崇祯末年，竟然到了"所有男子，无论大小没有不吸烟的"地步，更严重的，就连香闺阁楼里的女子们也把烟管烟袋看得与胭脂香粉一样重要。一时间，无论男女无论老幼，都成了瘾君子，情况堪忧。

到了康熙年间，吸烟更是成了一种风尚，全国上下不论是官是民，不论是老是幼，很多人都是烟不离身，走到哪里都能吞云吐雾，很多人还以拥有一个称心如意的烟筒为雅。所以当时社会上流传着这样一句话："烟筒杆，木不如竹，玉象嘴，金不如铜。"对这种现象，康熙皇帝甚为忧虑，他说："世上最让人憎恶的就是吃烟，烟这种东西最能消耗人的精气，不光我不吃，就是前朝的老皇帝也是不吃的。"于是，康熙皇帝决定采取果断措施，在全国范围内开始戒烟、禁烟运动，这个运动首先从朝中的大臣们开始。

当时朝中有两位被人称为"烟袋大臣"的大臣，一个名叫史贻直，一个名叫陈元海，康熙皇帝决定首先拿这两个人作戒烟试验。康熙当着众人的面赏赐给这两个人一人一支水晶烟管，让他们当众表演抽烟。这两个人受宠若惊，马上兴奋地装烟点火，乐呵呵地表演起来。让他们没想到的是，他们刚吸了一口，便见烟火沿着透明的水晶烟管直往上冒，还发着噼噼啪啪的响声，直到唇边，响声还不断。现场众大臣全都目瞪口呆，呆愣半晌，才猛然明白了康熙皇帝的意思。史贻直、陈元海两个人更是明白了皇上的良苦用心，从那以后，再也不吸烟了。大臣戒烟的成功，给了康熙皇帝信心，他马上下达圣旨，传谕全国，禁止种烟吸烟，结果吸烟之风得到了很大的收敛。

康熙皇帝的禁烟运动算是取得了一定程度的成功，之所以有这样的结果，是因为此举顺应民意，合乎民心，正如鬼谷子所说："摩之以其欲，焉有不听者？"审时度势、揣摩民情而制订出来的妙法，哪能不出奇制胜、获得成功呢？

权篇第九：巧言善辩，量身而说

"权"，秤锤，在此意为权衡。本篇主要论述游说者应如何审时度势，进行游说，阐述了游说的原则和方法。鬼谷子在此强调游说要依据不同的对象，针对不同的环境、形势灵活地选择游说手法，选择不同的游说方式和言辞。

饰言利辞，假之益损

说者，说之也;①说之者，资②之也。饰言者，假之也，假之者，益损③也；应对者，利辞也，利辞者，轻论也；④成义⑤者，明之也，明之者，符验⑥也。

【注释】

①说者：游说之人。说之：说服对方。②资：帮助，借助。③益损：增加或减少。④应对：指回答、回应别人的提问与诘难。利辞：便利、巧辩的言辞。轻论：简洁明快的论说。⑤成义：申述某种主张使之合于义理。⑥符验：用事例来加以验证说明。

【译文】

游说就是为了说服别人，要说服别人就必须对他有所帮助。修饰言辞需要借助动人的言辞，要借助动人的言辞，就必须对言辞进行增减。回答对方突然的发问，必须用机巧的言辞浮泛作答。申说义理的言辞必须使对方明白某个道理，要让对方明白某个道理，就必须举事例来加以验证说明。

【智慧全解】

鬼谷子在此所讲的"饰言、利辞"，其意思就是要包装我们的言辞，使我们说出的话更动听，更华丽，更让人信服，你可以用美丽的辞藻去包装，也可以举一些事例进行包装，从而增加话语的分量。

其实，要让对方信服，你的包装要尽可能全面，不仅要包装言辞，还要包装外在形象和内在素质。具体从以下几个方面入手：首先衣着要得体，这个得体，就是不能让对方看上去高他一等，又不能让他看着不入流，你的衣着既不要优于别人，又不能相差太远，避免别人起排斥心理。其次，表达要恰当。不论你是讲道理，还是进行诡辩，表达一定要流畅、清楚，要运用不同的语气来强化说话的要点，让你的说服更有分量。另外你的姿态也要得体，与人交往，你的面部表情、身体姿势、一颦一笑，无不在向对方透露着信息，如果你一边夸夸其谈，一边瑟瑟发抖，那你的任何言辞都没有了说服力。

除了外在包装，还要具备过硬的心理素质。首先你既要讲规范，懂文明，又要心肠硬，不能被对方忽悠上两句就心软成了一摊泥，乖乖顺着对方的话题跑。其次你要站稳立场、坚定信念，不达目的不罢休。

良药现在都包上了糖外衣，我们也要善于包装我们的言辞，使忠言不再逆耳，使批评不再刺耳，让辩论铿锵有力，让沟通顺利流畅，这样我们所说的话才能让对方听得入耳，让对方心悦诚服。

【阅读延伸】

战国时期，东周王室逐渐衰微，秦国国力渐盛，于是便举兵进攻东周，强行索要东周镇国之宝——传国九鼎。

形势非常危急，东周国君赶紧叫来颜率，想让他出出主意。颜率一听事情原委，便对东周国君说："大王无须担忧，我们可以借助齐国的势力来解除眼前的危机，我可以去齐国请求齐王出兵。"东周国君应允。

颜率来到齐国，见到齐宣王说："秦国想要出兵夺取我们的九鼎。秦国不讲道义，我国国君经过考虑，认为齐国是礼仪之邦，才配拥有九鼎，所以我们国君想把九鼎送与齐国。这样，齐国不仅可以获得保护周天子的美名，而且可以获得九鼎，这是一件两全其美的大好事，不知大王意下如何？"

齐宣王听了，顿时心花怒放，马上命令大将田忌率领五万大兵抗击秦兵。秦国见齐国出兵，只好鸣金收兵，仓皇回国。

秦军撤退后，齐宣王便向东周索要九鼎。这时东周国君又忧虑起来。颜率站出来说："大王不用担心，我请求再次出使齐国，一定让齐国国君打消索要九鼎的念头。"

颜率又来到齐国面见齐宣王，说："我东周仰仗齐国的仁义之师，保全了九鼎，周天子愿意兑现当初的诺言，把九鼎送与齐国。不过，我国国君想知道，大王将怎样把九鼎运回齐国呢？"齐宣王听了这话，才又高兴起来，说："我打算经过魏国，将九鼎运回。"颜率一听，连忙对齐宣王说："大王，不可。魏国国君早就垂涎九鼎，九鼎一旦到了魏国，他一定会生出占有之心，到那时，宝鼎就到不了齐国了。"

齐宣王说："那就从楚国运回吧。"颜率又阻止道："也不可！楚国也对九鼎早有占有之意，九鼎入楚，哪还有运走的道理？"齐宣王听到这里，也没了主意，向颜率问道："先生，你说寡人应该怎样把宝鼎运回呢？"

颜率说："大王，我们也实在为您担忧啊，这事还真的不好办！九鼎可不是什么坛子罐子之类，揣在怀里就拿走了，也不像鸟儿马儿那样，飞着跑着就到了齐国。当年，我们周朝先君讨伐无道的商朝，得到了九鼎，一鼎九万人挽之，九鼎需要九九八十一万人啊。可目前，虽说大王拥有这样的实力，可是运鼎的队伍从哪里走呢？臣实在替大王忧心啊！"颜率说完，长长地叹了一口气，一脸的无奈。

齐宣王闻听此言，脸色大变，怒斥道："你一连来我们齐国好几次，可还是没有把九鼎送给我们呀！"颜率镇定地说："臣下不敢欺骗大王，只是请您赶快确定搬运九鼎的安全路线，我们国君也在等待您迁移宝鼎的命令呢！"说完，就回东周了。齐宣王越想越气，但也无计可施，最后只好不了了之，不再提运送九鼎的事情了。

鬼谷子说："说之者，资之也。"游说他人，就要对他人有所帮助，这样你的游说才能一举成功。颜率深谙此道，专挑对齐国有利的话去说，从而成功说服齐宣王出兵解除了秦国对东周的威胁，保住了九鼎，之后，又提出九鼎运送之困难，使齐王也束手无策，使问题不了了之，再次保住了九鼎。

言或反覆，欲相却也

言或反覆，欲相却①也。难言者，却论也，却论者，钓几也。②佞言者，谄而干③忠；谀言者，博而干智；平言④者，决而干勇；戚言⑤者，权而干信；静言⑥者，反而干胜。

先意承欲者，谄也；繁称文辞者，博也；纵舍不疑⑦者，决也；策选进谋者，权也；先分不足以窒非者，⑧反也。

【注释】

①欲相却：意欲打消对方的顾虑。②难言：诘难的话语。却论：反驳、逼退对方的言论。却，推辞不受。钓几：善于把握时机引诱出对方说出隐秘之事。几，同"机"。③干：求取，博取。④平言：直截了当的言辞。⑤戚言：忧戚悲伤的话。⑥静言：有谋略的言辞。静，同"靖"，谋议。⑦纵舍不疑：抛却疑虑，放开去说。⑧先分不足：自己的理由不充分。窒非：责备他人的过错。

【译文】

言谈时双方可能会意见不合，这时就需要反复辩难，意欲使对方让步。双方相互论难的时候，己方一定不接受对方的言论，其目的是为了把对方隐蔽的事勾引出来。佞言，不是发自内心，而是为了取媚故意说出的言辞，隐藏自己的真实意图，从而博取忠心耿耿的名声；谀言，用繁复的华丽言辞奉承，从而博取智慧的美名；平言，用直截了当的言辞去说，以敢于直言而让对方觉得我们大勇善断而信服；戚言，根据形势暂时装出悲戚的样子，说出来的言辞，能赢得对方的信任；静言，有谋略的言辞都是自知自己不足反而责备对方的过错，以求得辩驳的成功。

先摸准对方的心意，顺着对方的欲望去游说，就是"谄"；广泛地称引华丽的文辞，就是"博"；抛却疑虑，直截了当地去说，就是"决"；根据形势变化选择策略去说，就是"权"；自己的理由不充分却去反攻对方的过错，致使对方成为过错的一方，就是"反"。

【智慧全解】

鬼谷子说："言或反覆，欲相却也。难言者，却论也，却论者，钓几也。"论难，让对方让步，钓出对方的隐情，有多种方法，你可以用佞言、谀言，也可以用平言、戚言、静言。在这里我们主要说一下佞言、谀言。佞言、谀言其实就是奉承话。从古至今，似乎人们都很讨厌喜欢说奉承话的谄媚之徒，可是，生活中有一种人人都喜欢的、与佞言谀言极为相似的语言，那就是赞美话。赞美之辞也是夸奖对方，但与奉承有着本质的区别，奉承话总是信口雌黄、无凭无据，让人一听就大倒胃口；赞美话则不然，赞美往往立足于对方真有其事，而且是出于善意。

有人把赞美话称为人际关系的润滑剂，一点也不为过。生活中，每个人都爱听顺耳之辞，希望自己的价值得到认可，尤其是亲戚朋友的认可。即使生活圈子再小，人们也仍然希望自己是小天地里的重要人物。对于肉麻的奉承、谄媚之辞，人人感到恶心、憎恶，却渴望他人发自内心的赞扬。

马斯洛的需求层次理论指出，人在温饱之后，最希望得到的就是"自我实现"。被赞美、被肯定是"自我实现"需求的表现形式，人们希望得到尊重和赞美，就好像需要食物和空气一样，必不可少。可见，喜

权篇第九：巧言善辩，量身而说

欢被赞美是人的天性。在听到别人赞扬自己的优点时，就会觉得自己的身价得到了肯定。

适时地赞美他人能够加强自己与他人的感悟沟通，尤其是在与他人产生隔阂时，主动关心对方，注意和肯定他的长处，是消除隔阂最有效的方式。另外，对于自己不亲近的人，恰当地给予赞美，可使双方增加亲近感，建立更进一步的人际关系。赞美不仅可以增加彼此的亲近感，还能反过来激励自己。被人赞美的，肯定是一个人的长处，在发现他人优点和长处的同时，我们也会发现自己的差距，从而促使我们自己努力赶上去。要建立良好的人际关系，要成功地说服他人，恰当地赞美别人是必不可少的。

无论在生活还是工作中，赞美话有着说不尽的好处，在推销过程中，适当地赞美别人，让别人觉得他自己很聪明，就可能做成生意。在公司，恰如其分地赞美上司，让上司感觉自己博闻强识，就可能让他对你刮目相看、格外照顾。总而言之，奉承话让人生厌，赞美话让人自信、获益多多。

总之，在日常生活中，不论采用什么样的言辞与人沟通、相交，都是为了争取更大的利益或避免不必要的损失，所以，我们要根据不同的场合、不同的交流对象，有针对性地采用沟通方式，或赞美，或奉承，只有善于言谈，随机应变，灵活应对，才能在处世中抢占先机。

【阅读延伸】

西汉初期有一位很有谋略和论辩才能的政客，名叫蒯通，他曾是韩信的谋士。

韩信在投奔刘邦后，受刘邦重用，被拜为大将，率兵东进，攻打项羽。韩信一路破三秦，灭魏、赵，然后又打败齐军，可谓是节节胜利，势如破竹。蒯通见韩信军威大振，便劝他不可太相信刘邦了，可以先与他们三分天下，以后看清时局，瞅准机会，再图大计。韩信对刘邦极为忠诚，就没有采纳蒯通的建议。

后来，刘邦统一了天下，建立了西汉。称帝后的刘邦担心手握兵权、功高盖世的韩信谋反，就夺取了他的兵权，将其软禁在长安。后来，陈豨谋反，韩信也受到了牵连，吕后和萧何就设计诱捕了韩信，将韩信杀掉了。至此，韩信才真正后悔当初没有听取蒯通的计策。

后来，刘邦派人抓住了蒯通，并亲自审问他。

蒯通是一个有名的辩士，学识渊博，聪慧机智。刘邦问他是不是鼓动过韩信背叛大汉自立。蒯通干脆地说："对，当初我的确这样劝说过韩将军，只可惜他一心向着皇上，没有听从我的建议，最后才落得如此悲惨的下场。如果他当初按我说的做，皇上哪能杀得了他呢？"刘邦闻言，更是冒火，直气得浑身颤抖，马上下令将蒯通烹了。蒯通直呼"冤枉"。刘邦说："你怂恿韩信造反，有什么可冤枉的？"蒯通说："当初我效命于韩信，当然会一心为他谋划。这哪能怪我呢？秦朝暴虐，天下英雄都起来反对，这就好比是一只鹿，天下英雄都抢着捕捉，谁本事大，谁就能逮住它。当然我觉得韩信能逮到，所以才会给他出此计策，谁能料想到皇上最终逮到了它呢？再说了，天下想当皇帝的人多了去了，只是实力不够而已，难道皇上要把这些人都烹掉吗？如果因为我一心忠于自己的主人，就被烹死，天下人会对皇上失望的。"刘邦听了蒯通的辩驳，沉思良久，觉得似乎是这个道理，于是就赦免了蒯通的死罪。

在一些危险关头，灵活地运用言辞，可以让人化险为夷。蒯通的那番辩词，既是对自己的辩白，又隐含着对刘邦的赞美，言外之意刘邦取得天下足以证明刘邦是天下英雄中最有实力的一个；而且蒯通还巧妙地利用君王都喜欢忠心的大臣这一心理，以自己只是出于忠心来解释自己当初怂恿韩信谋反的事情，为自己做出了巧妙的辩解，"言或反覆，欲相却也"，蒯通灵活机变地运用措辞，终于保住了自己的性命。

参调而应，利道而动

故口者，机关也，所以关闭情意也；①耳目者，心之佐助也，所以窥瞯（jiàn）奸邪。②故曰：参（sān）调而应，利道而动。③故繁言而不乱，翱翔而不迷，变易而不危者，睹要得理。④

【注释】

①机关：事物的枢要，关键。关闭情意：控制真情实意。②心：古人以心代指大脑。佐助：辅助。瞯：窥探。③参调而应：此指心、耳、目三种器官互相配合，协同工作。参，同"叁"，指心、眼、耳三器官。利道：向有利于自己的方面引导。道，同"导"。④繁言：繁杂的言辞。翱翔：自由飞翔，形容到处活动。变易：多次改换说辞。危：诡，欺诈，俞樾曰，"读为诡。……言变易而不诡谲也。"睹要得理：观测中抓住了要点，说辩中掌握了法则。

【译文】

所以说，口是一个机关，是用来控制实情和心意的；耳朵和眼睛，是大脑思维的辅助器官，是用来窥探奸邪的。所以说，应该把这三者调动起来，互相配合，互相呼应，以引导说辩局势朝着有利于自己的方向发展。如此一来，我们就能做到：言辞繁多但不会混乱，行动自由却不会迷失方向，情况千变万化却不会被欺骗，之所以能做到这样，是因为我们看准了要点而得到了应对的法则。

【智慧全解】

鬼谷子强调游说他人要"参调而应，利道而动"，意思是说要心、眼、耳三者相互配合，相互呼应，使言辞朝着有利于自己的方向发展。也就是说，游说他人，不仅要善听、善察，还要善思。"听其言，观其行"可以度量一个人的真伪，"闻往事，观成败"可以衡量一件事的得失。不管是对人，还是对事，权衡利弊时，都要调动心、眼、耳三者，用心去感知，用耳、目去收集信息，三者相互参证，才能得出与事实更加接近的结果。只依赖任何一方，都会使事情有失偏颇。

只依靠心去思去想，只能是闭门造车，脱离事实；只依赖耳朵去听，就会陷入流言蜚语、偏听偏信之中，与事实真相也相距甚远；只凭借眼睛看到的去判断，就无异于井底之蛙，见识短浅。只有"心想、耳闻、目见"三者结合得出的结论才更真实。

一个出色的游说家，不能单凭"口舌之辩"，而要将其与目视、耳听、心思三者结合起来，力争做到有理有据，从而在处事和论辩中无往而不胜。

鬼谷子说"耳目者，心之佐助也"，意思是说要注意观察，积累经验，在此基础上进行分析和判断。百闻不如一见，见而思之，在细心观察的基础上进行分析，是澄清事实的必要步骤，才是非常基本的权衡判断事物的正常逻辑。

"心想、耳闻、目见"三者是一个不可分割的整体，并非独立存在的个体，它们并没有固定的顺序，只有将三者全都参与到权衡事物的过程中，才能得出正确的合乎事实的结论。

【阅读延伸】

西汉时，有一次汉高祖刘邦从赵国经过。赵王张敖身为刘邦的女婿

权篇第九：巧言善辩，量身而说

（娶了鲁元公主为妻），在招待刘邦时，可谓是小心谨慎，惶恐至极，如同一个仆人，完全超出了子婿之礼。但是刘邦却极其高傲，而且出口成"脏"。这种情况，赵王没觉得不对，可赵国国相贯高不舒服了。招待宴结束后，贯高劝张敖杀掉刘邦一雪耻辱，而张敖却咬破手指发誓，决不谋反。

贯高见此，便对赵国大臣赵午等人说："大王是个仁慈之人，受到如此羞辱依然不忍心背叛皇上。我们深受先王的恩宠，看到大王受辱，哪里能无动于衷呢？我们杀掉皇上，事情如果成功，功劳归于大王，事情如果失败，我们来受惩罚。"赵午等人全都同意了。

第二年，刘邦再次从赵国路过，贯高打探到刘邦将在柏人县（今属河北）住宿，就与赵午等十多人埋伏在柏人县，伺机刺杀刘邦。刘邦的车驾来到柏人县后，突然感觉心中不安，就问随从："这个县叫什么名字？"随从回答说："柏人。"刘邦顿生厌恶之意，说："柏人，柏人，迫于人也。"于是便下旨马上离去，不在柏人县留宿。

转眼又过了一年，贯高的仇人得知了贯高谋反的事情，便向朝廷告发此事。刘邦勃然大怒，认为谋反的主谋肯定是赵王张敖，马上下令将张敖逮捕押送到京城受审，赵国群臣宾客有些胆大的跟随而去，全都被杀掉了。

赵午等人见事情连累了赵王张敖，又愧又恨，全都想自杀以谢罪。贯高见此，愤怒地责骂道："谁让你们这样做的？大王没有谋反，反被皇上拘捕，你们都死了，谁来为大王证明清白呢？"

众人听了，都觉得有道理，于是贯高与赵午等十多人全都剃发为奴，跟随张敖去了长安。到了长安，张敖与贯高等人就被关进大牢。

狱吏审问贯高，问赵王是不是谋反的主谋，贯高高呼："谋反是我们的主张，与赵王无关，赵王一点儿也不知道。"狱吏认为贯高是为赵王打掩护，便百般用刑，直到贯高身上没有一块皮肉是完整的，已经无法再用刑了，贯高也没有诬告赵王。

吕后多次在刘邦面前替张敖说情，认为张敖是皇帝的女婿，是不会谋反的。可是刘邦根本听不进去吕后的说辞，反而恼怒地说："如果让张敖当上了皇帝，还会缺少像你女儿这样的女人吗？"

没过多长时间，廷尉将贯高的供状和在狱中的表现一一呈报给刘邦。刘邦得知后，非常敬佩贯高的忠勇，感慨道："贯高真壮士也！朝臣中谁与此人有交情，让他以私人身份去问问贯高所言可属事实。"

中大夫泄公道："臣与贯高是同乡，对他的为人很清楚，此人是一个重节义、守信诺之人。"于是刘邦派泄公去面见贯高。

贯高因受重伤，正在席子上躺着，抬头看到有人来，就问："是泄公来了吗？"

泄公应了一声，坐在席子边上。同乡相见，格外亲切，贯高犹如忘却疼痛一样，和泄公兴奋地交谈起来。说着说着就说到了谋反一事上，泄公小声问贯高，赵王是不是参与了谋反。贯高说："人都是最爱自己的父母妻儿的，如今我所犯的罪，是要灭三族的重罪，如果赵王真的参与了，我哪能为了赵王而将自己的父母妻儿置于死地而不顾呢？赵王真的没有参与谋反，从头到尾都只有我等谋反。"接着，贯高就将谋反的前因后果一五一十地告诉了泄公。

泄公回来后，如实向刘邦做了汇报。刘邦为贯高的忠义所感动，不仅将赵王张敖释放，还一并赦免贯高，但贯高认为自己为人臣谋反，是不可饶恕的重罪，无颜再苟活于世，便自杀了。他的忠义之美名也随之传扬天下。

鬼谷子说："参调而应，利道而动。故繁言而不乱，翱翔而不迷，变易而不危者，睹要得理。"汉高祖刘邦面对谋反之事，没有偏听偏信，而是"用心思，用耳听，用目见"，三者结合，从而了解了事情的详情，释放了赵王张敖，也赦免了谋反之主谋贯高。

口可以食，不可以言

故无目者不可示以五色，无耳者不可告以五音。①故不可以往者，无所开之也，不可以来者，无所受之也。物有不通者，圣人故不事也。古人有言曰："口可以食，不可以言。"言者，有讳忌②也。"众口铄金"，言有曲故也。③

【注释】

①五色：青、赤、白、黑、黄五种颜色，这里泛指各种外界事物。五音：宫、商、角、徵、羽五种音阶，这里泛指各种声音。②讳忌：避讳，指不能说、不敢说或不愿意说的话。③众口铄金：语出《国语·周语下》，"故谚曰：'众心成城，众口铄金。'"韦昭注："铄，销也。众口所毁，虽金石犹可销也。"指舆论威力大。言有曲：说话时因存有私心，难免歪曲事实真相。

【译文】

所以，面对没有视力的人不能把各种颜色显示给他看，对没有听力的人，不能发出各种声音给他听。如果不去游说，就无法使对方的心扉打开，我们就无法了解到实情，如果不让他人前来游说，就不会得到对方的想法。当双方的信息不畅通的时候，圣人是不会乱做的。古人常说：

"嘴巴可以用来吃饭，却不能用来乱说话。"这就是说，说话要有所顾忌。谚语说"众口铄金"，这是因为人们在说话时往往由于私心而歪曲事实真相。

【智慧全解】

鬼谷子说："口可以食，不可以言。"意思是说，嘴巴是用来吃饭的，而不是用来乱说话的。鬼谷子在此强调的是，就算是有雄辩之能的人，说话也要谨慎小心，没有效果的话没必要说，触犯他人忌讳的话，一定不能说。

俗话说"言者无心，听者有意"。很多时候，我们无心出口的一句话，很可能会给他人造成伤害。所谓"差之毫厘，失之千里"，语言表达的一点儿偏差都有可能导致意思相差十万八千里。若想避免这种不必要的麻烦，最重要的一条便是，说话前一定要三思，要用大脑考虑一番再出口。

总之，生活中，我们一定要管住自己的嘴，说话前一定要用自己的大脑想一想，什么话该说，什么话不该说，这个场合该说什么话，那个场合又该说什么话。把要说的话在大脑里多打几个转，觉得恰当合适的时候再说，如果你能在表达方式上也多加注意技巧，那么效果会更好。

曾看过这样一个故事：宋朝时期有一位名叫孙山的人，为人聪明又幽默，非常喜欢说笑话。有一次，他去京城参加考试，邻居有位吴先生的儿子也跟他一起去，那位父亲一直拜托孙山要多多照顾他的儿子。到了京城以后，两人住在一起，也一起进了考场。但放榜的时候，孙山得了最后一名，而邻居的儿子则没考上。邻居的儿子心里很难过，于是决定留下来准备参加下一次的考试。孙山一回到家中，乡亲都跑来探望他，并且很关心地问他考得如何。邻居吴先生也跑来问他儿子的考试情况。孙山笑了笑，回答他说："你的儿子还在京城呢！"邻居急着问："为什么呢？我儿子到底有没有考中？"孙山看了他也不直接回答，只说："解名尽处是孙山，贤郎更在孙山外。"这便是"名落孙山"这个成语典故的由来。

孙山的回答既委婉又含蓄，非但没有触到别人的痛处，反而会让别人对他的诙谐幽默佩服不已，这便是语言的魅力所在。说话，你不能不小心，让自己的脑子比嘴巴转得快点便是其中一条应该遵守的原则，如果做好了这点，得罪他人的话便不会再从你的嘴里蹦出来。

另外，管好自己的嘴，不说废话，不犯他人忌讳，这些全在于自己的收敛。然而，你就是管好了自己的嘴，也管不了别人的嘴。所以，还要特别留意避免受到别人谣言的中伤。

俗话说："众口铄金，积毁销骨"，流言蜚语多了，"是"可以被说成"非"，"白"可以被说成"黑"。一代名将岳飞不就是因为"莫须有"的罪名，惨死在奸臣秦桧手里的吗？历史上还有很多忠臣遭到奸臣的谗言，过早地结束了自己的政治生命。常言说得好："伤人之言不可有，防人之心不可无。"这一点我们一定要记住。

【阅读延伸】

南宋初年，刘正彦等人发动兵变，逼迫宋高宗赵构退位。宋朝局势岌岌可危。面对如此危急的形势，尚书右仆射朱胜非却镇定至极，他冷静地思考着保护皇室的措施。被挟持的大臣中有人悄悄对朱胜非说："苗傅、刘正彦等人明显产生了反意，我们深受皇恩，现在到了以死报效皇恩的时候了，我们一起向苗、刘抗辩吧？"

朱胜非听了，摇了摇头，说："那样只是以卵击石，对国事一点好处没有，还枉送了性命，不划算。如果我们轻举妄动，只会让皇上处于更加危险的境地。"

于是，朱胜非表面上顺从了苗、刘二人。苗、刘二人原本对他比较怀疑，现在看他如此恭顺，非常高兴，对他说："朱大人名望甚高，自知是非福祸。朱大人如果愿意和我们一道除奸，一定有享不完的荣华富贵。"朱胜非点头称是。苗、刘二人问他以后有何打算，朱胜非含糊其辞地答道："二位大人深谋远虑，自有胜算，小人岂能胡乱进言？我天生懦弱，只要二位大人不杀我，我已感激不尽，哪里还敢有谋算？大人有用得着小人的地方，尽管吩咐，小人遵命行事即可。"苗、刘二人相视一笑，觉得此人不足为虑，就不再管他了。

苗、刘二人见到宋高宗，逼着他退位，由太后辅助皇太子听政，气氛紧张至极。一些胆小怕事的大臣都站在了苗、刘二人身边，争先恐后地劝宋高宗退位，只有朱胜非沉默不语。苗、刘二人看了，呵斥朱胜非："你不是答应与我们一起谋事的吗，为什么现在不说话呢？"朱胜非装出一副神秘的样子，说："我想说的，大家都已经说了，再说还有什么用呢？我之所以不吭声，是想让皇上以为我和他同心，我就可以顺势劝一劝他了。"

尽管苗、刘二人心里很怀疑，但还是让朱胜非去劝宋高宗。朱胜非见了宋高宗，劝说道："如今形势被贼人控制了，陛下应该忍辱负重，保重龙体。陛下如果再和他们硬碰硬，只怕他们会胡来，那样陛下的性命就难保了。不如暂且答应他们的条件，臣暗中派人调来援军，这样就可以诛灭逆贼，陛下也可以复位了。"

宋高宗起初一点儿也不相信他，还是坚持着不退位。朱胜非继续说："臣对这件事有着十成的把握。王均甫、王世修和苗、刘二人并不一心，只要臣用心推动一下，就能让他们二人反戈相击，投向我们。只要陛下稍稍忍耐一下，过不了多久，就能铲除逆贼。"宋高宗看他说得十分真诚，也很有把握，终于相信了他，宣布退位了。

朱胜非劝说成功，苗、刘二人非常高兴，对他很是称赞了一番，并询问他是如何劝说的。朱胜非淡然一笑，说："我并没有劝说皇上，只说了苗、刘二位大人对朝廷的忠心，以及众人拥戴的气势，皇上听了后一定是觉得比较惭愧吧，所以才答应退位的。"苗、刘二人听了，更加满意，从此把他看成心腹之人。

朱胜非迷惑了苗、刘二人后，开始在私底下劝说王均甫、王世修为朝廷效力，他为二人分析了当前形势以及利害关系，二人听后惶恐不安，很快就答应将功补过，共同诛灭苗、刘二人。

过了一个月，朝廷援军终于到来，斩杀了苗、刘二人，宋高宗得以复位，叛乱很快被平定。事后，王均甫对朱胜非说："大人平日里沉默寡言，别人丝毫不把你放在心上，没想到大人原来是深藏不露啊！"

鬼谷子用"口可以食，不可以言"来提醒谋士应该在不利时刻隐藏自己的才干，而不是自作聪明，这样才能保证成就事业而无祸患。一个人要想获得别人的尊重与器重，就要敢于表现自己的才华，但是在表现的时候光大胆是不行的，更重要的是把握好表现的时机。过分张扬，锋芒太露，只会让自己陷入困境，甚至会枉送性命。朱胜非就是一个会藏匿自我，善于把握机会的人，他假装顺从苗、刘叛军，而后悄悄劝说"二王"，等待朝廷援军，诛灭了叛军，不但保全了自己，也使朝廷化险为夷。

避其所短，用其所长

人之情，出言则欲听①，举事则欲成。是故智者不用其所短，而用愚人之所长，不用其所拙，而用愚人之所工，故不困也。言其有利②者，从其所长也；言其有害者，避其所短也。故介虫之捍也，必为坚厚；螫(shì)虫③之动也，必以毒螫。故禽兽知用其长，而谈者亦知其用而用也。

【注释】

①欲听：想要让人接纳、听从。②言其有利：讨论怎样对自己有利。③螫虫：带毒刺的虫。螫，蜇。

【译文】

人之常情是说出话来总希望别人听从，做什么事情总盼望着能够成功。所以，聪明人绝不使用自己的短处，而去利用愚蠢者的长处；不使用自己不擅长之处，而去利用愚蠢者的擅长之处，这样，他就不会陷于困境，做起事来一向顺利。我们在讨论某件事是有利的，那是因为我们是从它的长处来说的；我们说某件事是有害的，那是因为我们是从它的短处来说的。所以，那些有甲壳的动物在保护自己的时候，一定凭借自己坚厚的甲壳；那些有毒刺的动物在进攻别人时，一定会充分利用自己的毒刺。可见，禽兽都懂得利用自己的长处，因此，游说之士也要知道自己应该使用的方法而充分利用它。

【智慧全解】

鬼谷子在此提出了一个非常有智慧的策略，那就是无论作战还是做事，都要善于扬长避短，善于发挥我方的长处，避开我方的短处，这样才能趋利避害，取得成功。

所谓"尺有所短，寸有所长"，世间的万事万物都有自己赖以生存的优势，同时也存在着其相对的劣势。拿鸡蛋去碰石头，只是自取灭亡；而拿石头去碰鸡蛋，则能一举获胜。所以我们要善于用自己的长处去进攻他人的短处，这样才能获得成功。

生活中，有些人看不到自己的长处，一味地为自己的短处郁郁寡欢、闷闷不乐，还经常拿自己的短处跟对手的长处作对比，这样做实在是愚蠢至极，等于是自取其辱，就算再努力、再勤奋，等待他们的也只能是"失败"二字。

试想一下，如果让邓亚萍去跟姚明打篮球，让丁俊晖与刘翔比跨栏，让歌星与乒乓球名将对决……那将是什么局面呢？那些在自己的赛场上叱咤风云的人物还能是赢家吗？

古今中外无数事实证明，打架不一定弱的输，赛跑不一定快的赢。只要你能扬长避短，就能成就精彩的人生。战国时期，孙膑不是用下等马对上等马、中等马对下等马、上等马对中等马的方式帮助田忌赛马获胜了吗？抗战时期，中国共产党不是以农村包围城市的策略取得战争的胜利了吗？这些成功都充分证明了，只要以己之长攻人之短，就能更好地发展自我，就能立于不败之地。

两军相遇强者胜，两强相遇智者胜。要想成就大业，就不能把自己的弱点、短处显露在他人面前，更不能用自己的短处去对抗对手的长处。扬长避短，以己之长，攻人之短，才是成功的硬道理。正如鬼谷子所说："介虫之捍也，必为坚厚；螫虫之动也，必以毒螫。故禽兽知用其长"。

【阅读延伸】

　　战国时期赵国有一个智慧过人的人，名叫李左车，他是赵国著名将军李牧的孙子，秦朝末年，六国并起，李左车辅佐赵王歇，被封为广武君。

　　后来，韩信欲领兵征讨赵国，他探听到李左车的威名，便下令三军："一定要活捕李左车，谁抓来活的，赏一千金；谁要是送来死的，不但没有赏金，而且罪加一等，军法伺候。"

　　当时赵国将领陈余领兵抗击韩信，李左车向他献策，可是陈余根本不听，结果赵军被韩信打得落花流水，陈余也被汉军所杀，赵王被擒。李左车果然被活捉。因为韩信在战前特别嘱咐过，所以李左车在乱军混战中没有受到一点儿伤害。

　　李左车被韩信的部下捆了个结结实实，送到韩信的面前，虽然是败军之将，韩信却丝毫没有怠慢他，还亲自来到李左车面前，恭敬地给他松绑。

　　然后，韩信极为谦恭地对李左车说："我有一件事不明白，想请教先生，现在我已收复了赵地，我想乘胜追击，向北攻打燕国，向东征讨齐国，先生看可行否？"

　　李左车看韩信态度真诚，竟然对自己这个俘虏如此谦逊有礼，心中泛起感激之情，也相当诚恳地说："我是一个败军之将，哪里敢给将军指点呢？不过，我个人认为，将军您现在如果想攻燕伐齐是不妥当的，这个计划可以说是一个致命的错误。"

　　"为什么会这样说呢？"韩信问。

　　李左车说："将军一天之中以3万兵马打败了20万赵军，可谓是声名远扬，威望震天，这是多么神勇的战绩啊！这样宏大的战绩是大将军您的长处和优势。可是，现在的您看起来好像气势磅礴，可是军队已经显露了疲态，这是您的劣势与短处。您如果率领这样一支疲惫的军队去前线，只能使军队陷入困苦之中，您的劣势会更加明显地暴露在敌人面前，时间长了，粮草用尽，您的敌人就可以坐等您的灭亡了。"

韩信可以说是一个狂妄不羁之人，可是他听了李左车这一席话，顿生敬佩之意，他更加谦虚地向李左车请教起来："那么，依先生看，我现在应该怎么办呢？"

李左车自信地回答："我认为，善于用兵的人，从来不会拿自己的短处去攻击别人的长处，而应该扬长避短。将军可以暂停一切军事行动，在赵国休整一段时间，这样既可以收服人心，又可以让军队得到足够的供养。燕国统治者和百姓们看到您的勇和仁，一定会心甘情愿地顺从。这种反应可以说是连锁的，强大的齐国看了，也会顺势追随于您。稳定了燕国、齐国，瓦解他们的斗志之后，一切都会朝着有利于将军的方向发展了，即使有难解的事，也可以顺势迎刃而解了。"

韩信思索良久，觉得李左车说得很有道理，就采纳了他的建议，让军队在赵国休养生息，他则以仁义治理赵地，不久，赵地在韩信的治理下，变得井然有序，百姓安乐。治理好了赵地，韩信又派人劝降燕国和齐国，实现了不战而屈人之兵的目的。

智人用兵，绝对不会一味强攻，而是善于扬长避短，这样就会大大减小行动的阻力，李左车深谙此道，所以才劝服韩信采用了他的建议，达到了"不战而屈人之兵"的目的。

精则用之，利则行之

故曰辞言①有五：曰病、曰恐、曰忧、曰怒、曰喜。病者，感衰气②而不神也；恐者，肠绝③而无主也；忧者，闭塞④而不泄也；怒者，妄动而不治也；喜者，宣散而无要也。⑤此五者，精则用之，利则行之。

【注释】

①辞言：不被接受之言。辞，这里是却、拒绝之意。②衰气：气息衰弱，精神恍惚。③肠绝：形容极端悲痛。④闭塞：此指精神抑郁，情思不通。⑤宣：疏散。要：扼要，有要点。

【译文】

所以说，在游说中要摒弃的言辞有五种：病言、恐言、忧言、怒言、喜言。病言，让人听了感到气馁，没有精神；恐言，让人听了害怕而没有主见；忧言，让人听了心情郁结，不愿与人交流；怒言，让人听了火气攻心而导致不可收拾的后果；喜言，让人听了心意疏散而失去要点。这五种言辞，只有在人的精气通畅时才能适当应用，只有在有利的时候才能实行。

【智慧全解】

鬼谷子在此提出了游说过程中要摒弃的五种言辞，病言、恐言、忧言、怒言、喜言，而且还说："此五者，精则用之，利则行之。"意思是说，这五种言辞只有在人精气通畅时、在有利的时候才能使用。鬼谷子一向善于逆向思维，说是要摒弃这五种言辞，其真实意思是提倡使用这五种言辞，只不过要熟练地加以掌握，适时地加以运用，如果运用得当，可以对自己的游说起到意想不到的作用。

病言、恐言、忧言、怒言、喜言，每一种言辞都貌似美中不足，说出来甚至会被人指责，可是却能很好地给自己留下回旋的余地，是以退为进的一种不错的游说方式。说服他人，只掌握华丽的词汇、口若悬河的论辩方式是不行的，有时采用迂回的办法，或许更能推动游说向有利于我方的形势发展。

孔子游学过程中发生过这样一件事：有一次，孔子的马匹跑进一个农夫的田里，农夫一怒之下扣下了马匹。孔子的一个学生自恃论辩能力卓越，便自告奋勇去劝说农夫放了马匹，可是他说得唾沫横飞、口干舌燥，可农夫根本不为所动。另一个学生去了，没有讲什么大道理，而是谦卑地鞠躬，用极为真诚的口气说："您不是在遥远的东海种田，我也不是在遥远的西海耕地，我们之间相隔得不远，所以我的马免不了会吃你田里的草，你的牛也免不了会吃我地里的草。"这个学生并没有明说让农夫放马，其话语听上去是不着边际的唠嗑，其实农夫却听明白了，很快就放了马。

在这里，孔子的后一个学生使用的就是五言中的忧言，虽然没有用什么华丽的辞藻，却能打动农夫的心，成功要回了马匹。由此可见，病言、恐言、忧言、怒言、喜言五种言辞其实是很好的游说方式，所以鬼谷子才会说，如果善加运用，会受益良多。

说服他人的方式有很多，针对不同的对象，在不同的场合，要采用不同的策略。正面游说是游说，反向游说也是游说，正所谓"不论黑猫白猫，逮到老鼠就是好猫"。只要游说成功，不管什么方式都是好的游说方式。有些时候，采用出其不意、逆向迂回的方式去游说，反而能起到更好的效果。

【阅读延伸】

春秋战国时期，楚国国君听说齐国的晏子是一个能言善辩的人，得知他来到楚国就想戏弄他一下。他听说晏子身材矮小，迎接的时候就在大门旁边开了一道小门请晏子进去。晏子一看，就知道楚国是在故意为难自己，就冷静地说："只有到狗国出使的才从狗洞进入。我今天出使的是楚国，你们确定让我从此洞进入吗？"

闻此言，楚王只得让晏子从正门进入。

晏子拜见楚王，楚王故意问："齐国怎么会派你来呢？难道齐国没有人了吗？"晏子不疾不缓地说："齐国的都城有七千五百户人家，只要一起张开袖子，就能把天遮住；一起挥洒汗水，就会像下雨一样；街上行人肩擦肩、脚尖碰脚跟，怎么会没有呢？齐国之所以派微臣出使贵国，是根据不同的对象、不同的情况而定的，贤能的人被派往贤能的国家去，非贤能的人当然会被派往非贤能的国家去。臣是齐国最无能之人，所以只能被派到这里来。"本想嘲弄他人的楚国君臣，没想到一出口就讨了个没趣。

楚王摆宴招待晏子，宾客喝得正欢时，两个小吏绑着一个人从楚王面前经过。楚王拦着问道："这绑的是什么人？"小吏回答说："是齐国人。"楚王问："他身犯何罪？"小吏回答："偷窃罪。"其实这个小插曲是事先安排好的，也是想戏弄一下齐国使臣晏子。话说到这个分上，楚王瞟了一眼正在喝酒的晏子，问："你们齐国人是不是天生就喜欢偷窃啊？"

晏子放下酒杯，站起身来回答道："据说，橘子生长在淮南是橘子，而生长在淮北就叫枳子了。它们的叶子长得很像，可是结出来的果实的口味却大相径庭。同样的种子结出不同的果实，这是什么原因呢？水土不同啊。老百姓生活在齐国不偷窃，来到楚国就偷窃，难道楚国的水土使老百姓喜欢偷窃了？"楚王尴尬地笑了笑，说："看来是不能跟圣人开玩笑啊，否则只会自讨没趣。"

从晏子的话语上看，他一直没有正面反驳对方，都是顺着对方的话往上说的，可是到最后却又引导着对方得出一个荒谬的结论。每次都不强势、果断、硬碰硬，看上去没有一点儿气势，但是对方却没有得到一点儿取胜的机会，甚至还遭到自损，晏子成功地实现了退一步进两步的目的。可见鬼谷子的"五言"运用得当的话，效果还是相当不错的。

言之多类，事之多变

故与智者言依于博，与博者言依于辨①，与辨者言依于要，与贵者言依于势②，与富者言依于高③，与贫者言依于利，与贱者言依于谦，与勇者言依于敢，与愚者言依于锐④。此其术也，而人常反之。是故与智者言，将此以明之；与不智者言，将此以教之，而甚难为也。故言多类，事多变。故终日言，不失其类而事不乱。⑤终日不变而不失其主，故智贵不妄。⑥听贵聪，智贵明，辞贵奇。⑦

【注释】

①辨：辨同异而使之条理化。②势：权势。③高：尊敬，看重。④锐：细小。⑤不失其类：不偏离某类言辞的原则。事不乱：论事有条不紊。⑥主：主旨，主题，基本主张。贵不妄：以不妄动、不混乱为可贵。⑦聪：听得真切。明：明白通达。

【译文】

所以，游说有智识的人，要靠博识多见的言辞；游说知识渊博的人，要靠条理明辨的言辞；游说明辨事理的人，要善于抓住要领，简明扼要；游说高贵的人，要围绕权势来进行；游说富人，要靠尊敬的态度；游说贫穷的人，要从能够给他带来利益的角度出发；游说地位卑贱的人，要注意态度谦恭，让对方容易接受；游说勇士，要围绕勇敢果断的话题展开；游说愚蠢的人，要从细微处着眼，用对方容易理解的言语作答。这就是游说的技巧。但是，人们常常违背它，反其道而行之。

所以在跟聪明人交谈时，使用这些技巧，他是很容易明白的；跟愚笨之人交谈，教他使用这些技巧，是很难办到的。言辞有很多种类，事情千变万化。只有根据实际情况，选择不同的言辞去游说，即使整日在说，事情也不会混乱。虽然整天所谈的内容不变，而言语随着事物千变万化，也不会失掉主旨。所以智慧的可贵就在于能够按照言说的原则去处理事情而不妄动。听言贵在听得真切，智慧贵在能明辨事理，言辞贵在能出奇制胜。

【智慧全解】

在这里，鬼谷子说："故与智者言依于博，与博者言依于辨，与辨者言依于要，与贵者言依于势，与富者言依于高，与贫者言依于利，与贱者言依于谦，与勇者言依于敢，与愚者言依于锐。"强调在说服他人时，要针对不同的对象，采用不同的策略。

当今社会，科技急速发展，促使我们不管身在何地，从事何种职业，都要跟不同阶层、不同种族、不同区域的不同人打交道。你对面站着高高在上、不苟言笑的大老板，你就得用适合对方身份的言语与之交谈；你对面站着一个温婉腼腆的小姑娘，你就应该用对方能够接受的言辞去交谈。

怎样才能靠一张嘴就吸引住对方呢？关键就在于你的说话技巧。只有用足够的聪明才智去寻求谈话对象愿意接受的方式，顺势而为，才能达成我们的目的。

所以说，在交谈之前，我们首先要弄清楚对方的身份，尽量用接近对方的语言风格与之交流，避免使用对方难以接受的言辞。否则，就算你口枪舌剑，口水四溅，对方也未必能得到多少有用的信息，不懂或不理解你所说的话，这样他又怎么能接受你的意见和建议呢？

比方说你推销空调，如果你面对一个比较直爽随和的人，完全可以随意地说："嗨，我们新开发了一款空调，功能齐全，效果特别好，赶紧买一台试试吧！"对方听了这样的话，会觉得亲切，很愿意听你说下去。如果你面对一个非常严谨认真的人，那你就不能这样直率了，而应该说："我们新开发的空调采用的是最先进的制冷技术，已经取得了一级质量认证，相信会很适合您及家人。"严谨之人更愿意接受这样专业、谦逊的言辞，听了这样的话，他或许会停下来听你讲下去，有进一步了解的欲望，会考虑是不是该买。

针对不同的对象，采用不同的说话策略，是一种智慧，同时也是对对方的一种尊重。总的来说，根据不同的事情、不同的场合采用不同的措施，具体问题具体分析，你就有机会获得成功，正如鬼谷子所说："故言多类，事多变。故终日言，不失其类而事不乱。终日不变而不失其主"。

【阅读延伸】

战国时期，秦军大举进攻赵国，不到一个月，就兵临赵都邯郸城下。经过长平之战，赵国力量虚弱，此时，外无援兵，内乏粮草，面临亡国的危险。邯郸城内人心惶惶。

赵王派公子平原君到楚国搬兵救赵。平原君接到赵王命令，立即召集门客说："赵国危在旦夕，赵王令臣出使楚国求援，我欲带20位智勇双全、文武兼备的人一同完成这一重要使命。"说完，他就开始挑选同行的门客。挑来挑去，总共挑出了19个人，还差一个人，却怎么也挑不出合适的人选了。

平原君为难起来，正在这时，一个人从没有被选中的人群中走了出来，此人其貌不扬，平时很少言语。他走到平原君跟前，说："如果公子实在找不出合适的人选，在下不才，愿滥竽充数，随公子前往。"

平原君的门客特别多，平原君根本不能认全，便问道："你是谁，我以前怎么不曾见过你?"

"在下是毛遂。"那人回答。

平原君实在没什么印象,就问:"你来到我门下多久了?"

毛遂回答说:"三年多了吧。"

平原君盯着毛遂看了看,摇了摇头说:"锥子放在布袋里,很快就会露出锋芒。你在我门下待了这么长时间,我怎么从未听说过你呢?这次去楚国,责任重大,关系赵国的存亡,你既然无突出才能,还是留下看家吧!"

毛遂镇静地说:"我虽然在公子门下三年多,但公子从未把我放到您的布袋里。假如公子把我放到布袋里,我早就脱颖而出了。"

平原君觉得毛遂态度坚决,又实在没有合适的人选,只得答应了他:"好吧,请你跟我们一起去楚国吧!"其他门客都相视而笑,认为毛遂不会有什么本事。

平原君一行简单收拾了一下行装就上路了。一路上,平时少言寡语的毛遂侃侃而谈,纵论滔滔,天文地理,列国形势,无所不知,令同行的人刮目相看。

到了楚国,平原君只身前往楚王宫,面见楚王,20位门客都留在客栈等候消息。

平原君见到楚王后,费尽口舌,细陈赵国的危急形势以及楚国救赵的利害关系,可是楚王根本没有用心去听,只是装模作样地说些应付之辞,却迟迟不表态是出兵还是不出兵。谈判从早晨一直谈到黄昏,却没有一点实质性的进展。

门客们在客栈急得心急火燎,就怂恿毛遂去了解一下谈判情况。毛遂来到王宫,径直来到平原君跟前,气呼呼地说:"赵楚两国联合抗秦的事,用不了两句话就可以谈完,公子却从早晨谈到黄昏,是何道理?"

楚王见来了个毛头小子,便问平原君:"这个人是谁呀?"

平原君赶忙起身答道:"这是臣的门客毛遂。"

楚王一听,勃然大怒,呵斥道:"大胆狂徒,寡人正与你家主人谈论

权篇第九：巧言善辩，量身而说

军国大事，你闯进来想干什么？还不赶快退下！"

平原君连忙扯住毛遂，叫他离开宫殿，以免招惹事端。

毛遂用力挣脱平原君，一个箭步跳到楚王面前，一手按住佩剑，两眼直盯着楚王说："大王敢对我大声呵斥，不过是仰仗楚国兵多将广。可现在，大王的性命就攥在我手里，即使大王有雄兵百万也是远水不解近渴。我家主人在此，请大王放尊重些！"

毛遂的举动将楚王吓住了，大气都不敢喘，颤抖着身子紧紧地盯着毛遂按剑的手，唯恐毛遂稍不如意就拔剑抹了他的脖子。

毛遂向四周扫了一眼，见楚王的卫兵都掣剑在手，气氛紧张得让人透不过气来。毛遂面无惧色，继续说道："当年，商汤以七十里之地而王天下；文王也不过百里地盘，却能号令诸侯。夺取天下不在将士多寡，而在于能顺应时势，壮大声威。今楚国拥有方圆五千里的辽阔疆域，上百万的铁甲雄兵，称霸天下，无可匹敌。可秦国只凭一个区区白起，几万人马，竟一战攻克鄢、郢，再战火烧夷陵，三战羞辱大王的先人，这种万世的怨仇，连赵国都为楚国感到耻辱，难道大王就不知道羞愧吗？今天，我家主人奉赵王之命，不畏艰险，千里迢迢来到楚国，与大王合纵结盟，共同抗击秦国。大王不但不思报仇雪恨，反而一再推诿，怠慢来使，当着我家主人的面呵斥我，真是没有道理！"

毛遂的这一番话直激得楚王面红耳赤，羞愧难当，他的态度也来了个一百八十度的大转弯，马上对毛遂客气起来，说："先生所言一针见血，寡人一时糊涂，险些错失良机。今日愿从先生，共同抗秦。"

毛遂紧追不舍，问："大王一言既出，驷马难追，合纵之事就这么定了？"

楚王说："确定无疑，决不反悔！"

毛遂当即招呼楚王左右："请取鸡、狗、马血来！"

不一会儿，侍者拿来血和祭器。毛遂双手将马血捧给楚王，说："请大王先饮。"

楚王舔了一口，毛遂又将狗血递给平原君喝，然后自己把鸡血一饮而尽。众人高呼，盟誓完毕。

平原君等人辞别楚王，回国复命。楚国之行，平原君感慨颇多，从此他不但把毛遂待为上宾，而且对身边的人说："天下才士，我见过成百上千，可从未见过像毛先生这样胆识过人的人。毛先生不鸣则已，一鸣惊人，他的三寸舌头，真可以抵得上几十万大军啊！"从那以后，只要大事相议，平原君都会虚心请教毛遂，毛遂也因此次出使楚国而成名。

毛遂在自我举荐过程中针对平原君时，采用了"与富者言，依于高"的言辞，在气势上压倒了平原君；在说服楚王的过程中，他又采用了"与勇者言，依于敢"的言辞，一举唬住了楚王，迫使楚王答应合纵抗秦。毛遂之所以成功，正是因为他针对不同的对象采用不同的方法的缘故。

谋篇第十：多谋善断，出奇制胜

「谋」，谋划、计谋。「权」与「谋」是连在一起的，「权谋」是权衡谋略之后，施行计策之意。所以本篇是「权篇」的姊妹篇，「权篇」着重论游说，本篇着重论述计谋，涉及计谋的准备、对象、方法及原则等，是关于计谋的专论，其主旨是如何针对不同的人或事去设立和使用计谋，以达到自己的目的。

审得其情，以生奇计

凡谋有道，必得其所因，以求其情。①审得其情，乃立三仪②。三仪者：曰上，曰中，曰下，参以立焉，以生奇。③奇不知其所雍，始于古之所从。④故郑人之取玉也，载司南之车，为其不惑也。⑤夫度材量能揣情者，亦事之司南也。

【注释】

①道：原则，规律。所因：所缘发、所产生的原因。情：真实情况或思想感情。②三仪：三种境界。仪，法度，准则。③参以立焉：经过参验而确立。参，参照，参验。生奇：产生奇计。④雍：通"壅"，壅塞，闭塞，阻挡。始于古之所从：遵从远古之人开始使用的方法。⑤取玉：指入山采玉。载：乘坐。司南之车：古人用磁石指南原理制成的确定方位的仪器。惑：迷失。

【译文】

凡是给人家出谋划策，都要遵循一定的规律，即首先要追寻所面临的事情的起因，进而探求事物发展过程特别是现在的各种情况。掌握了这些情况，才可以制订三种策略。这三种策略，就是上策、中策、下策。将这三种策略互相参验，互补互取，就能产生出解决问题的奇谋良策来。真正的奇计顺从事理，能够无所阻挡、无往不胜。这些奇计并非我们现在所拥有的,而是从古人的实践中产生的。所以,郑国人到山里去采玉时,为了不迷路,必定会驾着能指示方向的司南车。而揣度对方的才干、能力等了解对方实情的办法就是因事立计的"司南车"。

【智慧全解】

鬼谷子认为,为人出谋划策,要遵循一定的规律,探寻事情的起因,寻求事物发展过程中的各种情况,这样才能制订出奇谋良策,这样制订出的计策才能出奇制胜,达到我们的目的。

针对不同的情况具体分析,才能确定三仪,然后相互确立谋略,这样制订的奇计才符合天道。鬼谷子的这个观点与《孙子兵法》中所说的"以正合,以奇胜"有着异曲同工之妙。不论是说话,还是打仗,必须做到攻其不备,出其不意。所以鬼谷子说:"夫度材量能揣情者,亦事之司南也。"也就是说揣度对方的才干、能力等了解对方实情的办法就是因事立计的司南车。

楚汉争霸之际,韩信背水一战大破赵军。在庆祝胜利的时候,将领们问韩信:"兵法上说,列阵时应该背靠山,阵前可以临水泽,现在您让我们背靠水排阵,竟然取胜了,这是一种什么策略呢?"韩信笑着说:"这也是兵法上有的,只是你们没有注意到罢了。兵法上不是说'陷之死地而后生,置之亡地而后存'吗?如果是有退路的地方,士兵早都逃散了,怎么能指望他们拼命呢?"

韩信精通兵法,但不囿于兵法,而是充分领会兵法之精华,将其融会贯通,最终达到出奇制胜的效果。

现实生活中,我们常常按照惯常的思路去想问题、办事情,由于绝大多数人都是这样做事的,所以我们并不觉得有变化的必要,也并不觉得这样做有什么不好。可是当遇到困难时,我们用常规的做法解决不了,而另一些人却用反常规的办法巧妙而有效地解决了。所以,遇到问题的时候不要慌张,要冷静地分析周边的各种情况,从容应战,做足准备,这样就会有好的收获。

从事情的起因看到结果，需要经验，需要思辨的头脑，需要敏捷的反应。没有经验，就无法验证思辨结果的可行性；没有思辨的头脑就无法推断事物的发展规律；没有敏捷的反应能力，就会错过做事的最佳时机。所以，我们平日里要仔细观察事物的细微变化，摸清事物的发展规律，以此来推断事物未来的发展方向，并及早做出积极的反应。这样，我们就能化被动为主动，根据事物的实情、对方的能力制订出最佳的应对策略，做到出奇制胜。

【阅读延伸】

三国时期，姜维得知司马昭杀了曹髦、立了曹奂的消息后，马上乘魏朝大变之机出兵征伐中原。姜维大军在祁山下安营扎寨，刚安顿好军马，就有人来报：敌将王瓘率兵前来投降。

姜维命令军兵拦住降兵，只让降将进入营帐。

王瓘见到姜维说："我是魏国尚书王经的侄儿王瓘。我叔父一家因曹髦而受牵连被司马昭杀害。今听说将军又出师伐中原，我要借将军之威，为叔父一家报仇雪恨。"姜维一听，哈哈一笑，说："将军来降，我十分高兴，昔日夏侯霸将军降我，被我军重用，卿也同样。现在我军中粮草转运是件大事，你可率本部军马三千人，去川口把几千车粮草运到祁山寨中。我用你两千军马做向导，去攻邓艾营寨。"其实，王瓘此来是诈降，他知道姜维借魏朝有变，来伐中原，便投其所好，诈称自己是王经的侄子，来投降姜维，企图取得姜维的信任，为魏国谋取利益。现在见姜维如此安排，王瓘陷入两难境地，不答应吧，恐怕姜维会产生疑心；答应吧，带来的五千军兵一下子就分出去近一半。思来想去，王瓘为了大计只好痛快地答应了。

王瓘出营后，夏侯霸入帐对姜维说："我听说魏将王瓘来投降，将军怎么能信任他的话呢？我在朝中多年，未听说过王经有这样一个侄子，其中必然有诈。"姜维大笑说："将军放心，我已经看出来了。司马昭同曹操一样奸诈无比，他既然杀掉了王经一家，绝对不会让其亲侄子来边关统兵的。将军不是看到我已把他的兵马分开了吗？我这是将计就计！"

谋篇第十：多谋善断，出奇制胜

夏侯霸知道姜维有了防备，便放心出营而去。

姜维在王瓘率兵走后，便派兵在途中埋伏，切断王瓘与邓艾之间的联系。果然不出姜维所料，十天不到，巡逻的军兵就捉到一个王瓘派往邓艾大寨的信使。姜维拿过书信一看，只见王瓘在信中说，自己八月二十日运粮到魏营，请邓艾在坛山谷中接应。姜维把情况盘问仔细后，杀了信使，然后把信中八月二十日改为八月十五日，另派人扮成魏军把书信送给邓艾，同时做好在坛山谷伏击邓艾的准备。

邓艾得到王瓘的书信后，仔细盘问了信使，见信无伪，便如期率五万精兵向坛山谷中进发。到了谷口，邓艾登山一看，果然见远谷中有千余辆粮车，慢慢而来。邓艾见天色已晚，不敢贸然率兵入谷，便在谷口安营，准备在谷口处接应王瓘。

姜维见邓艾不率兵入谷，便又遣人扮作魏兵向邓艾报告说："现在粮车已经过界，被后面蜀军发现，正在追赶，王将军请邓将军速去接应。"邓艾听后，正犹豫不决，这时却听到谷中鼓声阵阵，杀声隐约传来。他以为这必是王瓘与后面追兵在厮杀，于是率军入谷去接应。

当邓艾深入谷中后，谷口顿时被截断，谷内草车瞬间燃起，伏兵一齐杀出，邓艾听到蜀军内大喊"捉住邓艾的可封万户侯"的悬赏令后，忙弃马丢盔，混在步兵中，爬山而逃，其余数万军马皆降。

这时王瓘在川口还等着准备二十日举事呢，突然闻讯邓艾中计大败的消息，已知自己的诈降之计败露，于是趁夜烧了蜀军粮草，见无路可走，便率兵向汉中方向杀去。

姜维正要继续搜寻邓艾，却听说王瓘见势不妙，往汉中杀去了，怕汉中有失，立即率兵抄小路截阻王瓘。王瓘见四面受敌，无路可逃，跳江自尽了。

姜维根据魏国司马昭的性情为人，推知王瓘不可能是王经之侄，由此判断王瓘投降为假，生事为真，于是便将计就计设下圈套，灭掉了邓艾的大军，取得胜利，这便是"审得其情，以生奇计"，奇计可成也。

相益则亲，相损则疏

故同情而相亲者，①其俱成者也；同欲而相疏者，其偏害者也。同恶而相亲者，其俱害者也；同恶而相疏者，偏害②者也。故相益则亲，相损则疏。其数行也，此所以察异同之分也。故墙坏于其隙，木毁于其节，斯盖其分也。③

【注释】

①同情：思想感情、欲望相同。相亲：互相亲近。②偏害：其中一方受害。③节：竹木的枝干交接处，节疤。分：职分，名分，引申为自身规律，固有准则。

【译文】

拥有相同兴趣或目的的人，如果彼此亲近，那是因为共同的目标促使他们合作而获得了成功。拥有相同兴趣或目的而彼此疏远，那是因为其中的一方一定受到了伤害。有着相同的憎恶或是仇恨的人，如果彼此亲近，那是因为双方的仇恨相互影响、感染，使仇恨成倍增加而对双方都有了伤害；有着相同的憎恶或是仇恨却彼此疏远，那是因为只有一方受到了伤害。因此，双方都有利就相互亲近，双方有害就相互疏远。如果要运用一个计谋，必须要看到双方是同还是不同。所以墙从有裂缝处崩塌，树木从有节的地方折断，缝隙和节疤就是它们的分界之处。

【智慧全解】

　　孔子曾说："道不同，不相为谋。"意思是志向不同，就不能一起谋划共事。鬼谷子所持的观点与孔子一样，"相益则亲，相损则疏"，只有在双方都有利的时候才会相互亲近，如果双方都有害，就会彼此疏远。真正默契的合作，应该建立在共同的思想基础和奋斗目标上，一起追求，一起进步。如果没有内在精神的默契，只有表面上的亲热，这样的朋友是无法真正沟通和相互理解的，也就失去了做朋友的意义。

　　有这样一则寓言：话说一只青蛙爱上了老鼠，它每时每刻都想和老鼠在一起，于是它把老鼠的脚和自己的脚绑在了一起。刚开始，它们在地面上行走还算正常，一起玩耍，一起寻找食物，相亲相爱，甚是和谐。可是后来，它们一起来到池塘边，池塘是青蛙的乐园，却是老鼠的坟墓，然而，青蛙显然没有意识到这一点，一看到池塘，青蛙想也不想就跳进了水里，于是与它捆在一起的老鼠也被拖了下去。青蛙在水里玩得不亦乐乎，而老鼠可就惨了，在水里没扑腾几下就死掉了，直到它的尸体浮上水面时，它的脚还跟青蛙绑在一起。一只老鹰看到水面上浮着一只老鼠，便俯冲而下，伸出爪子便把老鼠抓了起来，青蛙当然也被提了起来，成了老鹰的盘中餐。

　　这则寓言充分证明了鬼谷子"相益则亲，相损则疏"的观点，说明不恰当的合作只会给双方带来损失。

　　就算是利益一致的合作双方有时也会出现意见分歧。分歧大了就会转化为矛盾，进而相互攻击，结果也会导致两败俱伤。仔细想一想，这样的伤害是完全可以避免的。有时候，我们不必强硬地要求对方与我们保持步调一致，不妨换个态度，大家彼此礼让三分，办事情会顺利很多。合作各方之间遇到矛盾，不要先找不同，而应先寻求共同点，只有寻求到共同点，才能找到解决问题的办法，"求同存异"说的就是这个意思。尊重多元化、异中求同，这才是促进社会进步和人类发展的正确方法。

【阅读延伸】

周王室曾分裂为东周和西周两个国家，这两个国家虽然同宗同姓，却相互敌对。

有一天，东周君王正在朝堂上处理政务，一个大臣进来禀报："主公，宫他求见。"宫他是西周的一名大夫，东周君一听是西周人求见，很纳闷，问："他来干什么？"大臣回答说："他说是来投降的。"东周君王一听西周人前来投降，非常高兴，连忙说："快请他进来。"

宫他上殿后，东周君王问他为什么会投降东周，宫他回答说："良禽择木而栖，贤臣择主而事。我很早就听说主公仁义爱民，礼贤下士，所以臣前来投效。"东周君王说："大夫能来投，这是寡人的幸运啊！"于是，东周君王便留下宫他，并委以重用。

宫他投降东周后，将他知道的西周所有内情一一告诉了东周君王。西周君王听说后，怒火中烧，但又无可奈何。

这时，大臣冯且对西周君王说："主公切莫生气，臣有一计可以除掉宫他，以解主公心头之恨。"西周君王忙问："宫他已经逃到东周，你能有什么办法除掉他？"冯且说："臣自有办法，不过臣有个要求。"西周君王问："什么要求，但说无妨。"冯且说："请主公给臣三十镒金即可。"西周君王当即命人取来三十镒金交给冯且。

冯且回到家后，马上写了一封书信，命人带着三十镒金和信一起送到东周，交到宫他手中。送信人走后，冯且又找来一个可信之人，吩咐道："你即刻动身前往东周，告诉东周守城门的人，就说今天晚上会有西周的奸细到东周去给人送信，这件事一定要赶在那个送信的人的前面办成。"此人领命而去。

这天夜里，东周的守城之人果然捉到一个西周人，并从该人身上搜出三十镒和一封信。守城人赶紧将东西送到东周君王手上。东周君王打开书信一看，顿时大怒，因为上面写着："请速告宫他，事情如果能够办成，就努力办成；若办不成，就赶紧逃回来，以免使机密泄露，枉送了性命。"看到这样的信,东周君王能不怒吗?他立马命人前去捉拿宫他,第二天一大早就把宫他推出去杀了。

鬼谷子说:"相益则亲,相损则疏。"孔子也说:"道不同,则不相与谋。"冯且充分利用了东周君王的心理,利用了东周与西周的利益矛盾,写下一封信,成功离间了宫他与东周的关系,不费一兵一卒,就杀掉了西周君王的心腹大患宫他。

循序渐进，以制于事

故变生事，事生谋，谋生计，计生议，议生说，说生进，进生退，退生制。因以制于事，故百事一道而百度一数也。①

【注释】

①百事：各种事。百度：各种法度，规则。度，节度，法度，规则。

【译文】

新事物、新情况都是由旧事物的发展变化才产生出来的，为解决新情况、新问题才产生了谋略，有了谋略才产生出计划考虑，实施计划能产生言论，有了言论才产生游说，有了游说才能使事情朝解决的方向发展，另外还要想出退出的策略，考虑好了退出策略，就可以制订针对事情的整个方案了。可见，任何事情、任何制度都是这样产生的。

【智慧全解】

生活中，无论做什么事情，都不要过于理想化，梦想着一步登天，当还没迈出第一步的时候，不要幻想着最后的结果，否则美梦必将破灭，甚至失去往前迈进的机会。

有这样一个小故事：一只骆驼跟随主人去旅行，一天一人一驼行至野外天色已晚，主人就在野外支起一个小帐篷在里面休息。

一会儿，骆驼把头伸进来说："亲爱的主人，外面好冷，我可以把头伸进来暖和一下吗？"

主人想也不想就答应了

没过多大一会儿，骆驼又说："亲爱的主人，我还是感觉有点冷，我把前腿也放进来吧！"

主人答："可以。"说着向里让了让。

不久，骆驼又说话了："亲爱的主人，我实在太冷了，你就让我进来吧！"

不等主人回话，骆驼已经钻进帐篷，把他的主人挤到帐篷外去了。

这就是人们常说的骆驼战术。在求人办事过程中，不要一开始就提太高的要求，而要看情况慢慢地来，一点一点地达到自己的目的。在制订谋略时也要遵循这个原则，循序渐进，方可以成事。

生活中，很多人做事总想一口吃个胖子，梦想着在短时间内就把事情做到完美，一旦在短期内见不到工作的效率，就会心灰意冷，觉得工作没意思，事情太难做，于是不断地寻求新的工作，变换新的做事方法，到最后，只能像愚人挖井一样，急于求成，而不能一门深入，最终前功尽弃。所以无论做什么事情，无论是求人还是谋划计策，都要循序渐进，切不可急于求成，冲动冒进。俗话说："磨刀不误砍柴工"，准备好了再做的话成功的概率就会更大些。

一种新商品，如果它在市场上知名度并不高，消费者也很少，这时将它大批量投入市场，效果肯定不会好。这时就应该采取促销的手段，循序渐进地达到目的。

太容易得到的东西往往也很容易失去，当今社会功利主义泛滥，很多人梦想着一夜暴富，殊不知，一夜暴富只是梦想而已，只有坚持循序渐进，才能获得真正的成功。

【阅读延伸】

后周时期，赵普等人谋划着以乱生事，拥立赵匡胤为帝。赵普先是派人散布谣言，上奏朝廷说北汉和契丹会师南下，派兵进犯。

后周宰相范质、王溥等人仓促之间也不分情报是真是假，急匆匆就派赵匡胤领兵抵抗。赵匡胤大军从大梁（今河南开封）出发，北上防御。当大军行至开封东北40里的陈桥驿时，赵匡胤就命令大军停止扎营，不走了。

当时，赵匡胤手下有一员名叫苗训的人会观天象。苗训指点门官楚昭辅等人观察天象，看见"日下复有一日，黑光摩荡者久之"，好像天上有两个太阳正在搏斗。古时候，人们认为太阳是皇帝的象征，天上又出现一个太阳，就说明天下既将出现一个新的皇帝。谣言于是不胫而走。当晚五更，军中将士们聚集在陈桥驿前，议论纷纷。赵匡胤于是派亲信煽动将士们说："现在皇帝年幼，不能亲政，我们冒死为国家抵御外敌，又有谁知道！不如先立将军为天子，然后再北征也不晚。"

这时，一直在幕后策划的赵普、赵光义等人出来规劝将士不可这样做。其实，他们表面上是在规劝，实际上是在激将，在煽风点火。他们不劝还好，这一劝把众人的情绪都劝出来了，将士们个个激愤不已，一致要求拥立赵匡胤为帝。赵普等人见时机成熟，就派人连夜赶回通知大梁城内的守将石守信、王审琦等人，让他们在京城领兵策应。

黎明时分，北征的将士们披甲执刃，团团围住赵匡胤的军帐。此时，赵匡胤正在干什么呢？他正悠闲地坐在营帐中饮酒呢！他佯装对外面的事情一无所知，其实一切皆出于他的授意。赵普与赵光义进来禀告外面的情况，赵匡胤这才慢慢起身出来。

将士们一见便高呼："诸军无主，愿奉将军为天子！"

还没等赵匡胤张口说话，有人就把象征着皇权的黄袍裹在了他身上，众人跪地，高呼万岁。参加兵变的将士们不等他分辩，就簇拥他上马。赵匡胤手揽缰绳对众将士说："我有号令，你们能听从吗？"众将士纷纷表示愿听号令。赵匡胤接着说："我一直对太后和皇上忠贞不贰，你们切不可冒犯他们，对诸位同僚大臣也不能侵凌，对朝廷中普通的百姓也不能强行掠夺。听从我命令的重赏，违反命令的一律处置。"

谋篇第十：多谋善断，出奇制胜

众将士听到这些话，都下马跪拜。于是，赵匡胤就整肃军队进入大梁。

赵匡胤进城后，命令将士们各归营帐。片刻之后，手下将领簇拥着宰相范质等群臣前来。赵匡胤一见之下就痛哭流涕，对他们说道："我违抗了上天的旨意，当了叛军首领，都是诸位将士们下命令逼迫我的缘故，我不得不这样做啊！"

还没等范质等开口说话，一个名叫罗彦环的将领随即手按利剑对范质等人厉声怒喝："我们诸位将士没有首领，今天我们奉赵匡胤为天子。"

这一下，范质等人只能大眼瞪小眼，束手就范了。于是赵匡胤择日登基，是为宋太祖。

在整个陈桥兵变、黄袍加身的过程中，赵普等人将每一个环节都安排得丝丝入扣、细致入微，从散布北汉与契丹进犯的谣言，到观天象、唆使将士拥立赵匡胤为帝，再到后来的里应外合，甚至连加身黄袍和禅代诏书都已事先准备好。赵匡胤对将士们的约法三章，也是赵普等人谋划兵变的既定策略，既有利于稳定局势、巩固统治，也有利于日后北宋的统一事业。可见，谋大事贵在一气呵成，这就是鬼谷子所说的"变生事，事生谋，谋生计"，"循序渐进，以制于事"，事可成也。

仁人轻货，可使出费

夫仁人轻货，不可诱以利，可使出费;①勇士轻难，不可惧以患，可使据危;②智者达于数，明于理，不可欺以不诚，可示以道理，可使立功，是三才也。③

【注释】

①轻货：轻视财物。费：费用，钱财。②难：灾难，祸事。患：祸患，忧患。危：危难、险要之地。③达：通达。数：道理。三才：三种类型的人才，这里指上述仁人、勇士、智者。

【译文】

仁人君子视财物如粪土，所以不可以用钱财去引诱他，但可以让他捐出财货，提供经费；勇士不畏惧祸难，所以不可以用灾患去吓唬他，但可以派他去危险的地方解除祸患；有智慧的人通达事理，明白道理，所以不可以用欺诈的手段去蒙蔽他，但可以用道理说服他，使他立功。以上这三种人才要各得其用。

【智慧全解】

鬼谷子用"夫仁人轻货，不可诱以利，可使出费；勇士轻难，不可惧以患，可使据危；智者达于数，明于理，不可欺以不诚，可示以道理"等来阐述用人的思想,他的观点也正是中国人历代重视的"量才而用"的主张。

孔子曾说过,朽木不可雕也,粪土之墙不可圬也。朽木当然不可雕刻,垃圾砌成的墙无法粉刷,即使去雕刻、去粉刷,又有什么用?但朽木不可雕刻,却可以把它当柴烧;垃圾不可以砌墙,却可以用它去肥田。物尽其用,便会各得其所。

清代诗人顾嗣协曾写过这样一首诗:"骏马能历险,犁田不如牛。坚车能载重,渡河不如舟。舍长以就短,智者难为谋。生材贵适用,慎勿多苛求。"世人都知道,历险用马,犁田用牛,"生材贵适用,慎勿多苛求",好钢要用在刀刃上,事物要放在恰当的位置上去使用,才能物尽其用。

《西邻教子》说:"西邻有五子,一子朴,一子敏,一子盲,一子偻,一子跛。乃使朴者农,敏者贾,盲者卜,偻者绩,跛者纺。五子皆不患衣食。"西邻一家实在很不幸,不仅孩子多,而且孩子都身有残疾。但是西邻夫妻二人很会抚育孩子,他们摒弃其所短,发挥其所长:质朴的人不投机取巧,可以踏踏实实地把田种好;跛脚之人更能坐得安稳,在织布纺线上花的时间与心思必然比一般人会更多。如此一来,西邻夫妇让五个孩子都可以自力更生,让一家人的生计得以维持,不为衣食发愁。

世上没有完全相同的两片树叶,也不存在相同的两个人,人与人的天资不同,甚至会有很大的差异。一个人在某些领域中游刃有余,可能在另外一些领域中寸步难行。即使是聪明杰出的人才,也不可能在各个领域都表现得才华横溢。正像切肉的刀不能用来划玻璃,划玻璃的刀不能用来切肉一样,各有所长,各有所短,不能相互取代。

每个人都有长处和短处,长处可以变为短处,短处也可以变为长处。用人的关键不在于用哪个人,而在于使每个人都能找到合适位置,发挥出最大的潜能。正所谓"用人所长,天下无不用之人;用人所短,天下无可用之人"。

身为管理者,要懂得用人道理,了解下属的优缺点,做到用其所长,避其所短,把每个员工所擅长的方面有机地组织起来,让每一个人都发挥出他的长处,就会产生整体效应,从而保证企业兴旺发展,无往而不利!

【阅读延伸】

　　《资治通鉴》记载，唐朝有个名叫韩滉的大臣，很善于知人、用人。韩滉历任唐晋州刺史、浙江东西道观察使、镇海节度使、度支使、江淮转运使等职，晚年官至宰相。他在指挥管辖浙江的时候，对所任用的部属都使用得很恰当，分别按照每个人的特点、特长安排了最恰当的岗位。在韩滉的眼中，没有废材，人人都是可用之材。

　　有一次，一个老朋友带着儿子来投靠韩滉，想让其儿子在韩滉手下谋个一官半职。韩滉仔细询问了老友的儿子，发现年轻人能力不足，更没有任何专长。韩滉不想留用他，但碍于情面，便留两人与其他幕僚宾客一起吃饭。

　　席间，韩滉发现这个年轻人端坐席间，从开筵到散席，从不左顾右盼，也没有与坐在旁边的人说一句话。

　　知子莫如父，老朋友当然清楚自己儿子的能力，当他看到韩滉一直在观察自己的儿子时，相当尴尬，说："我这儿子一向不善言谈、不懂世故，真是太让人发愁了。您要是觉得他没有什么可取之处，就直接说吧，就算你不用他，我也不会介意。"

　　让他没想到的是，韩滉微微一笑，说："不，你错了，你的儿子并非没有可取之处，虽然他有很多不足，还是有一定长处的，难道你没发现吗？请你放心好了，我会留下他，并把他派到合适的地方去的！"

　　几天后，韩滉让年轻人担任随军一职，专门负责监管物资仓库大门。这个人上岗之后，终日正襟危坐，不离职守，严格把关，自此所有吏卒都不敢再随便进出仓库了，库亏之事也极少发生。

　　韩滉老友的这个儿子如果放在普通人手下，人们一定会觉得一无是处，无可使用。但韩滉却从年轻人在宴席间的表现中看到他的过人之处，于是任命他为随军，充分发挥了他刚直不阿、严守执法的长处。韩滉人尽其才的用人原则，对我们选才、用人，是一个很好的启示。如果每一个管理者都可以这样，天下就不会再有被弃之才和被废之事。

因事而裁，此道术也

故愚者易蔽也，不肖者易惧也，贪者易诱也，是因事而裁之。故为强者，积于弱也；为直者，积于曲也；有余者，积于不足也。此其道术行也。①

【注释】

①此其道术行也：懂得上述计谋，就能通于道了。

【译文】

所以，愚笨的人容易受到欺骗，不肖的人可以用恐吓手段吓唬他，贪婪的人容易受到引诱，应该因人因事而使用不同的裁处手段。所以，强大是从弱小逐渐积累起来的，平直是削去弯曲逐渐积累起来的，有余是从不足逐渐积累起来的。明白了这些道理，道术就能够实行了。

【智慧全解】

鬼谷子说：为强者，积于弱也；为直者，积于曲也；有余者，积于不足也。所以，我们要因事而裁之，"此其道术行也"。任何成就都是日积月累而成，因此无论做什么事情我们都要有恒心，坚持努力，脚踏实地，方可成就大业。

俗话说得好，"吃得苦中苦，方为人上人""只要功夫深，铁杵磨成针"，从古到今，任何成就大业者都是有恒心之人。试想，如果刘备没有恒心，卧龙先生只怕会一辈子安卧山中，哪里还会助他成就蜀国，帮他谱写三国鼎立的篇章呢？试想如果爱迪生没有恒心，岂会为了寻找灯泡内的耐热材料，花费整整二十年的时间，先后试用了大约六千种纤维材料，最后才找到钨丝，我们所用的灯泡将会推迟多久才会出现？

马克思说：在科学的征途上，没有什么捷径可走，只有沿着崎岖道路不停攀登的人，才有希望达到光辉的顶点。这一至理名言也充分证明，无论学习还是做事，都贵在有恒，三天打鱼两天晒网是成不了任何事情的。在顺境中持之以恒，难能可贵。在逆境中持之以恒，则难上加难。

明代学者胡居仁曾写过这样一副对联："苟有恒，何必三更眠五更起；最无益，只怕一日曝十日寒。"恒心就是孜孜以求，坚韧不拔，永不言弃，如此才能奋发有为。反之，如果一个人没有恒心，做一件事情，就可能事与愿违；做一项工作，就可能半途而废；做一番事业，就可能前功尽弃，遗憾终身。

恒心虽然是持之以恒的毅力，但并不是"守株待兔"的愚昧；恒心虽是不为外物所扰的决心，但不是"南辕北辙"的固执。恒心的前提是一定要找准前进的方向，然后朝着心中的方向奋勇向前，永不懈怠。

【阅读延伸】

春秋时期，吴国与越国你来我往，战事不断。一次，两国又展开了一场激战。吴王阖闾战败，还中箭受了重伤，性命岌岌可危。阖闾临终前，把儿子夫差叫到床前，叮嘱道："不要忘记报越国之仇。"

夫差记下了父亲的遗言，即位后，命令宫廷卫士每天早晨敲响闹钟，并喊道："夫差！你忘了越王杀你父亲的仇吗？你可知道国耻吗？"每次夫差都眼含泪水，沉痛地回答："不，不敢忘。"夫差潜心备战了三年，而后便率吴国大军攻向越国，展开了复仇大战。这一次，夫差打得越国大军几乎全军覆没，越王勾践逃到会稽山，后听从范蠡的建议向吴国屈辱求和。

谋篇第十：多谋善断，出奇制胜

夫差看着亡国之君，提出了狠毒的条件和要求，要求勾践带着夫人和大臣范蠡去吴国服三年苦役。为报仇雪恨，更为东山再起，复兴越国，勾践三人受尽嘲笑和羞辱，忍耐着精神和肉体上的百般折磨，给阖闾看坟、给夫差喂马、给夫差脱鞋更衣、服侍夫差上厕所，勾践甚至"入宫问疾，尝吴王粪以诊病情"。夫差见之大喜，认为勾践是真心顺服了他，于是在勾践苦役期满之时，便放他回到了越国。

回国后，勾践立志报仇雪耻。为了不让自己的志气在安逸的生活中消磨殆尽，他每天穿着粗布衣裳，睡在柴草之上，而且每顿都吃粝食，吃饭前还必先尝一尝苦胆，问自己："你忘了会稽的耻辱吗？"这就是史上有名并代代相传的"卧薪尝胆"的故事。

为了使越国富强起来，勾践跟百姓一起耕田播种，叫他的夫人带领妇女养蚕织布，发展生产。他叫文种管理国家大事，叫范蠡训练兵马，自己虚心听从别人的意见，励精图治，富国强兵，激发了全国上下官民的齐心。

富国强兵的同时，勾践还把一批美女和珍宝送给了夫差，以迷惑夫差。夫差更加觉得越国已经对自己俯首称臣，不足为患了，心一放松就逐渐开始沉迷于西施的美色，过起了骄奢淫逸的生活，昏庸起来，不仅不顾人民的困苦，还听信谗言杀了忠臣伍子胥。

转眼过去了十年，越国也进行了十年的艰苦奋斗，逐渐变得兵精粮足，转弱为强。勾践见时机成熟，便亲自带领大军伐吴，一举灭掉了吴国。至此，夫差才后悔听信谗言，放虎归山，诛害良臣，后悔莫及，就拔剑自杀了。

越王勾践卧薪尝胆的典故可谓是古人所说的"古之成大事者，必有大恒心者也"的有力例证。试想，如果勾践不去忍受各种屈辱，不坚持励精图治、奋发图强，他还能灭掉吴国报仇雪耻吗？恐怕战国时期的历史就要重写了吧！

因其疑之，因其见之

故外亲而内疏者，说内；内亲而外疏者，说外。故因其疑以变之，因其见以然之，因其说以要之，因其势以成之，因其恶以权之，因其患以斥之。①

【注释】

①要：应和。恶：厌恶。权：谋划。斥：除，除去，舍弃。

【译文】

因此，对那些表面上与我们亲近而内心疏远的人，我们应当从对方的内心着手去游说；对那些从内心就愿意与我们亲近而外表上却没有表现出来的人，我们应当从外表着手去游说，促使他表现出来。所以，对方有所怀疑，我们应当顺着他的怀疑而改变策略，让他不再怀疑；如果对方看到了，我们应当顺着对方看到的东西去肯定他；如果对方发言了，我们应当顺着对方的观点去应和他；如果对方已经形成一种有利的态势了，我们应当顺着对方的形势去成全他；顺着对方的好恶为他谋划应对的措施，顺着对方遭遇的祸患想办法为他解除。

【智慧全解】

生活中，当我们初次与人交谈，或者对方怀疑我们对他有所企图的时候，他就会不由自主地对我们产生戒备之心，这是人类自我保护的一种本能。因此，鬼谷子说："因其疑以变之，因其见以然之，因其说以要之，因其势以成之，因其恶以权之，因其患以斥之。"顺着对方的情绪，用诚意去化解他的敌意，这样才能使彼此之间的沟通顺畅。

如果我们忽视对方的戒心，在对方还没有接受我们的时候，就拼命坚持自己的想法，那样只会让对方对我们更加戒备，不但无法达到我们的目的，而且还可能导致无法挽回的失败。

所以，在与人打交道时，我们要想方设法消除对方的戒心。要做到这一点，我们就要学会认识对方，学会从对方的声音面容中来分析他的性格特点，从对方的为人处世上来分析他的品性，了解这个人的城府是深还是浅。然而针对不同的情况、对方不同的情绪采取不同的应对策略。比如，肯定对方的想法，多给对方一些赞美，满足他的自豪感、成就感、荣誉感；若对方为人父母，不妨和他多谈一些小孩教育的话题；若对方年老体衰，则要适当谈谈健康保健之类，让对方感到你的关切之情。

如此这般与对方交流，对方就有可能消除心理防线，对你打开心扉，进而对你产生好感。那么再进一步的深谈、说服也就变得容易多了。

【阅读延伸】

历史上，宋金连年征战，宋高宗任用奸相秦桧，在江南偏安，不愿与金人交战，准备向金人割地称臣，签订和约。

其实，当时宋军的抗金热情正高，抗金形势一片大好，取得了很多胜利，众大臣都在兴奋地等待着收复中原的喜讯传来。

而正在这个时候，宋高宗却召集群臣来商议求和之事。宋高宗对众大臣说："金人已经答应，假如我们不再袭击金国的军队，就跟我们签订和约，并将皇太后和先帝的棺木送回。"（在公元1126年"靖康之变"中，宋钦宗、宋徽宗两位皇帝及其后妃被金人俘虏）在抗金形势不错的时候提出求和，这让众大臣情何以堪？宋高宗的话音一落，众大臣便激愤起来，张俊先后五次上书，反对议和。韩世忠、岳飞等将领也不愿休兵停战，并上奏说："金人不可信，和好不可恃。"还有大臣上书说："现在大臣们群情激愤，全都是因为关心'和'与'战'的事情，陛下应该戒除前车之鉴，多多听取懂得军事的大臣的意见，一起商议一个能长久安邦的计策。"

宋高宗见大臣们竟然不听自己的意见，而且还敢上奏抗旨，愤怒至极，就想下旨惩治这些不识时务的臣子们。当时左相赵鼎也是主战派之一，但是他看到宋高宗已经打定了议和的主意，便决定采取疏通的办法，以保存朝廷中主战派的实力。赵鼎这样对宋高宗说："皇上与金人有不共戴天之仇，这是大家都知道的。现在之所以要求和也是迫不得已而为之，是为了对亲人尽孝道。尽管大家都说了一些愤怒不满的话，但他们绝对不是不尊敬皇上，更不是忤逆皇上，他们是在爱护皇上，希望皇上不要见怪。皇上可以下一道圣谕，说明议和不是皇上的本意，只是出于亲人的原因不得不这样做。等到先帝的棺木自金国返回之后，假如金人撕毁和约，那么现在是不是签订和约都无所谓；假如金人遵守和约，那正是我们所希望的，也就不必恐慌懊悔了。"

宋高宗听赵鼎说得有些道理，就采纳了他的建议，不再因议和而排斥那些主战派大臣，而且他还以索要先帝棺木作为幌子，众大臣也就无话可讲了。因为当时的人们都奉行孝道，见皇帝也是出于这个原则，无奈之下才求和的，大臣们还能说什么呢？就这样，君臣之间眼看要发生的矛盾暂时缓和下来。

为了避免宋高宗与主战大臣之间的冲突，宰相赵鼎采取了委曲求全的策略，以此来消除宋高宗的戒心，使皇上找不到借口治罪大臣，也使大臣提不出更多的理由去责怪皇上。从他那一番话中可以看出赵鼎实在是用心良苦啊！

符而应之，乱而惑之

摩而恐之，高而动之，微而正之，符而应之，拥而塞之，乱而惑之，是谓计谋。①

【注释】

①恐：恫吓。微：微暗。拥：壅闭，堵塞。惑：迷惑。

【译文】

运用摩术使对方觉得害怕；不断地抬高他，他的地位高了，就会不稳，如此一来，他就处于一种晃动的不安之中；让对方衰败，然后我们去纠正他，这样对方就会认为我们真诚可靠；为对方设计一个祥和安定的征兆，然后经过行动使之应验，这样对方就会自信起来；堵塞、蒙蔽对方，使其处于迷惑混乱之中；使对方分不清是非曲直，然后为我所用。这就是所说的计谋。

【智慧全解】

鬼谷子所说的计谋就是"摩而恐之，高而动之，微而证之，符而应之，拥而塞之，乱而惑之"。也就是说要以各种变化的假象掩盖真相，制造烟幕，迷惑敌人，从而牢牢地把握住主动权。此计谋可谓是声东击西、出其不意，能收到出奇制胜的效果。

声东击西，是指目标在西而先假意向东，然后出其不意地给对手一击。这种计谋实际上是一种含蓄迂回的游说技巧。"声东"就是制造声势，同时也带有伪装的色彩，其目的是为了后面更好地说服。而声势越大，伪装得越像，就为自己提供了越好的说服环境。"击西"是说服的真实目的，这一步最好在前面"声东"中就能表达进去，即把它融进去而又不被对方发现。声东击西法包含很多内容：欲东而西，欲是而非；明说张三，实指李四；明里问罪，暗中摆功；敲山震虎，指桑骂槐，含沙射影；等等。在各种谈判中，这种声东击西法的谈话技巧都可以巧妙地加以运用，以产生强而有力的效果，争取谈判的成功。

这种智谋之所以能够行之有效，是因为人们在判断事物时会有先入为主的判断，并在以后的思路中保持这种判断，就算在认识的过程中有些怀疑，人们也会不由自主地忽略不计。

游说他人，其实就是与人斗智力，斗谋略。如果我们能很好地避开对方的注意力，分散其力量，松懈其斗志，然后出其不意、攻其不备，肯定能打他个措手不及。此方法用在批评他人中也是一个不错的技巧。很多人在批评别人的错误时，通常会不经意间触动对方的自尊，这样一来，你的言辞即使全都出于善意，也等于是火上浇油。但是，如果我们能用声东击西的表达方式，结果就大不一样了。

这种计谋比较适合在我方不便正面进攻，但又另有可行之路的情况下使用。"摩而恐之，高而动之，微而证之，符而应之，拥而塞之"，等到对方"乱而惑之"后，察觉到你的真实行动时，对方一定会方寸大乱，这个时候恰恰是我们取得成功的最佳时机。

【阅读延伸】

东汉时期，北方匈奴经常侵扰汉人北境。一次，匈奴又举兵进攻东汉，将云中城（今内蒙古托克托一带）紧紧包围起来。云中太守廉范奉命抵抗。一围一守，两军陷入对峙局面。然而，长时间的对峙使汉兵渐渐吃不消了，汉军日渐疲惫，形势十分危急。

有一天深夜，云中城门口几个哨兵举着火把来回巡逻；室内廉范则翻看着一本已经破旧不堪的兵书，紧锁眉头，苦思破敌之策。

"廉大人，我军粮草快要用完了，再这样坚守下去，将士们不战死也会饿死。干脆我们强行突围出去吧！"这时，一位属下小将提出突围建议。

廉范听后，摇了摇头，说："不可，现在敌强我弱，敌众我寡，如果强行突围，我军很可能全军覆没，而且还会连累全城的百姓受苦受难。"

又一员大将站起来说："那我们向四周友邻求救吧！"

廉范仍然摇头否决，说："匈奴这次是大举进攻，如果友邻只顾自己不愿伸出援手，或者友邻的确分不出兵力，那么，贸然前往求援，就会使我们的实力暴露给敌人。"

诸将的建议都被否决，谁也想不出更好的计策了，室内一片沉默。

廉范的眉头越皱越紧，突然，他两眼一亮，大叫："有了！有办法了，我们用假象欺骗敌人，就可以将主动权归为己有了。"

"用假象欺骗敌人？"众部将们疑惑地问。

廉范走到一个部将跟前，俯到耳边如此这般说了一通，只见该部将频频点头，并很快站起来执行廉太守的计谋去了。

不久，巡逻哨兵手里的火把都变成了十字形，只见他们用手握住一头，其余三头都点着火。再过了一会儿，军营中所有的兵士都举着这样的火炬出来了，他们在军营里分散站开。顿时，一个人好像"变"成了三个人。汉军兵士的数量好像瞬间变成了三倍之多。

汉军的情况很快传到匈奴军营之中，匈奴军营中一时间议论纷纷："廉范的军营里怎么到处都是举着火炬的士兵，难道是汉军的增援部队已经到了？"

匈奴主帅收到消息后赶紧跑到军营前观看，很快他便判断，汉军要发动攻击了，于是赶紧率领部队收起帐篷，向北撤退。

这时，廉范马上命令士兵们紧擂战鼓，追赶匈奴军，一时间喊杀声震天，一人冲锋，杀敌数百。匈奴兵着急着逃跑，被迫回头应战，自然力不从心，就这样，汉军大败匈奴，轻松解了被困之危。

聪明的廉范深谙"符而应之，乱而惑之"的智慧，通过火照影子的方法，迷惑了敌将，使其认为汉朝援军已经抵达军营，正准备发动攻击，只好选择逃命。汉军虽然处于寡不敌众的弱势，此时却因此计瞬间掌握住了战场主动权。廉范让人影成为吓唬对方的有力武器，甚至连自己的部将都无法弄明白其中的奥秘，从而获得了出其不意、攻其不备的功效。

正不如奇，奇流不止

计谋之用，公不如私，私不如结，结而无隙者也。正不如奇，奇流而不止①者也。故说人主者，必与之言奇；说人臣者，必与之言私。②

【注释】

①奇流而不止：奇计使用的效果，就好比流水一样，难以被阻止。②言奇：讨论治国奇计。言私：讨论切身利益。

【译文】

运用计谋时，公开谋划不如在私室里谋划，在私室中谋划不如当事人双方共同密谋，结成稳固的联盟，这样双方就可以缔结同心，计谋就可以密而不漏，别人也就无机可乘了。使用计谋，遵守常规不如运用奇计，奇计的使用就像流淌的水一样令人难以阻挡。因此，游说君主时，要与他说奇计，才能引起他的重视；游说大臣时，要与他说私人利益关系，这样计谋才能实施。

【智慧全解】

在这里，鬼谷子提出了关于游说的又一个计谋，即"正不如奇"，意思是说使用计谋，遵守常规不如运用奇计。

心理学研究表明，人人都有猎奇之心，有人曾说："探索与好奇，似乎是一般人的天性，神秘奥妙的事物往往是大家所熟悉关心的注目对象。"人际交往中，很多人觉得与人沟通太难，尤其是面对一个态度冷漠的交谈对象时。冷漠之人往往给人以拒人于千里之外的感觉，让你觉得进言无望，无计可施。其实，没有人生来是冷漠的，对方之所以对你冷淡，除了性格因素外，另一个重要原因就是你提出的建议或所说的话语无法引起他的兴趣。他对话题不感兴趣，当然会冷漠以对了。

那么，遇到这种情况，我们应该采用什么措施使交谈气氛活跃起来呢？很简单，用鬼谷子的"与之言奇"，恰当地制造悬念，以奇制胜。人人都有好奇之心，往往希望探寻那些新鲜的事物或是自己不太理解的东西的奥秘。在人际交往中，如果我们能激发对方的好奇心，那么就能够吸引别人主动靠近我们，引导他们对我们做出一些探索行为。

与人交往，不管出于何种目的，也不管接触的是什么人，我们都可以利用人们的"猎奇心理"，满足对方的好奇心，使他对你所要提供的建议或意见产生兴趣，那么双方沟通就会顺畅不少，你的说服也就可以出奇制胜，收到奇效。

不管在什么时候，人们都希望自己的好奇心能够得到满足，所以往往会关注那些新鲜的和自己不熟悉的事物，这是人的一个共同心理。所以，我们要适时地出以奇言，当别人表现出对我们的兴趣时，就能有效地消除双方陌生的心理障碍，能够迅速地拉近心理距离，从而轻松地获得对方的认同。

无论是与人谈判还是与人沟通，我们都可以运用一些与众不同的、新鲜的谈话内容，激发对方强烈的好奇心，从而为一场愉快而高效的交谈做好铺垫工作。

出以奇计，制造悬念，勾起对方的兴趣不是危言耸听，不是夸大其词，而是作为一种技巧、手段，变换了说话方式，特别适合运用于对谈话对象已经做出的决策提出相反建议之时。切记要避开对方的忌讳之事。

【阅读延伸】

战国时期，韩国与楚国交兵，其雍氏城遭到楚国攻击。韩国士兵缺衣少食，形势危急，于是韩国便派使者前往西周求助。韩国使者见到西周君王后，直截了当地说："楚、韩两国正在交战，现在韩军急需衣甲和粮食，所以我们大王派我前来向主公求助，望主公能够助韩一臂之力。"

西周君王一听，眉头顿时皱了起来，若不答应韩国的请求，恐怕韩国会翻脸，转而进攻西周城池；如果答应了，西周国小民弱，哪里有多余的粮食和衣甲啊？西周君王进退两难。

这时，苏代上前进言道："主公，我有办法让韩国收回请求，而且还能让韩国将高都城让给主公。"正在发愁的西周君王一听顿时大喜，能解除他眼前的困境已经不错，何况还附加上一个高都城呢，让他如何能不心花怒放？西周君王急问："先生有何良策？快快说给寡人听听。如果真能做到你所说的，寡人将举国听从你的调遣。"君臣如此这般商议一番后，西周君王马上派人用车马送苏代赶往韩国。

苏代到达韩国后，首先拜见了韩国相国公仲朋，他对公仲朋说："楚国君臣所想，相国莫非不清楚？当初，楚将昭应出兵时曾向楚王保证：'韩国的军队已经相当疲惫，无法应战了，粮库也空空如也，我们可以乘机攻打韩国的雍氏城，这样不足一月，就可攻下。'可是现在呢？昭应围攻雍氏城已经五个月了，还是没能攻下来。现在楚军已经疲惫不堪，楚王也已不再信任昭应了。在这个时候，相国去向西周求援，这不是把韩军的困境暴露给楚军吗？这个消息一旦传入楚军大营，昭应一定会向楚王要求援兵，他们的援兵一到，雍氏城不保矣！"

公仲朋觉得苏代言之有理，忙问："依先生之见，韩国应该怎么解围呢？而且我的使者已经派出去了啊！"

苏代说："我有一个办法可以解决眼前的问题，请韩国把高都城送给西周。"

公仲朋听了这话，顿时勃然大怒："我不向西周索要衣甲、粮食，就已经不错了，为什么还要送一座城池过去？"

见公仲朋生气，苏代也不着急，依然不慌不忙地说："这有什么不可以的？把高都城送给西周，西周就会脱离秦国而归附韩国，用一座城池得到一个国家，何乐而不为呢？"公仲朋听到这里，马上转怒为喜："先生说得对啊！"于是即刻召回使者，并将高都城送给了西周。楚王见昭应围着雍氏城久攻不下，一生气便下令撤兵了。

鬼谷子深谙"奇"之道，所以说："计谋之用，公不如私，私不如结，结而无隙者也。正不如奇，奇流而不止者也。"常规的办法往往无法见奇效，只有出其不意的奇招才能取得无往而不利的效果。于是建议"说人主者，必与之言奇；说人臣者，必与之言私"。苏代正是运用此计，很好地勾起了公仲朋的兴趣，使其召回使者，并把高都城送与西周。苏代三言两语就解了西周君王的忧愁，还让西周得到了一座城池。

人之不欲，勿强于人

其身内其言外者疏，其身外其言深者危。无以人之所不欲而强之于人，无以人之所不知而教之于人。人之有好也，学而顺之；人之有恶也，避而讳之。故阴道而阳取之。①

【注释】

①阴道而阳取之：意思是在隐秘中行事，在公开场合收获。

【译文】

如果你处于某个圈子中，对方已经不把你当外人，而你所说的都是圈子外的事情，那么对方就会疏远你；如果你处于某个圈子外，却擅自说人家圈子内的事情，那么，你就会有危险。不要把别人不想做的事、不想解决的问题强加到他头上，不要强迫对方接受他无法理解的道理。对方有什么嗜好，要学着顺从他；对方有什么厌恶，要学着避免或是帮他隐讳。所以，无论做什么事情，都是在暗地里使用这些方法，而获得的好处却是很明显的。

【智慧全解】

鬼谷子在此所强调的主要观点就是"人之不欲，勿强于人"。意思是说，不要把别人不想做的事，不想解决的问题强加到对方的头上，不要强迫对方接受其难以理解的道理。

与人谋事过程中，假如对方的某个欲望特别强烈，我们却去给他泼冷水，或者是逼迫着对方放弃这种强烈的欲望，抑或者阻止对方去实现它，那么，你一定会遭到对方的厌恶与憎恨，放在古代这样做，往往会带来杀身之祸。

鬼谷子的"人所不欲，勿强于人"与孔子的"己所不欲，勿施于人"的思想是相似的，强调的都是要尊重对方的意愿，不可强迫对方做他不愿意去做的事情。只不过，孔子的思想是从自我意识出发的，以自我的感受为判断标准，自己不希望他人对待自己的言行，自己也不要强加于他人；自己不愿意做的事情，不要要求别人去做；自己不想要的东西，不要强加给他人。鬼谷子的"人之不欲，勿强于人"完全是从他人的角度出发，尊重他人真实意愿和想法，丝毫不强人所难。一件事在施加于别人之前，首先考虑的不是自己喜欢不喜欢、愿意不愿意，而是考虑对方喜欢不喜欢、愿意不愿意。这种观点符合以人为本的思想。

人与人的思想是截然不同的，即使是长期相伴相守的两个人，想法、观点也不会完全相同，你所想要的结果，并不一定是他人想要的结果，你又为何非要别人按照你的想法去做呢？而且，大多数人，多多少少都有些叛逆思想。有些时候，就算是最亲密的人强迫自己去做不喜欢做的事情，也会心生反抗之意，即使表面上表现得很恭顺，心里也已经产生厌倦之意，在不经意间就会做出一些表示自己不情愿的行为来。因此，我们无论做什么事情，都不要勉强别人去做不愿意做的事情。用在游说过程中，就是要顺着对方的嗜好，避开对方的憎恶，亲不言疏，疏不言亲，勿逆人之所欲，勿言其所不懂，只有懂得这些交流秘诀，你的游说才能收到良好效果。

【阅读延伸】

曹操手下有一名相当聪慧的谋士，名叫荀彧。此人能谋善为，机智过人，是曹操统一北方的首席谋臣和功臣，被人誉为"王佐之才"。

曹操统一北方后，势力逐渐强大，孙权为表明自己顺从之心，便上表劝曹操称帝。曹操笑了笑，说："孙权这是想把我放到火炉上烤啊！"

难道曹操没生称帝之心吗？非也。他之所以推辞不受，是因为称帝的条件还不成熟。曹操是何等聪明之人，条件没有满足，他是绝对不会称帝的。

曹操晚年时，仍然有不少大臣劝曹操加九锡之礼，这可是天子之礼仪，劝他晋爵为魏公。当时曹操势力蹈天，天下已没他的对手了，于是他也动了心，打算加九锡之礼，以彰显自己的丰功伟绩，这样也可以达到他渐进称帝的目的。

然而，正当曹操兴致勃勃着手准备之时，他最为倚重的谋臣荀彧却站了出来，出言反对。他说："丞相兴义兵剪除乱贼，匡扶朝政，稳定社稷，秉忠贞之诚，守退让之实；君子爱人以德，不宜如此。"

曹操闻言，勃然变色，心里顿生厌恶之意。只因为荀彧德高望重，影响甚大，曹操当时也没把他怎么样，不过，事后没多久，曹操就以虚衔派荀彧去了外地。荀彧空有一身才华，一下子没了用武之地，又忧愁又郁闷，没过多久，就忧郁而死了。荀彧去世的第二年，曹操就得偿所愿地成为魏公。

以荀彧的智慧，难道猜不透曹操的欲望吗？非也，只因为荀彧的理想是恢复东汉的秩序，这与曹操要建立一个新秩序的理想相异。他在曹操欲望正强之时出言反对曹操成为魏公，强迫其不去实现自己的欲望，曹操哪里会舒服呢？曹操当时虽然暂时让了步，但君臣之间的关系已然恶化。荀彧强人所难，反倒令自己饮恨而终。

不美不恶，至情托焉

故去之者纵之，纵之者乘之。①貌者，不美②又不恶，故至情托焉。

【注释】

①去之：使之去，让他离开。乘：利用，驾驭，制伏。②美：赞美。

【译文】

假如想排挤某个人，就先纵容他，等他作恶到一定阶段，就可以抓住机会顺理成章地除掉他。在外表上，要做到喜怒不形于色，这样的人可以寄托实情。

【智慧全解】

鬼谷子说："貌者，不美又不恶，故至情托焉。"意在告诫我们，在与人交往过程中，要善于控制自己的情绪，喜怒不形于色，对方才摸不透我们的底细，我们才能更好地控制局面，以达到目的。

情绪是人对一系列主观认知经验的通称。人类最普遍的情绪有喜、怒、哀、惊、恐、爱等。人是一种比较情绪化的生物，事情办得顺利，人的情绪就会好，看花花好，看天天蓝，看人人精神十足；如果事情办事不好或是不顺利，障碍重重，人的情绪就会差，看什么都碍眼，看什么都不顺。

现实生活中有些人很善于控制自己的情绪，能够做到喜怒不形于色，让人琢磨不透他的心理；有些人就差些，往往受情绪的支配，使自己沦为情绪的奴隶，在情绪激动之时，再也无法冷静、清晰、积极地去思维，这样一来，就很容易做出让人遗憾的事情来。古今中外，因情绪波动导致事情失败的事例比比皆是，如历史上曾以"喜怒不形于色"著称的刘备，因关羽之死，鲁莽出师东吴，却丧兵失地白帝城托孤；吴三桂"冲冠一怒为红颜"，一怒之下引清军入关，毁了明王朝几百年的基业。

日常生活中，如果处处受情绪支配，无法冷静思考，我们就很难顺利地办成事情，甚至会失去朋友、亲人，或失去上司的信任和重用，失去同事或下属的支持与拥护。严重的有可能使他人或自己的身心健康受到损害。所以，当情绪来袭时，我们要懂得克制、阻止，抛开喜怒、哀乐、贪婪、忌妒、憎恨等不良情绪，这样，我们才能做生活的主人，主宰自己的命运。

那么，如何才能控制好自己的情绪呢？成功学大师奥格·曼狄诺为我们提供了一个良策："沮丧时，我引吭高歌。悲伤时，我开怀大笑。病痛时，我加倍工作。自卑时，我换上新装。不安时，我提高嗓音。总之，今天我要学会控制情绪。我成为自己的主人。我由此而变得伟大。"

一个心理成熟的人，能够在情绪波动的时候给予及时的调节与控制；一个聪明之人，善于将情绪引入正确的表现渠道，用理智控制自己的情绪，使自己始终能够理智地分析、判断事物。"貌者，不美又不恶，故至情托焉。"学会控制自己的情绪吧，善于控制自己情绪的人才能成就大事。

【阅读延伸】

西汉时期，汉武帝刘彻手下有一名勇士名叫灌夫。此人不仅勇武，而且为人刚直不阿，性格直爽，不倚附权贵，更不喜欢向权贵谄媚讨好。魏其侯窦婴对灌夫极为器重。

谋篇第十：多谋善断，出奇制胜

有一次，大汉王朝派兵攻打匈奴，并命宰相田蚡为主帅。然而临上战场，主帅田蚡却胆怯了，竟然装病不愿出战。大军无帅必然会失利，这场战役让汉军白白葬送了五六万人马。而作为罪魁祸首的田蚡又怎样呢？他竟然让代将王恢和韩安国替自己顶了罪。因为此事，灌夫对田蚡既恨又怨又讨厌。

后来，田蚡要迎娶燕王的女儿为夫人，故设宴招待列侯及宗室。灌夫也在邀请名单中。婚宴之上，朝野重臣名士云集，田蚡欢天喜地地站在大门口迎接客人。

灌夫和窦婴一起前来参加宴会，田蚡见了，恭敬地对窦婴说："窦大人，老侯爷，您能来参加我的婚宴，真是我莫大的荣幸啊。"始终没对灌夫说一句话，这让灌夫更加生气，他鼻子一哼，走了进去，也没有理睬田蚡。

宴席间，田蚡站在正席之中，对众人说："诸位大人！田某不才，蒙皇上厚爱和在座的大人们捧场，心中十分高兴。田蚡一杯薄酒，不成敬意，请诸位先饮此杯，然后各自开怀，一醉方休！"

各位大臣都端起酒杯，站起身附和道："好，好，不醉不归！"而灌夫看着田蚡那得意的样子，又想到他的所作所为，再看看四周众人一脸谄媚的态度，心里更是冒火，他没有随大伙起身祝贺，而是一个人坐在那里喝起了闷酒。他越喝越多，慢慢地有了醉意，开始斜着眼看人了。

这时张汤站了起来，灌夫以为他要来给自己敬酒，连忙起身相迎，谁知，张汤看也不看他就扬长而去，灌夫心里那个气啊，于是就随口说了一句："小人得志！"

当时，张汤可是田蚡身边的大红人，如此诋毁怎么可以？于是旁边的人便劝灌夫："灌大人，可不能这样说啊！"此时的灌夫却完全没意识到危险已近，不仅没收敛自己的情绪，反而把酒杯一扔，怒气冲冲地说道："呸，什么东西，狗仗狼势。爷爷我当年风光的时候，他还不知在哪里呢？"旁人赶紧低声制止："侯爷，你小点声吧，这可是丞相家啊！"

本就心中有火，现又略有醉意的灌夫哪里还控制得了自己的情绪啊，他不仅没听劝，反而撒起酒疯来，大声叫了起来："什么？丞相又怎么了，有什么了不起，别拿他来吓唬我！自己嚷嚷要打仗，仗打起来了又不上战场，还让别人替自己收拾烂摊子的人，就是孬种！"

灌夫的声音很大，整个宴席上的人都听到了，顿时全场人都瞪大了眼睛。窦婴赶紧走过去，向田蚡赔礼道："丞相息怒，他喝醉了，让他回家吧。"

灌夫丝毫不领情，继续大叫："我没醉！仗打起来了，主帅不上战场，五六万将士性命没了，还贺什么喜，贺他临阵脱逃，白白送了五万人马？"说完，他手一抬，将酒案掀翻。

这一下，田蚡算是丢尽了脸面，直气得浑身发抖，不顾窦婴和众人的阻拦，命人将灌夫抓进了牢里，并以越礼放诞、目无朝丞、借酒发疯、心怀叵测为名处死了灌夫。

灌夫勇武正直，看不惯田蚡的胆小怕事，看不惯众人的趋炎附势，这是他的优点，但他却不知道控制自己的情绪，心中有气、悲痛，就不管不顾地借着酒势撒了出来，他一吐为快，出了一通恶气，却让自己丢了性命。这是不是太不划算了呢？假如让灌夫自己来选择，他肯定宁愿战死沙场，也不愿这样窝囊地死于小人之手吧！灌夫之死真是可悲又可叹，他这样的人，或许就是鬼谷子所说的不能寄托实情的人吧！

事贵制人，勿制于人

可知者，可用也；不可知者，谋者所不用也。故曰事贵制人①，而不贵见制于人。制人者，握权②也；见制于人者，制命③也。

【注释】

①制人：控制别人。②握权：掌握了权变的主动权。③制命：被他人控制了命运。

【译文】

在用人上，那些彻底了解的人才能使用；假如你还不够了解他，谋划策略时就不要用他。所以，做事情贵在控制别人，而不是被别人控制。制住别人，你就掌握了权变的主动权；被别人控制，你的命运就掌握在别人手中了。

【智慧全解】

在此，鬼谷子强调，无论做人还是做事，都要先分清谁是我们的敌人，谁是我们的朋友；哪些人可用，哪些人不可用。鬼谷子指出："可知者，可用也；不可知者，谋者所不用也。"只有明确了这个问题，我们才能掌握住办事的主动权，以免受制于人。

世上没有永久的敌人，也没有永久的朋友，只有永久的利益。出于利益关系，两个相互仇恨、相看两生厌的人也可以成为朋友；出于利益关系，两个熟悉的、相互引为知己的人也可能成为敌人。无论什么时候，利益都是决定敌友的标准。一些人觉得这个标准或许很无情，很功利，但这就是现实。试想，假如分不清何人为敌，何人为友，做事时你就可能把敌人当成朋友，那样的话事情还能做成吗？你也许会把朋友当成敌人，那样的话，你的朋友就会疏远你，朋友会越来越少，到最后你必然会一败涂地。

有这样一则寓言：话说冬天要来了，小鸟们都往南方飞去。其中一只小鸟在飞行过程中，由于天气太冷被冻僵了，从天上掉了下来，一下子落在了一片农田里。正当它躺在田里瑟瑟发抖时，一头母牛由此经过，还拉了一泡屎在小鸟的身上。冻僵的小鸟躺在冒着热气的牛粪堆里，没多大一会儿就缓过劲来。小鸟开心极了，忍不住唱起了歌。这时又过来了一只猫，听到小鸟的歌声，就走过来一探究竟。小猫很快看到了躲在牛粪里的小鸟，于是飞速地伸出利爪，把小鸟抓了起来，然后饱餐了一顿。

这则寓言充分说明了：生活中往你身上拉屎的人并不全是你的敌人，把你粪堆里刨出来的人并不全是你的朋友。这个世界风云变幻，我们哪里还敢不擦亮双眼，分清敌与友呢？聪明之人会坚持自己的原则，不会轻信敌人的诺言，而放弃自己的安全保障。

鬼谷子说，做事重要的是掌握事情的主动权，千万不可受制于人。这就是要分清敌友的目的。只有这样，我们才能团结我们的朋友，以攻击我们的敌人。如果分不清敌友，就有可能获得错误的信息，错误信息必然导致误会，误会又会使我们失去理智，做出错误的行为，进而造成不必要的损失。

【阅读延伸】

战国时期，楚怀王在秦国去世，楚国只得召回在齐国充当人质的太子回来继承王位。太子接到噩耗，赶紧向齐湣王辞行，可是齐湣王却故意刁难："要想回国，就得把楚国东部的五百里土地送给我。否则就别想回去。"寄人篱下的太子没办法，只得说："让我回去问问师傅的意见吧。"

楚国太子回到住处后，询问太傅慎子的意见，慎子说："给他吧。土地也是身外之物，是为人服务的，如果因为吝啬土地而导致父亲死不瞑目，那是不仁的行为，所以我觉得把土地送给齐国比较妥当。"太子觉得有道理，便答应了齐湣王的要求。就这样，太子得以回到了楚国。

楚太子回国后就继承了王位，他就是楚顷襄王。他刚继位，齐国就派使者来索要土地。楚顷襄王无奈地又问师傅："齐国的使者前来索取土地，我们该怎么办呢？"慎子回答说："大王把君臣召来商议吧。"

第二天一早，楚顷襄王把众大臣召集起来，说了事情的经过，然后询问他们的意见。上柱国子良首先站出来说："大王，这个土地得给齐国啊，当初大王既然已经答应了齐王，如果不给，就是楚国不讲信用，其他诸侯会笑话我们的。请您给齐国土地，然后再出兵攻取。给土地，是讲信用；攻取土地，是比武力。"

第二个发言的是昭常。昭常说："大王，不能给啊。失去了五百里土地，我们楚国就失去了一半的领土。臣请大王允准我去守卫东边的土地。"

昭常刚退下，景鲤站了出来，说："大王，臣觉得不能给。如果齐国因为这个而来攻打我们，楚国无法坚守，臣请求去秦国搬救兵。"

退朝后，楚顷襄王前来征询师傅的意见。慎子听过那三位大臣的主意后，对顷襄王说："大王，就按他们三个说的做吧。"楚顷襄王一听，愣住了，那三位大臣的意见丝毫不一致，怎么能同时执行呢？不解地问："老师，这是什么意思？"慎子回答道："大王为上柱国子良派五十辆车，让他去向齐国进献那五百里土地。然后再任命昭常为大司马，让他去坚守东方。再然后，大王给景鲤派五十辆车，让他去秦国求援。"

楚顷襄王听了，频频点头，称赞道："老师真是好主意！"于是就按慎子所说去做了。

子良到齐国后，齐国派兵将前往接收楚国的东部领土。而此时昭常已经在那里守卫，他对齐国使者说："现在这个地方由我主管，我誓与此地共存亡。我们一共有30万人，虽然装备不精，但我们仍然愿意誓死保卫这里的土地。"

齐湣王得到汇报后，很生气，就责问子良："您前来献地，而昭常却在那里坚守，这是为何？"子良说："我是奉敝国国君的命令来的，昭常肯定是假借王命，大王就进攻他吧。"于是齐湣王举兵向楚国东地攻去。

然而，没等齐国踏进楚国的国境，秦国已经出兵了，不仅如此，秦国说："齐王不让楚国太子回国，是不仁，又以此要挟，索要楚国东边五百里领土，是不义。如果尽快退兵就罢了，如果不退，我们就同齐国决一死战。"齐湣王一听，害怕了，赶紧请子良出使秦国，为齐国解除忧患。就这样，楚国不动一兵一卒就保全了东部的领土。

慎子谋事，深谙鬼谷子所说的"事贵制人，勿制于人"之道，他深知在当时那个情况之下谁可用，谁不可用，该联合哪个国家，该放弃哪个国家。而这一切，都基于他对当时形势的透彻了解。只有充分了解了对方的实情，你才能知道他可用不可用，这是基础，是前提。

顺应自然，无为贵智

故圣人之道阴，愚人之道阳。智者事易，而不智者事难。以此观之，亡不可以为存①，而危不可以为安。然而无为而贵智②矣。

【注释】

①不可以为存：不能够设法让它存在。②无为而贵智：顺应自然而推崇智谋。无为，顺应规律。

【译文】

因此，圣人运用谋略的规律讲究"阴"，愚蠢的人做事的规律只能说是"阳"。聪明的人做事情就比较容易，愚笨之人做事就比较困难。由此可见，尽管消失的东西不可能让它继续存在，危急的局势也很难使之转危为安，但是，在处理事情的过程中，顺应规律，重视智谋，仍然难能可贵。

【智慧全解】

老子提倡"无为而治"，意思是说，做事情在顺应客观态势，尊重自然规律，而鬼谷子在此也提出了无为而治的主张，他说："然而无为而贵智矣。"鬼谷子认为，在处理事情时，要顺应规律，重视智谋，这是非常可重的。二者有异曲同工之妙。

有些人认为，"无为"就是什么也不做，只是消极地任凭命运摆布。这是不正确的。无论是与老子思想，还是与鬼谷子思想，都是不相合的。鬼谷子所提倡的"无为"，含有不妄为、不乱为的意思，强调做事要尊重事物的规律。

鬼谷子的理论运用到现代生活中，就是说个人的行为要顺应自然和社会发展的规律，并按照规律去制订相应的对策、措施，不可轻易改动。人们在这样的制度管理下，才能尽情地发挥自己的才华。在企业管理中，有很多管理者采用无为而治的办法，大胆放权，给下属足够的空间去施展才干，收到了相当不错的效果。

人的精力是有限的，时间也是有限的，一个人无论多么优秀，都不可能面面俱到，这就需要有所选择，有所为，有所不为，把自己的精力集中到最重要、最关键的事情上，而舍弃那些不重要的事情或不宜做的事情。如果什么事都想干，必然会削弱你的精力，那样是做不好任何事情的。

大千世界，变化万千，我们要找准自己的目标，抛弃繁杂无关的纷扰，把自己的最大精力和智慧投入到最值得的地方，这样，我们的人生才更加充实，更加精彩。这也是鬼谷子"无为而贵智"之思想的内涵所在。

【阅读延伸】

西汉时期，刘邦手下有一位大臣名叫曹参。此人曾跟随刘邦起兵反秦，为西汉的建立立下了汗马功劳。当年刘邦在建国之初论功行赏之时，将曹参封为平阳侯，其功仅次于相国萧何，位居第二。

后来，曹参为齐王相国，在任九年，他一直遵照"治国贵在无为"的办法处理政务，制定了许多利民政策，没过多久，齐国经济得到恢复和发展，百姓们过上了安稳的太平日子。大家都称赞曹参是一个贤明的丞相。

谋篇第十：多谋善断，出奇制胜

汉惠帝在相国萧何临终之际询问何人能够接替相位，萧何便推荐了曹参。于是汉惠帝便让曹参接替萧何，做了大汉第二代相国。俗话说："新官上任三把火。"曹参这个新相国会怎么烧这三把火呢？大家纷纷翘首以盼，可是事情的发展让所有人大失所望。

曹参上任后，并没有大刀阔斧地大干一场，而是从各郡和诸侯国中挑选一些质朴而不善文辞的厚道人，立即召来任命为丞相的属官。斥退、撵走了官吏中那些言语文字苛求细枝末节、想一味追求声誉的人，并下令不对法度做任何的改变，一概遵循萧何制定的法度。接下来，曹参自己对朝廷的事不管不问，一天到晚就和人在丞相府喝酒聊天。

有些人沉不住气了，身为相国，身上的担子多重啊，哪能一天到晚吃喝闲聊呢？于是着急慌忙地求见劝说，有些人还向他献计献策。然而，这些人一到，曹参就马上拿美酒请他们喝，一张口，曹参就故意岔开话题，说："先喝酒，喝酒，有什么事喝完酒再慢慢地谈。"只要客人想张嘴说事，曹参就让酒，直到把人灌醉而归。

曹参可是萧何大力推荐之人，怎么是这个样子，汉惠帝也急了，召来曹参，一脸不悦地责问道："当初我是因为信任萧相国才肯让你担任相国的。谁知，你任相国以来，什么事情都不愿意做，我真怀疑萧相国的眼光啊！"

曹参听后，一点也不着急，更不生气，而是反问汉惠帝："依陛下之下，您跟先帝相比，谁更贤明英武呢？"

汉惠帝虽不明所以，但还是诚实地回答道："先帝建功立业，功劳覆盖千秋万代，我怎么敢和先帝相提并论呢？"

曹参又问："陛下看我的德才跟萧何相国相比，谁更有德才呢？"

"我看你好像是不如萧相国。"汉惠帝瞥了一眼曹参，回答道。

得到答案，曹参笑了笑，说："陛下英明。先帝与萧相国在统一天下以后，陆续制定了许多明确而又完备的法令，在执行中又都是卓有成效的。现在您的贤能不如先帝，我的德才又比不上萧相国，难道我们还能制定出超过他们的法令规章来吗？"

曹参稍稍停顿了一下，又极为诚恳地说："现在陛下是继承守业，而不是在创业。因此，如今陛下垂衣拱手，我等谨守各自的职责，遵循原有的法度办事而不随意更改，不是很好吗？"

汉惠帝听到这里，才明白过来，对曹参说："哦，我明白相国的苦心了，你不必再说了，以后我们就遵照旧章办理吧。"

曹参在相国位三年，一直按照萧何过去制定的法规治理国家，西汉在他的治理下，政治稳定，经济发展，人民生活提高不少，天下人都称颂他的美德，还编了一个歌谣："萧何定法律，明白又整齐；曹参接任后，遵守不偏离。施政贵清静，百姓心欢喜。"这就是历史上著名的典故——"萧规曹随"。

曹参主张无为，一切按照萧何当初所制定的法规治理国家，使大汉王朝处于稳定发展之中。他的无为之所以有此良好的效果，完全是因为他非常了解国家的处境与现状，知道长期遭受秦朝暴政的国家需要休养生息，而且他还非常了解自己与汉惠帝，既然技不如人，还不如遵循旧章，不节外生枝，安定百姓，这才是最好的选择。

圣人之道，在隐在匿

智用于众人①之所不能知，而能用于众人之所不能见。既用，见可，否择事而为之，所以自为也。见不可，择事而为之，所以为人②也。故先王之道阴。言有之曰："天地之化，在高与深，圣人之制道，在隐与匿。"③非独忠信仁义也，中正④而已矣。道理达于此之义，则可与语。由能得此，则可与谷⑤远近之诱。

【注释】

①众人：普通人，大多数人。②为人：让他人去做。③言有之：俗话说，常言道。化：化生（万物）。④中正：不偏不倚。⑤谷：俞樾《诸子平议·补录》以为当作"榖"，即悦近来远，让天下归服。

【译文】

运用智慧，就要用在众人无法察知的地方，才能也要用在众人看不到的地方。智慧与才能的运用贵在隐秘，要做到隐秘，就不要选择应该公开做的事情去做，这样做是为了实现自己的目的。如果不能做到隐秘，那就干脆公开自己的谋略，向对方显示自己这样做是为了对方。所以，先王处世的法则讲究"阴"。俗话说："天地化生万物，表现在高深莫测；圣人处世的诀窍与法则，在于隐藏不露。"在使用智慧、才能的过程中虽然讲究隐秘，但是不能失去忠信、仁义，以及中正法则。能够懂得在忠信、仁义、中正的法则下运用计谋的人，才能与之谋划。能够懂得这些道理的人，才能悦近来远，让天下归服。

【智慧全解】

鬼谷子认为，圣人之道，在隐在匿，意思是说，圣人处世往往善于隐藏不露。鬼谷子认为，只有那些懂得隐秘，又不失忠信、仁义及中正法则的人，才能与之谋划共事。善于隐匿之人，世人称之为大智若愚之人。

大智若愚是大智慧，是真聪明。大诗人苏轼曾说："大勇若怯，大智若愚。"真正的大智大勇之人从来不大肆张扬，卖弄聪明。一个人是否真勇真智，不是看外表，而要看实力，具有大智慧的人，往往看起来反倒如同糊涂人，其实不是真糊涂而是假糊涂，这就是"大智若愚"。大智若愚的人给人的印象是：宽厚敦和，平易近人，不露锋芒，甚至有点木讷和傻气。其实在"若愚"的背后，隐含的是真正的大智慧大聪明。

有些人总爱自作聪明，生怕被人当作傻瓜，处处表现自己，处处争权夺势，其实常常是在上演一幕幕作茧自缚、引火烧身、自掘坟墓的悲剧。这些人可能会一朝得逞，一时得势，但玩的终究是小聪明小把戏，是大愚若智，这种人最终都落不下好结果。有些人整日夸夸其谈，聪明外显，比如赵括纸上谈兵无人能敌，却只能败兵疆场；宋朝的张浚组织"花腿军"，大言扫敌，却一事无成。而刘备在曹操面前唯唯诺诺，尽掩英雄之气，所以能安全离开曹营，重振汉室基业，三分天下。智慧只在心中，流露在脸上的聪明不是智慧，而是浅薄。一个才德兼备的人，很容易招致旁人的忌恨，总是处于危险的境地。因此，保护自己的最好方法是深藏不露，像鬼谷子所说的那样"智用于众人之所不能知"，如此才能成就大事。

世界纷繁复杂，生活变化多端，我们要学会一套生存的本领。任何人都希望保持自己的个性、任性而为，但很多情况下，这样做的结果是让事情越来越糟，反而离自己的意愿更远。做人要有原则，但做事不可不讲究方法。懂得隐秘，又不失忠义之人，才能悦近来远，让众人心服口服，心甘情愿追随。

总之，大智若愚者藏才隐德，谦虚谨慎，以弱制胜，他们用表面的愚笨来保护自己，为自己赢得发展和提高的时间和环境，并能统观全局，站在比别人更高的角度上把握事态发展的脉络。这样的人往往比常人更能抓住成功的机会。

【阅读延伸】

春秋时期，郑国国君郑武公娶了申国国君的女儿为妻，叫武姜。武姜为郑武公生了两个儿子，一个是庄公，一个叫共叔段。武姜因为在生庄公时难产，受了很大的罪，所以非常讨厌庄公，而极为偏爱共叔段，想立他为太子，多次向武公请求，武公一直没有答应。

后来，庄公当上了郑国国君，武姜向他请求，把制地封赏给共叔段作为封地，庄公没有答应，他对武姜说："制地是一个极为险要的军事重地，从前虢叔就是在那里死的，如果要别的地方，我都可以应允。"于是武姜又为共叔段请求京邑，庄公同意了。

共叔段一到京邑就开始扩大城池，祭仲认为既不合法度，又会威胁到国家的安全，便向庄公谏言："按照先王的规定，大的都城面积不能超过国都的三分之一，中等的不能超过五分之一，小的不能超过九分之一。而现在京邑的面积已经超过了三百丈，这不但违反了先王的制度，而且会使您受到伤害。"而庄公丝毫不着急，说："让他折腾吧，做尽不义之事的人必定会自取灭亡的，您就等着瞧吧。"

没过多长时间，共叔段又把西边和北边的连邑也划归到他的范围之内。大臣公子吕感到不安，又向庄公建议："一个国家怎么能有两个君主呢？共叔段如此作为，大王准备怎么办？如果您想把国家交给他，就请允许我去侍奉他；如果不给，就请除掉他，以免百姓产生二心。"庄公仍然不急不躁，说："别急，他会自食其果的。"

共叔段还真的是贪得无厌，后来他又把双方共管的连邑归到自己属下，他的封邑一直扩大到了廪延。公子吕又进言道："可以动手了。他占了这么多地，会得到百姓的拥护的。"庄公还是一脸淡定，说："他做了这么多不仁义的事情，哪里还会有人亲近他，他拥有再大的地方也没有用，早晚会灭亡。"

共叔段仍然不知收敛，大肆修造城池，聚集百姓，修整铠甲和武器，打算偷袭郑国国都。武姜打算作为他的内应。庄公得知后，说："可以动手了。"没几个回合，共叔段就兵败逃到了别国。

庄公在自己刚刚即位，共叔段错误犯得不大的时候，没有立即动手，而是选择了隐忍，什么也不做，只是静待旁观，等着共叔段犯下大错，遭到众人之怒；共叔段仗着有母后撑腰，以为隐忍的庄公软弱无能，于是便大肆张扬，实力外露。这样的两个人对决，孰输孰赢，再明显不过了。在实力与对方无法抗衡时，不如选择做一个隐忍的顺从者、恐惠者，只有这样，才能加速对方滑向深渊的进程。大智若愚、隐而不露的人往往成为最后的赢家。

决篇第十一：趋利避害，决情断疑

"决"，决定、决断。本篇论述了关于决策事物的原则、方法以及决策的意义等问题，强调了"决"的重要性，鬼谷子认为善于判断情况、做出决断是万事成功的关键。鬼谷子的"决术"是人们在面对事情或问题时，决定计谋或策略时的一门学问，掌握这门学问对一个人做事取得成功有很大的帮助。

决之有利,去利不受

凡决物,必托于疑者,善其用福,恶其有患。善至于诱也,终无惑偏。①有利焉,去其利则不受也,奇之所托。②若有利于善者,隐托于恶,则不受矣,致疏远。故其有使失利者,有使离害者,此事之失。③

【注释】

①决物:决断事情。托:依托。诱:诱导。惑:迷惑,疑惑。偏:偏颇。②不受:指决疑的委托者不接受你的决策。奇之所托:寄托于决断上的变幻莫测,做到出人意料。③失利:丧失利益。离:同"罹",遭受,遭遇。事之失:决断事情的失误。

【译文】

凡是给人决断事物,必定是因为那人犹豫不决,善于决断就能得到利益,不善于决断就会招致祸患。善于决断,一定要先诱导对方讲出实情,然后再做决断就不会迷惑或偏失。决断必须给对方带来利益,否则,对方就不会接受我们的决策,要想每次决断都带来利益,就必须寄托于决断的变化莫测,做到出其不意。假如所做的决策总的来说是有利的,但是其中隐藏着不利的因素,那么对方就不会接受这个决断,而且会导致双方关系的疏远。如果我们的决策给对方带来失利,或是使对方遭受

决篇第十一：趋利避害，决情断疑

灾害，那么这就是决断中的失误。

【智慧全解】

做决断是一件非常严谨的事情，尤其是替他人决断，一定要慎之又慎，重要的一条就是做出的决断要能给对方带来利益，否则，对方就不会接受你的决断，这就是鬼谷子所说的"有利焉，去其利则不受也"。而要使你的每一次决断都能带来利益，就必须寄托于决断的变化莫测，做到出其不意。

生活就是一个不断选择的过程，当我们面前只有一条路的时候，可以毫不犹豫地走下去，可是任何人都有走到三岔路口或十字路口的时候，这个时候就要面临选择，要做出正确的决断，这样才能保证以后的路走得顺畅。那么我们该如何选择决断呢？这个问题就要谨慎再谨慎了，一旦决断失误，就有可能走上歧途，至少会走不少弯路。

因此，在做决断时，一定要权衡利弊。为自己决断还简单点，无论结果好坏，都是由自己来承担全部的后果，好的让自己获得利益，坏的能让自己得到教训，累积点经验。如果是替他人决断就不会这么简单了，你一旦决断失误，使对方的利益受到损害，对方不会接受不说，还会在心里埋下一颗仇恨你的种子，这颗种子一旦发芽生长，后果就严重了，说不定什么时候会给你重重的一击。

俗话说：好事不出门，坏事行千里。你如果替他人决断错误，有失公允，产生的负面效应会相当严重，你的形象会瞬间崩塌，人们记不住你曾经的善意、聪明、勇敢，只会记住你这一次不公平的决断，朋友会歧视你，远离你，最后你势必会成为孤家寡人。所以鬼谷子说："故其有使失利者，有使离害者，此事之失。"使接受决断的双方有一方利益受损或是受到伤害的决断，就是失误的决断。替他人做出一个正确的决断，接受决断的双方都会对你心存感激，而不是一方因获利甚多而沾沾自喜，另一方因利益受损而暗生仇恨。做一个正确的决断，能让接受双方都心满意足，从此大事化小，小事化了，双方在以后的日子里会尽量宣传你的聪明智慧。

要做出一个正确的决断，让双方愉悦地接受，需要遵循一定的规则，但其中最重要的一项原则就是必须能为对方谋求利益。不仅如此，决断之后还要在后面执行过程中，适时关注、调整。因为决断是一个连续的过程，如果执行不好，也不会有好的结果。

总而言之，替他人决断的一个目的就是你高兴，他快乐，出现一个皆大欢喜的局面。而要实现这个目的，我们一定要权衡利弊，使决断能够为对方带来利益。

【阅读延伸】

战国时期，赵国有一个能谋善断的名士，名叫虞卿。虞卿非常擅长战略谋划，坚决主张联合抗秦，非常排斥向秦国献媚。

长平之战，秦军大败赵军，而后乘胜向赵国索要六座城池作为讲和的条件。六座城池对于刚经历过战争的赵国而言可不是小事，赵王一时间没有了主意，便把此事讲给了刚从秦国投奔而来的楼缓，想征询他的意见。

楼缓对赵王说："我刚从秦国来到赵国，如果我说不给秦国割城，明显说不通；如果建议大王割城，大王肯定会认为我是替秦国考虑。不过，我还是建议大王割城给秦国。"赵王点了点头。

赵国大臣虞卿听说这件事后，马上拜见赵王。当他听赵王说了楼缓的主张后，非常生气，说："楼缓就是胡说。"赵王询问他为什么会这样说。虞卿说："请问大王，秦国这次是为何而撤军的呢？是因为秦军疲惫不堪？还是因为秦国爱护大王？"赵王回答说："秦国每次攻赵，都是倾尽全力，这次肯定是因为疲惫才撤兵的。"

虞卿说："秦国倾尽全力，尚且不能夺得赵国的土地，最后只得疲惫而归。现在大王竟然要把秦国无法用武力夺走的城池送给秦国，这不是在帮助秦国攻打自己吗？如果今后秦国再来攻打赵国，大王打算拿什么来挽救赵国呢？"

决篇第十一：趋利避害，决情断疑

赵王又觉得虞卿说得很有道理，于是便把他的话告诉了楼缓。楼缓说："对于秦国的进攻能力，虞卿能够全面掌握吗？假如他能够做到这一点，那么，一丁点儿的土地也不要让给秦国；如果秦国再来攻打赵国，赵国再想跟秦国求和，恐怕得拿出赵国的腹地了。"

赵王听他这么一说，又迷茫了，问："如果按你所说，把城池割给秦国，你能保证秦国明年不再进攻赵国吗？"楼缓回答说："我无法保证。韩、魏、赵三国都是秦国的友邻，秦国为什么放过韩、魏，而独攻赵国呢？大王可想过原因？肯定是因为赵国对秦国没有韩、魏两国好。"

赵王又把楼缓的话说给了虞卿，虞卿一听，怒了，对赵王说："假如赵国把城邑割给秦国，楼缓却无法保证秦国不再来进攻赵国，那么割城池又有什么意义呢？如果明年秦国又来进攻，再割地求和，岂不是自取灭亡？秦国军队虽然强大，但也不可能一下子就能攻下六座城邑；赵国军队虽然实力有限，但也不至于一下子失掉六座城邑。秦国久攻不下，就会疲惫，我们完全可以用五座城邑去联合其他诸国，一起来攻击秦国。这样就算把五座城邑都送给其他国家，也可以从秦国那里得到补偿。大王，您说这个方法好呢，还是割地自削力量而强大秦国好呢？"

赵王再次把虞卿的话转给了楼缓。楼缓则反驳说："虞卿说得太片面了。秦国打败了赵国，其他国家的使节肯定都去秦国祝贺了，人都是趋强而欺弱的。所以说，现在应该赶紧割地与秦国求和，以免惹恼秦国，带来祸患。"

虞卿听说楼缓的话后，又赶来谒见赵王，说："大王，赵国危矣！楼缓明显是在为秦国谋福利。赵军被秦军打败，然后献地求和，这不是向其他国家宣扬赵国的软弱吗？再说，我主张不割地，并不是只要求不割地，而是主张大王用五座城池去贿赂齐国。齐国向来与秦国不对付，齐王如果得到这五座城邑，一定会与赵国联合起来，共同抗秦。这样一来，大王可以促使赵、齐交好，赵国与秦国的处境就转换了。"赵王听了这一番话，连连点头称赞，于是便派虞卿出使齐国，一起谋划攻打秦国的事情。

秦国听说后，赶紧派出使者主动向赵国求和，因为秦国也害怕赵、齐联手。楼缓得知这个消息后，赶紧逃跑了。

鬼谷子主张，替人谋划，应该以"善其用福，恶其有患"为标准，因为任何人都是趋利避害的。赵王之所以最后接受了虞卿的建议，关键因素就是虞卿所说的能给赵国带来利益。而楼缓所进言的建议让他看不到利益，经过权衡，他当然会选择采纳虞卿的建议。

欲成其事，微而施之

圣人所以能成其事者，有五：有以阳德之者，有以阴贼之者，有以信诚之者，有以蔽匿之者，有以平素之者。①阳励于一言，阴励于二言，平素、枢机以用。②四者，微而施之。

【注释】

①以阳德之：公开地施加恩德，使对方感激。以阴贼之：暗中使用计谋，对方受到伤害。以信诚之：待之以诚，使对方信赖。以蔽匿之：以欺瞒蒙骗的手段对待对方。蔽，蒙蔽，此指虚假情况。匿，藏，引申为蒙蔽、迷惑。以平素之：按照正常的方式对待对方。②励：勉力，此指追求。一言：一种言论，此指言行前后一致。二言：两种言论，此指前后言行不一，真假难辨。枢机：关键。

【译文】

圣人用来成就事业的手段有五种：一是"阳德"，二是"阴贼"，三是"信诚"，四是"蔽匿"，五是"平素"。这五种手段分为"阴"与"阳"两类：使用"阳"类的手段时，要言辞如一，前后一致；运用"阴"类的手段时，要善于说两套话，真真假假，令人摸不透我们的真意。"阳"类手段和"阴"类手段，加上"平常"使用的手段和"关键"时刻使用的手段，这四种手段要微妙地加以综合运用。

【智慧全解】

　　古往今来，无数事实证明，要想做出正确的决策，不仅要着眼于个人的利益，更要从大局、大势出发。通观全局，制订出战略性的规划，然后再"微而施之"，巧妙地运用谋略，这样才能做到万无一失。

　　正确的决策，可以富民强国，稳定局势。可是做出这样的决策并不容易，对此，鬼谷子提出了五种手段："圣人所以能成其事者，有五：有以阳德之者，有以阴贼之者，有以信诚之者，有以蔽匿之者，有以平素之者。"同时还指出："阳励于一言，阴励于二言，平素、枢机以用。四者，微而施之。"意思是说，"阳"类手段和"阴"类手段，加上"平常"使用的手段和"关键"时刻使用的手段，这四种手段微妙地加以综合运用，这样就能做出正确的决策，成就一番大事业。

　　事情是人做出来的，掌控了人的动向，也就掌控了事态的动向，所以决策说到底决定的还是"人"。鬼谷子认为，圣人正是通过阳德、阴贼、信诚、蔽匿、平素这五种手段才成其大业的。用阳德，通过正面感召的方式让对方丧失斗志，是历代皇帝常用的稳定民心的策略，比如汉初的无为而治，再比如当代管理中招聘人才、奖励制度都属于此类方法。阴贼的手段多适用于情隐言伪之人。对那些觊觎自己权势的人，可以果断地采用阴贼的手段给以反击，避免管理上的波动。俗话说："道不同不相与谋。"对于志同道合的人，可以采用"信诚"的策略，用自己的信用支撑对方。人无完人，孰能无过？任何人都有一些缺点、毛病，我们切不可吹毛求疵地责怪他人，那样只会激起对方的叛逆之心，所以对于那些犯了小错的人，要用爱心来庇护他，让他自己醒悟、改正，这就是鬼谷子所说的"蔽匿"之策。而对于那些爱随大流、跟风的人，只要采用"平素"的手段控制即可。

　　总之，一个决策必定会涉及各方面的利益，针对不同的人，我们应采用不同的方式进行决策。掌握了人，也就能掌握住事。只要"四者微而施之"，就一定能使决策按照自己设想的方向发展，最终达到自己的目的。

【阅读延伸】

　　春秋时期，晋文公病逝，晋国上下一片混乱，根本顾及不到其他。秦穆公趁此机会派出孟明视、西乞术、白乙丙三人领兵进攻晋国，结果在崤山遭遇伏击，秦军败亡，三员大将全被活捉。后来，经晋襄公的嫡母文嬴（秦穆公的同宗之女）求情，三人才免于一死，最后逃回了秦国。

　　孟明视等三人刚逃回国内，就有人向秦穆公进言要杀掉他们以平民愤。还有人说："他们三人带领秦国士兵出关，结果只有他们三人生还，其他人全都死在了崤山，真是罪不可赦，应该杀掉以安慰国民。"还有人向秦穆公建议说："当年城濮之战，楚军失败，楚国国君就杀了元帅，以儆三军，大王也应该仿效楚王的做法，这样才能威吓住士兵。"

　　总之，秦国诸臣全都主张杀掉孟明视等三人。

　　秦穆公听了大臣们的议论，思索良久，然后说："这次出兵，失败的责任在我，是我没有听从蹇叔、百里奚的劝告，一意孤行而导致战争不利的，不能责怪他人。"

　　众大臣一听此言，全都惊呆了，谁也猜不透大王心中是怎么想的，所以都选择了沉默。

　　秦穆公知道，孟明视等三人都是秦国勇将，秦晋争霸中原的路还很长，此时杀掉这三员大将，对秦国没有一点好处，再说了，晋国之所以放回他们三人，就是想借刀杀人，既想除掉仇人，又想获得秦国的好感。胜败乃兵家常事，凭三人的本领，将来总有一天能打败晋国，洗雪耻辱。

　　所以，他才会扛下了所有责任，并且不顾群臣的反对，身穿白衣，到郊外迎接孟明视等三人。秦穆公一看到他们三人，就哭着向他们表示安慰，并对死去的战士表示悼念。孟明视三人见之，无不感激涕零，发誓此生一定要效忠于秦穆公。

没过多久，秦穆公又任命孟明视、西乞术和白乙丙三人为将，统领军队。孟明视等三人感激国君的宽宏大量，纷纷竭尽所能，辅佐秦穆公整顿军队，尽心尽力地训练军队。经过一段时间的精心准备，三人在此后的战役中一举大败晋军，不仅报了被俘之仇，而且使秦穆公成为中原霸主。

在此，秦穆公代将受过，以"信诚"的方式使孟明视等三人深受感动，实在是高明之至，他勇于承担责任的方式笼络了人才，让有用人才不会离开，既保全了自己，又获得了人心，并最终成就了霸业。

度以往事，可则决之

于是度以往事，验之来事，参之平素，可则决之。①

【注释】

①度、验、参：三词意义相近，都有参验的意思。

【译文】

能做到上述要求，再用过去的历史做参验，再参考平常发生的事，就可以做出决断了。

【智慧全解】

鬼谷子认为，圣人谋划决策往往根据以往的经验，然后在未来的实践中加以验证，并参考平常发生的事，而且会注意根据情况的发展及时改正、完善，即"度以往事，验之来事，参之平素，可则决之"。

世间万事万物都是不断变化的，社会也在不断地发展，身为统治者，观察问题、做出决断必须用变化、发展的眼光，切不可墨守成规、因循守旧。那些有智慧的统治者，往往会借鉴以往的经验，但绝对不会生搬硬套，因为他们知道此时已非彼时，他们会根据实际情况而不断修正方略。只有这样，才能适应社会的不断发展变化。鬼谷子的"度之往事，验之来事,参之平素"的谋略,符合辩证唯物主义的规律,强调治国方略在实际运用中要不断变更,以适合自然界的变化规律。

俗话说"前事不忘,后事之师",说的也是谋划当前之事要参验往事,以往事为鉴。因为过去发生的事情,和当前所生活的环境又有所不同,所以还要参照当前的种种因素和条件,综合思虑之后,再做出决断,这样事情就更容易获得成功。

无论是治理国家,还是管理企业,都没有固定的模式和永恒不变的方法,聪明的管理者总是与时俱进,紧跟时代潮流,灵活地运用法度。对此,商鞅有这样一段经典的论述:"过去各个时代的政教都不一样,我们该仿效哪个时代的呢?每个帝王的礼仪也各不相同,我们又该效仿哪位帝王的呢?伏羲、神农注重用教化而不用杀人;黄帝、尧、舜杀人而不多;一直到周朝的文王、武王,都是适应时代的需要而立法,按照实际的情况而制礼。制订法规、礼仪要因时制宜,根据当时的情况而定,因此,我认为,治理国家不能只用一种方法,只要于国家有利,对百姓有益,就不必效法古代。商汤、周武因为不遵循旧法而兴盛,而殷纣、夏桀因不改变旧礼而亡国。由此可见,反对复古的人不应受指责,遵循旧礼的人不值得赞扬。"

商鞅以此来批驳当时坚持"法古""循礼"立场的保守派,来说服秦孝公进行变法。他以"前世不同教""帝王不相复"的历史经验为理论依据,提出了"治世不一道,便国不必法古"的口号。商鞅主张不盲目崇拜古人,不生搬硬套固定的模式,他的思想体现了当时革新派大胆进取的精神。事实证明,他的主张是正确的,秦国自商鞅变法后,国力逐渐强盛,最后终于灭了东方六国,使中国走向统一。

时至今日,身为管理者,在管理过程中也必须参照古今中外的成功经验,但切不可照搬照抄,要根据自己的实情,根据时代的变化加以修正、完善,这样才能使自己的事业立于不败之地。

决篇第十一：趋利避害，决情断疑

【阅读延伸】

秦统一中国后，秦始皇在宫中设宴，与群臣欢聚一堂。席间，博士仆射周青臣等人趁机向秦始皇献媚道："想当年，秦国领土不过方圆千里，后全靠陛下神灵圣明，平定海内，放逐蛮夷，日月所照，莫不宾服；废诸侯治国，立郡县之制，人人自安乐，无战争之患。陛下之功业流传万世，自上古以来，没有哪个君王的圣贤比得过陛下的。"秦始皇听后大悦。

齐人淳于越进谏说："臣听说，周朝、殷朝昌盛千年，全靠分封子弟功臣作为辅佐。现在陛下统一天下，举国繁盛，陛下享誉天下，而子弟都还是匹夫庶民，恐怕将来会像齐国那样有田常之患，如晋国那样有六卿之患，如果没有辅弼，何以相救？自古以来，从来没有拒绝以古为师而长久的。今青臣等人当面阿谀陛下，是加重陛下之过，非忠臣也。"

这时，已经身为丞相的李斯又对秦始皇进谏说："五帝和三王之政都不一样，各以其便宜为治，不是非要与前代相反，而是根据时世变化而治国。今陛下创大业，建立万世之功，治国方略，固然不是腐儒所能知道的。况且淳于越所言，乃三代（夏商周）之事，何足为师法？当年诸侯相争，才各自厚招游学之士以图强。今天下已定，法令统一，身为百姓的就应勤劳务农，士人就应学习法令，以知道禁忌。今儒生及游学之士皆不师今而学古，用以非议当世朝政，惑乱百姓。臣冒死言：古时天下散乱，不相统一，是以诸侯争相用强为乱，其所言皆誉古而谤今，饰虚言以乱实。人人皆信奉其私学，而肆意诋毁君上所制定的典章制度。今陛下一统天下，明辨黑白而定一尊，但是那些私学之人仍任意诽谤法制。每闻政令颁布，这些人就相互以其私学议论纷纷，居家就在心里非议，出门就在巷子里非议。用非议主上来讨取美名，以另类的志趣来标榜清高，各率其门徒造谣诽谤。如果不加禁制，则陛下之威降于上，朋党之势成于下。臣请下令，凡家中藏有《诗经》《尚书》、诸子百家之书者，限期命其销毁。如果令满三十日仍未将书销毁者，就将其黥面罚做城旦（白日防敌寇，夜里筑长城）。诸如医药占卜种树之书，可以留下。若有想学习这些的，可以跟随官吏学习。"

秦始皇觉得李斯所言颇有道理，于是果断下令焚书。

从以上秦朝各大臣的进言来看，淳于越是食古不化，而李斯则走向了另一个极端，誉今而毁古，他所借鉴的古事之理虽然正确，但是他以称赞古代的"改革"来"改革"秦国之政，是只看到了时世变化的一面，而忽视了时世不变的一面。因此，"焚书"这一决断，受到千古唾骂。我们在"法古""决今"时，不仅要考虑到事物及环境的变化，还要顾及自然界中不会随时间、环境而改变的因素，如此周密谋划，才能做出正确的决断，帮助我们走向成功。

断其可否，可则决之

王公大人之事也，危而美名①者，可则决之；不用费力而易成者，可则决之；用力犯勤苦②，然不得已而为之者，可则决之；去患者，可则决之；从福③者，可则决之。

【注释】

①危而美名：虽然危险，但可以用来博取好名声。②犯勤苦：付出艰苦努力。③从福：能带来福利、幸福。

【译文】

给王公大人谋划事情有以下五种情况可以帮其决断：一，当其处于危险之中时，而且事情做成之后可以博得好名声的，可以给他决断；二，不用费多少力就能办成事的，可以给他决断；三，事情做起来费力，需要付出艰辛的努力，但是又不能不做的，可以给他决断；四，能够为对方解除祸患的，可以给他决断；五，可以帮对方谋求利益的，可以给他决断。

【智慧全解】

在这里，鬼谷子论述了为王公大人谋划决断的五种情况："危而美名者，可则决之；不用费力而易成者，可则决之；用力犯勤苦，然不得已而为之者，可则决之；去患者，可则决之；从福者，可则决之。"意在告诉我们，如果可行，就要勇敢而果断地做出决断。

人生在世，谁都离不开决策，决策有时候可以影响一个人的一生，或者成就一生，或者毁灭一生。一件事，做还是不做，什么时候做，该如何去做，都要果断地进行决策，决策晚了，机会就会溜走；决策错了，就会一败涂地。因此，要想成就宏伟事业，必须注意培养自己的决策能力。

有这样一则寓言：话说一个农家小院里拴着一头驴子，驴子的左右两边各放一堆青草。驴子饿了想吃草，可是左右一看，作了难，两堆草一样青葱诱人，先吃哪一堆呢？驴子左看右看，始终决定不下来，犹豫来犹豫去，驴子竟然饿死了。

由此可见，果断决策是多么重要。果断是一种极为重要的人格素质，一个果断的人，会让人觉得可靠，从而愿意将事情托付于他；一个优柔寡断的人，会逐渐丧失他人的信任，从而导致事业失败。

生活中有不少人做事喜欢权衡来对比去，为了一些小利小弊而举棋不定，结果等到做出决定时，机会已经溜走了。常言说：机不可失，时不再来。花儿谢了，还有再开的时候；燕子去了，还有再来的时候；草儿枯了，还有再绿的时候；可是机会错过了，就永远不会再回来，因为失去的时机已经不复存在，而未来的时机只是一步一步才逼近你，没有到来之时，你就算挖空心思去寻，也是枉然。

机会来去匆匆，转瞬即逝，正所谓当断不断，反受其乱，我们在抉择时，一定要果断，只要自己认为是正确的，就不要犹豫。只有果断地做出决策，抓住稍纵即逝的机会，勇敢地付诸行动，才能在激烈的竞争中持续稳定地发展。这就是鬼谷子所提倡的"断其可否，可则决之"的思想。

决篇第十一：趋利避害，决情断疑

【阅读延伸】

西汉景帝时期，吴王刘濞联合七国诸侯起兵谋反。汉景帝任命周亚夫为将，领兵平叛。

在大军前往征讨叛军的途中，周亚夫的门客邓都尉进言道："吴兵锋芒正利，我们不宜与之相争；而楚国反兵实力较弱，不能打持久战。所以将军不如率军驻守昌邑，坚守不出，将梁国丢给吴兵，吴王肯定会尽全力攻打梁国。这时将军可以构筑工事，出奇兵断绝吴兵粮道。等到吴、梁两国两败俱伤之时，将军就可率兵猛攻，这样一定能攻破吴兵。"

周亚夫一听，点头赞同，便依邓都尉之计屯军昌邑，深沟高垒，坚守不出。吴兵果然率其精锐之兵攻打梁国。梁王刘武是汉景帝的弟弟，深受窦太后宠爱，其国富足，也全力抵御吴兵的进攻。可是吴兵的实力还是强于梁军，而且吴楚叛军在人数上也占有很大的优势，梁国在吴兵的猛攻下，伤亡惨重。梁王天天向周亚夫求援，可周亚夫就是坚守阵地，不向梁国派援兵。梁王没招了，就上书汉景帝，请汉景帝下旨命令周亚夫援梁。汉景帝手足情深，担心弟弟有危险，马上给周亚夫下了圣旨，命令他赶快救援梁国。

俗话说：将在外，君命有所不受。周亚夫置圣旨于不顾，仍然坚守不出，不过却派出精兵断了吴楚联军的粮道。没多久，吴兵就陷入了缺粮的恐慌之中，刘濞不愿再打持久战，便多次向周亚夫挑战，可是，周亚夫根本不理，始终坚守。吴兵势力实在很大，汉军夜里受到了惊扰，在军营中自己人跟自己人打了起来，骚乱一直蔓延到周亚夫的营帐之外。但周亚夫还是安稳地睡自己的觉，不予理会。没过多久，骚乱就平息了，而吴兵却一直无法与周亚夫交战，于是便在汉军营寨的东南方安营扎寨。周亚夫判断吴兵可能会从西北角绕过昌邑，于是派精兵在西北角埋伏，果不出所料，到了夜晚，吴兵果然向西北角奔来，早有准备的汉军突然袭击，吴兵只得撤退。

吴兵求战不得，而梁国又久攻不下，军中士气低落，粮草匮乏，刘濞只得引军后撤。吴兵刚撤，坚守了三个月的周亚夫就开始率军追击，大破吴楚联军。刘濞仅率数千人逃走，一个月后，刘濞被越国人诛杀。周亚夫成功平定叛乱，凯旋还朝。

  周亚夫判断出奉旨出兵救援梁国，必定会置长安于危难之中，于是果断地做出决策，抗旨不遵，坚守不出。那个时代，违抗圣旨就是死罪，但是周亚夫为大汉王朝考虑，为汉景帝决断，哪怕犯下死罪也没去救援梁王，最终，他的正确决断带来了胜利，为自己赢得了功名。试想，如果周亚夫明知不可仍然出于忠心而奉旨而行，那么，周亚夫的功名、汉景帝的宏业也就不复存在了。

决情定疑，万事之基

故夫决情定疑，万事之基。以正乱治，决成败，难为者。①故先王乃用蓍（shī）龟②者，以自决也。

【注释】

①正乱治：纠正混乱局面达到治理的目的。决成败：决定事情的成败。②蓍龟：蓍草和龟甲，皆为占卜工具。蓍，多年生草本植物，古人用其茎占卜，以推测吉凶，称作蓍草之筮。

【译文】

因此，决断事情，解除疑虑，是做好事情的基础。决断关系到国家的治乱、事业的成败，所以是很难做到的事情。所以，古代的先王才借助于蓍草和龟甲占卜，来帮助自己做出决定，从而使自己的决断正确无误。

【智慧全解】

鬼谷子说："故夫决情定疑，万事之基。"意思是说，决断事情，解除疑虑，是做好事情的基础。的确，在面临重要决策的时候，每个人都会出现焦虑或紧张等情绪波动，这时就需要我们控制好自己的情绪，做到冷静、沉着，这样才能消除内心的疑虑，做出正确的决断。

康德说:"做决定比认清所有的可能性还重要。"正因为这样,我们决断时才更需要冷静,这样做出的决断才更有价值,更接近客观事实。

古语云:"静而后能安,安而后能虑,虑而后能得。"冷静处事,才能有所得,才能赢得美好的人生。冷静是一种临危不乱的淡定,一种地陷山崩的坦然,一种沧海桑田的从容不迫。不管发生多大的事情,只要以冷静的姿势去对待,就能找到成功的解决方法。

危急时刻,很多人会情绪失控,紧张、急躁、冲动、鲁莽,而这些负面的情绪往往会使自己失去对事物的正确判断,从而导致决策失误,使自己陷入被动的境地。如果一个人任由情绪失控,头脑发热,就会失去最起码的理智,变得意气用事。这是决策之大忌。所以,遇到情况危急之时,我们不妨做一下慢处理,比如在心里默默地数数,让过激的情绪慢慢平静,然后再冷静观察事实动向,试着做出决定,这样一来,结果一定会截然不同。

冷静是知识和智慧两者融合到一起的一种涵养,更是一种理性和大度的深刻感悟。而现实生活中,很多人不具备冷静决断的素质,一遇到突发事件,就手忙脚乱,方寸大乱,匆忙之下就贸然做出决定,这样的决定哪里会符合实情?一旦做出错误的决定,必然会导致事态一发而不可收,甚至会完全失去挽回局势的机会。我们不是经常听到有人叹息:"我没有输给对手,反倒输给了自己。"心理素质不好,遇事就失控、失态,必然会导致糟糕的结果。

因此,在面临重大决策之时,必须做好自我调节,冷静面对,这才是我们做决断时最需要的素质。除了保持冷静、恪守原则外,我们还要懂得变通,以灵活的方式处理问题,这样我们才能掌握住事情的主动权,使事情朝着有利于我们的方向发展。

【阅读延伸】

隋朝末年,李渊举兵反隋,并最终推翻了隋炀帝的统治。随着战争的结束,李渊之子李世民被封为秦王,他的地位已不同往日,而李建成

决篇第十一：趋利避害，决情断疑

则利用太子的优越地位，频频向李世民发难。

一天晚上，李建成邀请李世民前往太子府赴宴，喝着喝着，李世民突然感觉心口疼痛不已，于是赶紧让人把自己扶回府中，这才保住了性命。还有一次，皇室众人一起打猎，太子让手下给李世民备马，结果李世民在那次打猎中差点被马摔死。

秦王李世民接二连三地遇险，这让王府上下又惊又忧。房玄龄觉察到事态不妙，太子与秦王的嫌隙已然形成，必然会有公开较量的那一天，两人一旦兵戎相见，刚刚安定的国家又会陷入战祸之中，百姓们又要遭殃了。于是他便建议李世民先发制人，力挽狂澜，使百姓避免战乱，使天下能够长治久安。房玄龄对李世民说："事态已经发展到这个地步了，殿下不如向周公学习，对外安抚周围各国，对内安抚社稷，先下手为强。否则，国家沦亡，身名俱灭，您应早做决断，绝不能再迟疑！"

这时的太子和秦王已经到了剑拔弩张的地步，为了打击李世民，太子李建成可谓是绞尽脑汁去陷害、中伤、挖墙脚。李建成对李元吉说："秦王手下，最有谋略的是房玄龄和杜如晦。一定要想办法把这两个人赶走，以断秦王的左膀右臂。"于是他们就在李渊面前诋毁房、杜二人，最终借李渊之手将此二人赶出了秦王府。然后，他们又利用调兵遣将的机会，设法调动秦王的部将。程咬金原是秦王府统军，是秦王的得力干将，李建成又借李渊之手令程咬金出任康州刺史。不过，程咬金却借故拖延，滞留长安。

李世民仔细分析了当前的形势，知道自己再忍下去，只有死路一条，于是决定采纳了房玄龄的计策，先下手为强，发动政变，杀掉太子，逼父禅位。做出决断后，李世民马上派心腹长孙无忌秘密召见房玄龄、杜如晦二人。此时，房、杜二人还不清楚秦王是不是下定了决心，二人便一唱一和，使用激将之法，对前来邀请二人的长孙无忌说："皇上敕旨命令我们不再为秦王办事，我们如果私自见秦王，就是死罪，不敢奉召。"

李世民收到消息后，勃然大怒，说："难道连你们也不愿效忠于我了吗？"当场取下佩刀，对尉迟敬德说："你再去一次，如果他们无心见我，就拿他俩的人头来见我！"

尉迟敬德和长孙无忌又秘密召见房、杜二人，对他俩说："大王已经下定了决心，你们快来谋划大事吧。"

房玄龄和杜如晦一听，这才放心，于是乔装打扮一番，秘密进入秦王府，同秦王密谋对策。

几人商定之后，李世民便进宫密奏太子李建成、齐王李元吉淫乱后宫以及试图谋害自己的事情。李渊听了，便命令他们明日一同进宫对质。到了第二天的早上，李世民率领尉迟敬德等人在宫城北门玄武门事先设下埋伏，趁李建成、李元吉入朝没有防备的时候，将他们射死，这就是历史上著名的"玄武门之变"。

政变后，李渊被迫以秦王李世民为太子，并交出大权，李世民成为实际上的皇帝。两个月后，全国局势稳定，李渊便把皇位传给了李世民，退位为太上皇。李世民终于登上皇帝的宝座，改年号为贞观，从此，翻开了唐朝历史新的一页。

常言道：当断不断，反受其乱。李世民在谋划国家大事时，没有失去方寸，更没有因为李建成的屡屡伤害而怒火冲天，鲁莽行事，而是冷静地分析当时的形势，紧紧抓住了时机，当断则断，终于成功登上帝王的宝座，使黎民百姓免于祸乱之苦。他把握住了成就大事的基础——决情定疑，所以才使事业得以成功。

符言第十二：明察秋毫，从善如流

「符」，符节，是古代朝廷传达命令或调兵遣将用的凭证，双方各执一半，以验真假。「言」，格言。「符言」是指国君要避免被他人看透自己的内心真实想法。鬼谷子在该篇中为君王设计了一套治国御民的策略，论述了君主应该如何治理天下、统领百官，以及如何具备一国之君所应有的素质。

安徐正静，居上之守

安徐正静，其被节无不肉。①善与而不静，虚心平意以待倾损。②右主位③。

【注释】

①徐：徐缓，从容。被：施及，加于……之上。②善与而不静：善于给予或放纵对方，使其不能安静。倾损：倾倒和损害。③右主位：以上所讲的主要针对在位者需要注意的事项。右，以上。古人自右向左竖写，故综括以上内容时言"右"。主位，指在位者应有的态度。

【译文】

在位者需要保持安定从容，正色冷静，就像骨节必须有肉附着于上面一样，才能活动，发挥作用。在位者要善于给予或放纵对方，使他无法安静，而自己则居位静观，以待其倾覆毁损。以上讲的是在位者应该如何去做。

【智慧全解】

鬼谷子在此提出了居上位者应该持有的态度——"安""徐""正""静"。这四种修养不仅是在上位者应具备的，更是每一个人都应该努力具备的修养。

"安"，安详，安详是一个人成熟的象征，只有成熟的人才能沉静安详，淡定从容。安详之人都是经历过风雨和挫折的人，这样的人，无论是做人还是做事都有了万事随缘的感悟，不再年少轻狂，不再浮躁，能够从容地看待世间万事万物、成败得失。

"徐"，从容、平和。从容、恬淡是一种难能可贵的境界和气度，从容之人做事不急不缓、不焦不躁，面对世态炎凉不愠不怒，即使遭遇种种挫折与不幸也不会自暴自弃，即使获得成功也不会喜形于色。

"正"，指的是正直。古人云："心如规矩，志如尺衡，平静如水，正直如绳。"正直是中华民族的传统美德，是为人处世的高贵品格。正直之人，无论说话还是做事，都怀揣道义，铭记责任，具有极为明确的是非观、价值观，于己不谋私，于人不虚伪，于公不渎职。正直之人务实、认真，诱不倒、压不垮，心不染尘，眼不容沙，敢于反对奸邪，坚持正义。

"静"就是沉静，沉静之人耐得住寂寞，忍得住孤独，与人无争，宽容忍让，沉着自信，默默进取。沉静是一个人阅历深厚的表现，阅历越多，体会越深，处逆境仍能保持一颗平常心，看得失沉着冷静。沉静之人，只在乎无愧于心，只要自己曾全力以赴，就能安然自若，问心无愧。

鬼谷子认为，一个人在功成名就之后，往往容易沉浸在成功的喜悦之中，容易不思进取，也容易滋生骄傲优越的心理，不再严于律己，所以才提出了"安、徐、正、静"这四种态度。能做到安详、从容、正直、沉静的人，便能心平气和地面对天下纷争，不以物喜，不以己悲，达到这种境界，位子一定能坐得牢牢的。在现实生活中，我们身居某个职位，也要积极、努力、平和、正直，这样我们才能与周围的人和平相处，并掌控局势。

【阅读延伸】

东晋时期，王羲之的家族颇有名望，王羲之的伯父王导、王敦都是东晋的功臣。其中王敦虽任大将军一职，掌管东晋的兵马大权，仍然不满足，一直想尝尝当皇帝的滋味。王敦手下有一个名叫钱凤的谋士，对王敦的野心给予大力支持，时不时地给他打打气，他自己也想借此捞个开国元勋的功劳。二人可谓是臭味相投，一拍即合。

有一天早上，时值初夏，王敦刚起床，就见钱凤急匆匆地冲进了王府大门，直奔客厅而来。王敦得到消息后马上来到客厅与之见面。钱凤张了张嘴，可是看了看左右，又止住了，王敦马上明白了他的意思，急忙挥手屏退左右。二人关起房门，抵头密语，谈起了"谋反"之大事。

钱凤神神秘秘地对王敦说了一个不祥的消息。王敦一听，眉头逐渐皱了起来。二人神情紧张，嘀咕了好久，说得正起劲时，王敦突然站了起来，大手一挥，制止钱凤再开口。原来王敦透过窗子，看到对面房间的蚊帐动了动，他突然想起自己的侄儿王羲之还在床上睡觉呢！

此时的王羲之年仅十二岁，非常聪明、机灵，悟性极高，深受王敦喜欢，王敦把王羲之看作是王氏家族的希望，所以，他经常把王羲之带在身边，留在他自己府里生活。这一次，王羲之已经在王敦家好几天了，他的卧室正好在客厅的旁边。当钱凤来的时候，由于两个人都很紧张，王敦也就把在房中睡觉的王羲之忘记了，直到看到蚊帐动了一下才猛然想起来。王敦神色慌张地对钱凤说："坏了，羲儿还在旁边睡觉呢，他如果醒了会听到我们刚才说的，这可如何是好？"

"谋反"可是灭九族的大事，一旦消息泄漏，谋划者必定身死名败，王敦和钱凤一下子慌了神。钱凤眼露凶光，对王敦说："大将军，计划一旦泄漏，我们必死无疑。俗话说无毒不丈夫，此时你可不能心软啊！"钱凤催促王敦去杀了王羲之。

王敦沉默不语，呆愣了好久。

钱凤看王敦犹豫不决，又催促道："大将军，要成大事，必须敢做敢为。当断不断，反受其乱！"

王敦在钱凤的催促下，终于下了决心，说："你说得对，做大事切不可儿女情长。"说着，便向王羲之睡觉的房间走去，"羲儿啊，你千万不

符言第十二：明察秋毫，从善如流

要怪伯伯我心太狠啊！"说着，王敦随手拔出宝剑，快步走到王羲之睡觉的床前。

王敦撩起蚊帐，挥起宝剑就要往下砍，定盯一看，发现王羲之此时呼吸均匀，还发出微微的鼾声，睡得正香呢，王敦掀起帐子，王羲之一点儿反应也没有。王敦收回宝剑，退了回去，心中暗暗庆幸自己的密谋没有被侄儿听去。

待王敦与钱凤走出房间后，王羲之才长出一口气。原来在钱凤进门时，王羲之就已经醒了，也听到了他们二人的谈话。王羲之意识到自己危险了，当王敦提剑向他走来时，王羲之紧张急了，他努力让自己平静下来，两眼紧闭，装出睡着的样子，这才让王敦没有动手。

王羲之用自己的机智避免了杀身之祸。

鬼谷子说："安徐正静，其被节无不肉。"镇静、平和，处变不惊，才能更好地保全自己。王羲之正是用自己的从容、沉静逃过了一劫。

辐凑并进，垂拱而治

目贵明，耳贵聪，心贵智。以天下之目视①者，则无不见；以天下之耳听者，则无不闻；以天下之心思虑者，则无不知。辐凑并进②，则明不可塞。右主明。

【注释】

①以天下之目视：用天下人的眼睛去看。②辐凑并进：做到遍视、广闻、全虑，就像车轮之辐集中于车轴一样。凑，通"辏"，指车辐集中于车轴。

【译文】

眼睛贵在明亮，耳朵贵在灵敏，心灵贵在有智慧。君主若能利用全天下人的眼睛去观察，就没有什么东西是看不到的；如果用天下人的耳朵去倾听，就没有什么东西是听不到的；如果用天下人的智慧去思考，就没有什么东西是想不通的。如果能做到遍视、广闻、全虑，就像车轮的辐集中于车轴一样，那么，君主的圣明就没有什么能够遮蔽、堵塞的了。以上说的是君主要如何做才能英明。

【智慧全解】

鬼谷子在此提出了居上位者做到英明的方法，即"以天下之目视者，则无不见；以天下之耳听者，则无不闻；以天下之心思虑者，则无不知。辐凑并进，则明不可塞"，做到遍视、广闻、全虑，就能英明神武，没有什么能够遮蔽、堵塞的了。

一个人要让天下人都当他的耳目、心脑，是非常难的，收遍全天下人的心，只是一种夸张的说法。其实，掌控天下事，只需收揽到天下英豪才俊的心就可以了。

人有贤愚、士有勇怯，如果你让愚蠢之人、怯懦之人做了自己的耳目、心脑，你的事业还能成吗？所以说，以天下之目视，其实就是以贤人为视；以天下之耳听，其实就是以贤人之耳为听；以天下之心思虑，其实就是以贤人之心为思虑。古往今来，凡成大事者，都以贤才为助，得才者得天下，而最终走向成功。如果与奸佞之人为伍，那么，无论居上位者多有才干，无论身边有多少人辅佐，也是无法成功的，甚至会赔上自己的身家性命。

常言说得好，不怕狼一样的对手，只怕猪一样的队友。如果你的搭档是一个软弱无力之人，或是心术不正之人，就算你学富五车、才华横溢，被这样的队伍拖着后腿，你也无法取得好的战绩，难以办成大事。因此，在现实生活中，不管是管理者，还是创业者，只有收揽到有才有识的人做下属、搭档，才能一帆风顺，成就一番伟业。

与贤才为伍，同心同德，努力奋斗，这样你就能节省不少精力，就能站在高处，统筹大局，从容谋事，而不必承担太重的负担，被乱七八糟的琐碎之事搞得焦头烂额。这正是鬼谷子所说的英明之策，"辐凑并进，则明不可塞"。

【阅读延伸】

南朝宋后废帝刘昱荒淫残暴，喜好杀戮。当时有个大臣名叫萧道成，为朝廷立下无数战功，可是刘昱却一直想杀了他。经过太后的恳切劝说，刘昱才没有动手。

萧道成一直知道刘昱对自己的戒备，因此十分害怕，经常窝在家里不敢出门。很多害怕刘昱的大臣都暗中投靠萧道成,越骑校尉王敬则就是其中的一位。

王敬则投奔萧道成后,了解了萧道成对刘昱的畏惧,于是,每天晚上都穿上黑衣,偷偷跟踪或潜藏路边,侦查夜里出宫玩乐的刘昱都有什么玩乐计划,都做了什么,说了什么。然后一一向萧道成报告。萧道成非常高兴,对王敬则赏赐有加,并让王敬则想办法跟刘昱身边的近臣处好关系。不久,王敬则与刘昱身边的杨玉夫等二十五个宠臣成为死党。

喜怒无常的刘昱不仅迫害大臣,对身边近臣也是动不动就打杀,杨玉夫等人整天受尽虐待,惶惶不可终日。于是,在一天深夜,杨玉夫等人趁刘昱醉酒大睡,拿起大刀,砍下了他的脑袋。

杨玉夫等人杀了刘昱后,带着刘昱的人头就来到了王敬则的家里。当时,王敬则正在自己家里睡觉,起来得知刘昱被杀,欣喜若狂,马上提起那颗脑袋往萧道成的府邸奔去。

来到萧府门前,王敬则敲了半天门,就是没人来开门,因为萧道成担心叫门的人是刘昱安排的,以为刘昱在趁夜黑风高来偷袭。王敬则见没给自己开门,就在门外大声喊道:"开门,我是王敬则!"

萧府手下听出了王敬则的声音,就跑到门外问:"有什么事儿吗?"

王敬则低声说道:"就在刚才,杨玉夫等人砍了皇帝的脑袋,快请萧将军进宫主事。"

萧道成听到汇报,还是不敢让人开门,犹豫不决,于是王敬则就把刘昱的脑袋从墙上扔进了院里。萧道成让人将头颅清洗干净,再一看,发现正是皇帝刘昱的人头,这才示意手下开门让王敬则进来,他则穿戴整齐出来相见。然后二人一起进入皇宫。

第二天一早,萧道成完全掌控了皇宫,扶十岁的刘准登上皇帝大位。没过多久,萧道成就取而代之,建立了南齐。

符言第十二：明察秋毫，从善如流

萧道成受刘昱的威胁，闭门不出，可是他并不是消极地自保，实际上自有人在为他奔走，王敬则就甘愿每天夜里出去窥伺刘昱，成了萧道成的耳目。所以，萧道成不必自己出去，就能尽知刘昱的一举一动。以天下人之眼为眼，以天下人之耳为耳，以天下人之思虑为思虑，就能掌控天下人、天下事，萧道成也就终成大业，建立了南齐。

德术正静，勿坚而拒

德之术曰：勿坚而拒之①。许之则防守，拒之则闭塞②。高山仰之可极③，深渊度之可测。神明之位德术正静，其莫之极。④右主德。

【注释】

①勿坚而拒之：不要固执己见而拒绝别人。②闭塞：阻绝、阻断。③极：到达。④正静：平正平静。莫之极：没有能与之相比的。

【译文】

推行德行的方法就是：任何人愿意归附我们，我们都不要拒绝。如果我们诚心接纳他人，我们的团体就会多一个成员，这样我们的防守阵营就得到了巩固；如果拒绝接受他人，就会使自己的实力减弱，同时还阻塞了其他人继续加入我们的道路。山再高，只要我们一步步攀登，总能到达山顶；水再深，只要我们坚持测量，总能测量出它的深度。德的地位神圣如神明，崇尚德行要求心态平静公允，做到这些，就没有什么能比得上。以上说的是推崇德行的方法。

【智慧全解】

鬼谷子提倡居上位者要善于察纳进言，他认为"勿坚而拒之，许之

符言第十二：明察秋毫，从善如流

则防守，拒之则闭塞"。古人云："兼听者明，偏信则暗"，居上位者不仅要多听，而且要善听。

　　一个人的精力、能力都是有限的，任何人都不可能做到面面俱到，事事完备，特别是在当今这个信息极为发达的时代，一个人不可能掌握所有的东西，这样一来，在决策的时候，就免不了会出现考虑不周全甚至错误的地方。这个时候，多听听下属或亲朋好友的意见，从别人那里借用智慧，就显得十分重要了。

　　然而，下属或他人的进言不可能全都可用，这些进言，既有让人迷惑混乱的淫邪之辞，也有无足轻重的泛泛之言；既有让人茅塞顿开的真知灼见，也有愚陋无知的糟粕之言；既有规划全局的远见卓识，也有不合时宜的说理之言；既有激切逆耳的忠直良言，也有隐晦寓意的深刻之辞。这些进言，有的让人走向深渊，有的让人受益匪浅；有的让人恍然大悟，有的让人损失惨重；有的让人头脑清醒，悬崖勒马，有的让人徒增感叹……可以说，他人的进言对居上位者的得失成败、福祸存亡有着至关重要的作用。

　　因此，居上位者，对于他人的意见，不论是不是合乎自己的心意，都要慎之又慎，因此鬼谷子提出"正静以待之"的建议，意思是要以自身正静而深沉的修养或态度去思考哪些进言可用，哪些不可用，只有以正静深沉的态度去察纳进言，才能做到择善去恶，用智杜愚，从而获益。

　　任何人做事都不可能做到完全没有疏漏。尤其是当今时代，各种信息充斥在我们的周围。一个人不可能掌握所有的东西，那么在决策的时候就难免会出现考虑不周全甚至错误的地方。这个时候，学会从别人那里借用智慧、听取不同的意见就显得十分重要了。

　　善于倾听不同的意见，也就是善于从不同的人那里借脑，将具有采纳价值的进行必要的吸收，没有采纳价值的也不会影响最终的决策，何乐而不为呢？

【阅读延伸】

　　春秋时期，晋文公刚即位，之后就开始征发百姓，组织军队，训练作战。经过两年的训练，晋文公觉得百姓们已经有了一定的能力，便想用他们去作战，以称霸诸侯。

大臣子犯得知后，赶紧上前劝阻："经过训练，百姓们虽然身体强健，有了作战的能力，可是他们还不懂得义，还没有各居其位，所以暂时还不能用。"

晋文公听了，感觉很有道理，于是便想办法让百姓知道什么是义。正在他一筹莫展之时，周朝发生了"昭叔之难"。

昭叔是周惠王的儿子，他和他的哥哥襄王的王后狄隗密谋叛乱。襄王知道后，就废掉了狄隗。狄隗的娘家知道后非常愤怒，于是便派兵进攻周朝。周襄王被迫逃往郑国。当时，周朝名义上是各诸侯国的宗主，晋文公了解情况后，便想借帮助周襄王返回周朝一事来教育晋国的百姓什么是义。晋文公派出左右两支军队，右军攻打昭叔，左军去郑国迎接周襄王回国。事情办得十分顺利，周襄王很快就返回了周朝。周襄王为表彰晋文公的功劳，以天子的礼仪迎接晋文公。可是晋文公却坚辞不受，他说："这是臣下应该做的。"

晋文公帮助襄王返回周朝后，马上回到晋国致力于便利百姓。过了一段时间后，他发现百姓们全都安居乐业，就认为可以使用百姓了。可是子犯又劝阻道："现在百姓虽然懂得了义，可是他们还不知道什么是信，暂时还不能用。"

晋文公觉得子犯说得有道理，便想办法教育百姓懂得信。他率领军队攻打原国，命令士兵携带三天的口粮。军队围困原国城池整整三天，士兵们的粮食都吃光了，可是还是没能攻下原国。于是晋文公就下令撤兵。正在这时，探子回报："原国要投降了。"有人建议再坚持一下，等待原国投降，可是晋文公却坚决退兵，他说："当初我已经说过只攻打三天，所以让士兵只带了三天军粮。现在已经下令退兵了，说话一定要算数。如果不退兵，就是失信，这样就算得到了原国又有什么意义呢？"

由于晋文公利用攻打原国教育百姓知道信，所以国内民风大变，凡事以信为本。他们做生意不求暴利，不贪不骗。

符言第十二：明察秋毫，从善如流

看着晋国百姓的变化，晋文公再次想用兵，然而子犯再次出言阻拦："百姓虽然知道了义和信，可是还不知道什么是礼，还没有养成恭谦礼让的习惯。"

晋文公又一次听从了子犯的建议，让百姓在礼仪上下功夫。他举行盛大的阅兵仪式，每个环节都依照军礼执行，使百姓看到礼仪；他又规定百官的等级及职责，使百姓知道对什么职官行什么礼仪。不仅如此，他还让百姓们懂得用礼仪来判断一件事的是非。晋国民风再次得到了大的改变，全国上下一派祥和，人人谦恭有礼，百姓之间礼让有加。

见此情形，子犯笑着对晋文公说："主公，现在可以用民了。"

于是，晋文公开始伐曹，攻卫，取得齐国之地，大败楚军于城濮，成为春秋五霸之一。

鬼谷子主张，君主不仅在多听，更应该善听，对于臣子的进言，要明察秋毫，用自己的智慧去判断哪些可听，哪些不可听。晋文公每时每刻都在想着称霸诸侯，可是他并没有急于求成，而是虚心地三次听取大臣子犯的建议，并不遗余力地去完成。他的诚心纳谏不仅教化了百姓，更成就了自己的霸业。

用赏贵信，用刑贵正

用赏贵信，用刑贵正。①赏赐贵信，必验耳目之所闻见，其所不闻见者，莫不暗化②矣。诚畅于天下神明，而况奸者干君。③右主赏。

【注释】

①信：信用。正：公正。②暗化：暗自转化。③诚：诚信，信用。畅：畅达。干君：冒犯君主。

【译文】

奖赏臣民贵在恪守信用，惩处下属贵在公正合理。赏赐贵信，一定要以自己亲眼看到亲耳听到的为依据，这样一来，对那些自己没有亲见亲闻的事，也有潜移默化的影响。如果每赏必信，那么诚信就能够畅行于天下，达到神明境地，那些想凭奸邪手段求得赏赐的人也会受到感染。以上说的是如何实行赏赐。

【智慧全解】

鬼谷子在此提出了居上位者如何采用赏罚的措施，鬼谷子主张"用赏贵信，用刑贵正"。只有赏罚分明，始终秉持公正才能更好地驾驭人才，成就大业。

待言第十二：明察秋毫，从善如流

古今中外，居上位者都奉行"得人心者得天下"，而要想得到人心，就要有仁德，也就是要靠赏罚分明来实现。

人的心理很微妙，但也很简单，说白了就是我为你好好干活，你给我应得的报酬。赏罚问题其实也就是回报的问题。如果某个单位的赏罚不明，那么员工们就会对自己付出的意义产生怀疑，其积极性就会下降，甚至丧失。所以说，赏罚是居上位者驾驭下属的手段，是一切用人的原则。只有赏罚分明，罚不避亲，刑不畏权，才能令行禁止，让众人信服。

罚，让人畏惧，是一种很有效的管理手段。但是罚属于消极手段，不如赏更能激励人心。你如果想让一头驴死心踏地地为你拉磨，你总是用鞭子抽打是不行的，早晚有一天，驴子会被折磨垮，或者会奋起反抗，挣脱你的束缚，最好的办法是在驴子眼前挂一把肥美的青草，用美味来引诱它不断前进。俗话说："天下熙熙，皆为利来；天下攘攘，皆为利往。"利诱是一种极为有效的差人做事的方法。

利益是收获人心，让他人尽心尽力的最好的青草。除此之外，人们更需要精神上的鼓励，而且随着物质生产水平的不断提高，人们对精神享受的要求越来越高。人需要在精神上获得享受，需要得到他人的认可和尊重。为了这种精神享受，有人甘愿付出生命。大凡成功人士都善于利用人们的这种需求，从而促进自己的事业走向成功。

有赏有罚，公正廉明，是每一个居上位者必备的素质，这种素质不仅彰显居上位者的气度与胸襟，更凸显他的恩德与威严，恩威并施，才能无所不包，无往而不胜。因此，鬼谷子才会说："诚畅于天下神明，而况奸者干君。"这是每一个居上位者"赏贵信，刑贵正"的关键意义所在。

【阅读延伸】

南宋时期，南宁有一个书生名叫洪迈。此人虽是一介书生，但治乱管理却很有一套，他曾平息过一次士兵的骚乱。

事情是这样的：洪迈出任婺州知州后，他发现当地官军纪律松懈，动不动就聚众闹事，地方官员根本无力制止。洪迈决定把上任后的三把火由此燃起。

有一次分发军服，兵士都不想要，而是让折成现钱发下来，兵士没有军服成何体统，管事的官员当然不会答应众人的要求，于是这些兵士便开始闹起事来，他们聚集在一起冲进守军将领的府衙，大喊大叫，吵吵嚷嚷，逼迫着将领答应他们的要求。将领一下子被唬住了，急忙通知官员按士兵的要求去办。洪迈得知情况后，便决心追究闹事者的责任，以整治一下军风军纪。

可是这帮士兵一向骄纵惯了，哪里会受洪迈的气？一群人决定反击，在城门之上贴出侮辱知州的榜文。洪迈一怒，就抓了闹事的几十人。兵士不服，又闹，他们拦住洪迈的轿子，逼洪迈放人。洪迈镇定自若，丝毫不退让，严厉地训斥士兵："这些人都犯了罪，请问你们与他们是什么关系？"闹事者一听，害怕把自己也抓起来，便一哄而散了。洪迈于是马上审讯闹事者。经过审讯，洪迈将带头的两人押到闹市中心，砍头示众，其余之人有的被罚以黥面，有的被罚以挨板子，总之闹事者全都受到了惩罚。众兵士见此景况，再也不敢闹事了。

宋孝宗听说这件事后，对宰相说："都说书生怯懦，不能临事达权，洪迈的作为充分证明那种说法是不正确的。"洪迈因此被提升为敷文阁待制。

洪迈深谙鬼谷子之"用赏贵信，用刑贵正"的理念，很好地掌握了赏赐和刑罚的度，并在执行刑法时以连带关系对闹事者提出警告，以杀鸡儆猴的形式很好地制止了骚乱，一介书生能平息兵乱，临事达权，不失为智者所为。

不耻下问，荧惑不存

一曰天之，二曰地之，三曰人之。①四方上下，左右前后，荧惑②之处安在。右主问③。

【注释】

①天、地、人：即天时、地利、人和。②荧惑：指受到迷惑、蒙蔽。③右主问：上面所说的是针对君主如何发问得到实情。

【译文】

身为君主，要善于询问天时、地利、人和。天地上下、东南西北，左右前后都问遍了，哪里还有什么被蒙蔽和迷惑的地方呢？以上说的是君主要善问。

【智慧全解】

鬼谷子提倡："一曰天之，二曰地之，三曰人之。四方上下，左右前后，荧惑之处安在。"意思是说把天时、地利、人和，上下左右前后都问遍，就不会有被蒙蔽和迷惑的地方了。这样的人才能成就大业。

问是学习的一个方法，善问，才能学到更多的知识，才能与时俱进，不被时代淘汰。世间万物都是发展变化着的，知识也是不断更新着的，即使你是业界出类拔萃的人物，如果不坚持学习，过不了多久就会落后于人。尤其是在这个知识大爆炸的现代社会中，分工越来越细，你是此行的精英，却可能是彼行的门外汉，这是再正常不过的事情，所以我们要坚持学习，努力探索。而学习的一个重要方式就是要善问，向强于自己的人问，甚至向不如自己的人问，这就是孔子所说的"不耻下问"。

任何时候，都不要把向不如自己的人请教当成可耻的事情，当我们做到不耻下问时，就意味着我们在努力探究不懂的问题，积极寻求答案，也意味着我们离成功不远了。

生活中，有不少人遇到不懂的问题，明明知道身边有熟悉此方面知识的人，却因为对方职位低于自己而拉不下面子，放不下架子，宁肯自己慢慢摸索，也不愿开口向他人请教。这样做不仅会阻碍自己的进步，也会影响自己的形象，进而影响团队目标的达成。

不肯向他人请教问题，往往给人一种傲慢的印象，不利于人际关系的和谐。相反，一个职位高的人，时常向身边的人请教，不管对方是谁，职位高低，不但不会影响他的形象，反而会使他的形象更加高大。

问是更好地、更便捷地掌握知识的一种渠道，善问，不仅可以促使我们掌握新知识，更是产生新知识的法门。学习贵在质疑，学会质疑，学会发问，才是真正地学习，勇敢地向不同的人发问，将天南地北、天上地下、天时地利都问到，才能成为生活的智者。

【阅读延伸】

我国著名的大思想家、大教育家、儒家学派的创始人孔子自小就聪明好学，而且十分谦虚，他的一生流传有很多勤学好问的故事。

孔子三岁那年，父亲就去世了，留下他和母亲相依为命，日子过得甚为凄苦。尽管如此，孔母还是坚持供养孔子读书，有时候自己得了重病，也舍不得花钱去看，省下的钱都花在了孔子的学业上。

孔子从小就特别懂事，很有志气，勤奋好学，而且非常孝顺。他知道母亲一人供养他很是辛苦，为了减轻母亲的负担，他从很小的时候就开始参加劳动，种过田、起过车，给有钱人家放过羊，乡亲每有婚嫁丧

序言第十二：明察秋毫，从善如流

葬之事，他都去给人家当乐队的吹鼓手。孔子从不为自己家贫而羞耻。童年的苦难，造就了孔子志向高远、人格高尚的品质，这些品质使他成长为我国儒家学派的创始人和文人学子们的万世师表。

孔子学识渊博，这都有赖于他不仅喜欢向书本学习，还喜欢四海游历，向各行各业的人士以及大自然学习。这一爱好，孔子一辈子都没有改变过。

有一年，孔子带着众弟子游学归来，当途经一个小村庄时，看到路边一户农家的门上贴着一副对联特别有意思："家财万金不算富，膝下无子亦有福。"孔子读了几遍，越读越觉得有意思，便让弟子停车，走到了门边，细细观看。他沉吟半晌，转头看向众弟子，问："你们谁读明白了这副对联的意思？快说出来听听。"孔子扫视了弟子一圈，弟子们全都低下头，沉默不言。孔子于是说："既然我们都不明白，走，我们去这户人家里问问。"说着抬脚就要往农户家里走，这时一个弟子拦住劝说道："先生，还是不去了吧。您向一个无知的老农求教，只怕日后会遭人耻笑！"孔子没有理会那个弟子的阻拦，带头进了农家院。农户一家人迎了出来，热情地问："先生来我寒舍，不知有什么事儿需要帮忙吗？"孔子上前深鞠一躬，真诚地说："老人家，打扰了，我从你家门前经过，看到院门上的对联写得不错，可是读了几遍，却没有明白其中的意思，特来请教主人指点一二。"

老农一听才明白过来，哈哈一笑道："哦，这样啊，这个不难。您听好，我家世代种田，一直不富裕，可是我有十个女儿，老话说，一个女儿一千金，十个不就是万金吗？我没有儿子，这让那些有儿子的人看来，我可能是不幸的，可是我有十个女儿，可以给我招来十个女婿，常言说，一个女婿半个儿，您算算我有几个儿啊？他们全都争着孝敬我，比起那些有儿子娶了媳妇忘了娘的人来说，我是不是很幸福啊？所以我就写了这副对联。先生，您觉得我说得有没有道理？"孔子听了连连点头称赞。

从老农家里出来，孔子看了看脸上颇有些不自然的弟子们，严肃地对他们说："你们要知道，学问学问，要想学好，就要勤问，三人行必有我师，任何一个人都有值得我们学习的地方。你们要记住我常说的话：敏而好学，不耻下问。这才是做学问的道理。"

孔子不愧是做学问的大家，他从来不把向学问、地位等不如自己的人请教当成可耻的事情。我们要向他学习，勤奋地学，勇敢地问，只有这样才能更好地提升自己。

因湎赏罚，为上不劳

心为九窍之治，君为五官之长。①为善者，君与之赏；为非者，君与之罚。君因其所以求，因与之，则不劳。圣人用之，故能赏之。因之循理②，故能长久。右主因③。

【注释】

①九窍：耳、目、鼻各两窍，口、尿道、肛门各一窍，共九窍。这里泛指身体器官。治：统治，职掌。五官：《礼记·曲礼》曰："天子之五官，曰司徒、司马、司空、司士、司寇，典司五众。"这里泛指文武百官。②循理：遵循这样的道理。③右主因：上面讲的是君主如何为政、处理国事。

【译文】

心是身体各种器官的主宰，君主是文武百官的主宰。对于那些做了好事的臣属，君主就赏赐他们；对于那些做了坏事的臣属，君主就惩罚他们。君主顺应百官各自的欲望，施行赏罚，那么治国就不会劳神费力。圣人这样来运用赏罚，所以能让赏罚各得其所。君主如果能遵循这个道理来治理国家，那么国家就能长治久安。以上说的是君主因顺形势、遵循道理的重要性。

【智慧全解】

　　鬼谷子主张居上位者要因循赏罚的规律,"善者,君与之赏;为非者,君与之罚",这样治国处事就不会劳神费力,国家就能长治久安。

　　人都是有需求的,身为上位者,应该尽量去满足下属的正当合理的需求,以赢得人心,让下属们积极主动地为你做事。如果下属们的合理需求得不到满足,他们心里就会有怨气,这样一来,他们的工作积极性、主动性就会大大降低,甚至会甩手离去。若任这样的事情发生,岂不是组织的一大损失?因此,居上位者应该尽量去体察下情,了解下属们的不同需求,针对不同的情况,尽量去满足他们。予人一尺,他们必定会回敬你一丈。如果居上位者已经满足了下属们的正当合理需求,依然有人抱怨不止,或跳槽而去,那么,居上位者就能收获同情和理解,而抱怨之人就成为他人眼中的无情无义之小人。

　　人的需求有很多,即使同一个人在不同的时期也会有不同的需求,但人们最大的需求基本上有三样:金钱、尊严、立功机遇。这三种需求是每一个有上进心者都在孜孜追求的东西。居上位者要擦亮眼睛,仔细揣摩下属之所想,适时慷慨地满足各位下属的需求,就一定能赢得对方的支持和忠心。其他人见到如此的上司,一定也会争相归附,而那些已经归附的人更加自我鼓励,以争得令其他人羡慕不已的利益。一旦大家都收获到自己所想要的,那么居上位者就离成功不远了。

　　当然,人生在世,当柔则柔,当刚则刚,该赏则赏,该罚则罚,只赏不罚,只会让人心生傲慢之情,只罚不赏则会让人心生警惕,只有赏罚结合,威严相济,才能收到良好的效果。

【阅读延伸】

　　清代道光年间,浙江秀水县来了一个清正廉明的县官,名叫江忠源。此人不仅仁义公正,而且善于御人,治理有方。

　　当时江浙一带正暴发了水灾,一上任就碰到这种事,江忠源实在是

待言第十二：明察秋毫，从善如流

头疼不已，无奈只得把所有精力都投入到赈灾之事上。由于政府拨发的粮款有限，根本无法顾及所有灾民，一时间，灾民们苦不堪言，再加上一些商人趁机哄抬粮价，百姓们更是怨恨不已，民怨四起。灾民实在走投无路，就哄抢了几家米店和一些富户，社会秩序一片混乱。

这一下，江忠源这个父母官可忙坏了，既要制止商人的不法行为，又要安抚灾民，阻止他们再生乱事。好在江忠源智慧不浅，他先是用武力制止了哄抢事件，逮捕了一百多个带头之人，处死了一名重犯，来了一个杀一儆百。然后，他马上着手解决百姓们的生活问题，多方筹集赈灾粮款。他想到了当地的一些富商，想让他们出点钱，可是那些人谁会愿意出钱呢？江忠源开始了谋划……

他下令把全县的绅士富户召集到城隍庙内，然后声情并茂地对大家说："乡亲们，今年我县水灾严重，灾民多，可是赈款少，希望大家能够多捐钱粮，为百姓们出一份力。凡多捐者，官府颁给'乐善好施'的牌匾，而且还要披红挂彩，予以表彰。如果家里有钱粮，却不肯捐献、见死不救者，官府也要给他送一块匾，上面写着'为富不仁某某人'，悬挂在这家的大门上，并且不经官府批准，不能把牌匾摘下。另外，凡是得到'乐善好施'牌匾的人家，官府还发给他一张'禁抢告示'的挂幅，可以贴到这户人家的门口，如果谁再来他家哄抢，一律处死。"

听了江忠源的这一席话，绅士富户们都擦汗不已，他们压力大啊，为了不落下坏名声，而且更想得到官府的保护而避免灾民哄抢，他们纷纷表示愿意捐款捐粮。没过几天，江忠源就收到了十万余两银子的捐款。

有了钱粮，百姓们不再担心挨饿，民心也就安定了。

为了防止赈灾粮款被一些官员贪墨，江忠源亲自上阵督办，赈务完成得较为顺利。解决了百姓吃饭问题，就该解决那些被捕的哄抢犯了，对这些人，江忠源这样说道："这些抢劫犯，犯的是斩、绞、军、流的罪行，理当重罚，可是他们是因为饥饿才做出那样的事情的，实属情有可原，与正常时期的犯罪不可相提并论。以我看，就枷杖发落吧！"这些哄抢犯都得到了从轻处置。

秀水县父母官江忠源深谙赏罚之道，他对富户绅士所说的那一番话可谓是恩威并施、威逼利诱，有效地制止了混乱的局面，解决了赈灾之难题，树立了自己的威信。

人主贵周，不周生乱

人主不可不周，人主不周①，则群臣生乱。家于其无常也，②内外不通，安知所开。开闭不善，不见原也。③右主周。

【注释】

①周：周密，全面。②家：居。其：此指群臣。③开闭：即捭阖。善：得其法。原：本原。

【译文】

君主做事不可以不周密，要善于平衡各方的利益；如果君主做得不周密，那么大臣之间就容易发生动乱。大臣们处于无常状态，内外信息无法畅通，君主怎么能够知道问题出现在哪儿呢？如果君主不能成功解开与大臣之间的误会，并找到解决问题的方法，就无法知道问题产生的根源。以上说的是君主做事周密的重要性。

【智慧全解】

鬼谷子在此再次强调了做事务必周密的重要性。鬼谷子认为，你可以不强势，不威武，但必须周密，做起事情来要有计划，有条不紊，不急不躁，成竹有胸。如果做不到这些，你在社会上就很难成功。

周密包括几个方面：一，说话要周密。口无遮拦、喜吹牛皮、乱许诺言的人必然会麻烦不断，难堪无穷。一个周密的人绝对不会说一些没有任何意义的空话、虚话，周密的人一向严于律己，对自己所说的每一句话都慎之又慎，就算是只有自己一个人时，也会遵照慎独的观点，严格把控自己的情绪，不给自己留下一丁点的隐患。

二，交友要周密。我们都是生活在人群中的，任何人也不可能摆脱环境而独善其身，而环境对一个人的影响是极大的，"近朱者赤，近墨者黑"说的正是环境的影响作用。因此，我们交友一定要谨慎、周密，不可交上污友、损友，以防耳濡目染，受到坏的影响，影响了自己的前途。

三，做事要周密。纵观历史，因为行事不周密而功亏一篑的人不计其数。人生就如在大海中行船，必然会经历险滩、风浪、隐石暗礁，稍有不慎，就可能船毁人亡。因此，无论生活波折还是平淡，我们都要时刻提醒自己，行事周密，谨慎小心。

四，身在职场更要周密。职场如战场，复杂多变，理应本着一颗周密严谨之心以待之。这样才能在职场中走得顺畅一些。

总之，大到国家，小到个人，无不处于激烈的竞争之中，要想在其中立于不败之地，就必须暗中谋划，周密行事，否则，必然无端生出麻烦，正如鬼谷子说："人主贵周，不周则群臣生乱。"只有计划周密、做事谨慎，才能稳扎稳打，步步为营，顺利到达胜利的彼岸。

【阅读延伸】

西汉时期，汉武帝手下有一员大臣名叫霍光，他是霍去病的弟弟，颇受汉武帝宠爱。汉武帝驾崩时，就把年幼的汉昭帝嘱托给了霍光，让其行周公之权辅佐汉昭帝。

公元前74年，汉昭帝驾崩，可是昭帝没有生下儿子，霍光与众大臣商议后，就将汉武帝的孙子昌邑王刘贺扶立为天子。

刘贺无才无能，却贪图享乐，荒淫无度，上位时带着两百多人从封国昌邑到了京城长安，短短二十余天就做了一千多件荒唐事。霍光见此，

符言第十二：明察秋毫，从善如流

甚为忧虑，担心国家会败在刘贺手上，于是便产生了废掉刘贺的念头。可是他尽管行使着治国之权，却毕竟是位臣子，以臣废帝，可是大逆不道，无论出于何种目的，也会被称为乱臣贼子，肯定会给整个家族带来灭顶之灾。霍光为难了，然而，一想到汉武帝的厚恩，霍光又实在不忍眼睁睁地看着大汉王朝被刘贺败坏下去。怎么办呢？

两难之下，霍光找到大臣田延年商议，田延年听了霍光的担忧后，建议道："大将军是国家的柱石，如果觉得此人不堪担负国家社稷之重任，为什么不奏明太后，另立贤君呢？"

霍光问："如今我们所想之事，在古代可有同样的事情吗？"

田延年回答道："殷商相国伊尹为安社稷，放逐殷帝太甲，后世都称其为大忠。将军如今如果能行此事，那将军就是我大汉的伊尹。"

听到田延年这么一说，霍光的心坚定了，决心行废立之事。后来，他又找到了车骑将军张安世，取得了他的支持。

做好这一切后，霍光便在未央宫召集文武百官，等所有人都到齐后，霍光对大家说："昌邑王做事荒唐，导致朝野混乱，我担心他的所作所为会破坏社稷安宁，大家认为呢？"

大臣们一听，全都震惊得变了神色，谁也不敢多言一句。

这时，田延年走到前面，手按宝剑，环视大臣一圈后，说："先帝将幼主和天下托付给大将军，是因为大将军忠诚贤能，能安刘氏天下。现在昌邑王闹得百姓怨声四起，社稷不稳，再说了，大汉历代先帝都以孝为先，所以才得以长治久安，令宗庙能够安享祭祀。如今汉家绝嗣，就算是大将军以死谢罪，又有何面目去九泉之下见先帝呢？今天所议之事，不能有半点犹豫，有反应迟钝或不予以支持的，臣就拔剑杀了他！"

众大臣全都惊恐不已，马上叩头高呼："万民之命都系于大将军，臣等都听大将军的吩咐。"

就这样，霍光得到了所有大臣的鼎力支持，然后他便奏请太后，说刘贺无德，不堪担负国之重任，太后下诏废掉了刘贺。霍光将刘贺废黜后，迎立汉武帝卫皇后所生戾太子之孙刘病已为帝，是为汉宣帝。

在这段历史中，霍光的谋划可谓是周密而谨慎，他有废帝之心，却不想担负乱臣贼子之名，于是便一步一步地谋划，取得大臣的支持；他不方便恐吓群臣，就由他的支持者田延年来做这件事，令群臣都成为废黜刘贺的参与者，这样做就保证了霍光的安全，群臣也就不敢再给霍光扣乱臣贼子的帽子了。

谦恭为上，洞悉天下

一曰长目，二曰飞耳，三曰树明。①明知千里之外，隐微之中，是谓洞天下奸，莫不暗变更。②右主恭③。

【注释】

①长目：使眼睛能看到很远的事物，犹如千里眼。飞耳：使耳朵听得更远，犹如顺风耳。树明：建立搜集情报信息的联络点，让自己始终处于洞明的状态。②隐微：隐蔽微小的事情。洞：洞察，明察。暗变：暗中改变。③恭：肃静，这是对君主外在表情的要求。

【译文】

要使眼睛看得更远，耳朵听得更远，而且还要建立搜集信息情报的联络点，让自己始终处于洞明一切的状态之中。要清楚千里之外的情况，了解隐秘细微的事情，这就叫洞察一切，这样一来，天下任何奸邪之徒都会慢慢转化、改变。以上说的是君主在表情上要做到恭。

【智慧全解】

一个人要想洞悉一切世事，就要看得远，听得远，思虑周全，如果自己的眼睛不够亮，可以借助天下人的眼睛；如果自己的耳朵听不远，可以借助天下人的耳朵；如果自己的思虑不够周全，可以借助天下人的思维，这正是鬼谷子所说的"一曰长目，二曰飞耳，三曰树明"，建立搜集信息情报的联络点，这样自然能够洞悉一切，躲过无妄之灾。

俗话说：明枪易躲，暗箭难防。张扬的敌人好防备，倒是那些故作柔弱的奸邪之徒难以提防。

一只狐狸，饥饿难耐，在外寻觅了三天了，也没能找到一点儿吃的。正当狐狸饿得快走不动时，突然看到河边站着一只仙鹤，看上去刚沐浴完毕，正在等风吹干羽毛。

仙鹤也看到了狐狸，见它一副病怏怏的样子，便关切地问："狐狸先生，你看上去很虚弱啊，你身体还好吗？"

狐狸听到仙鹤的话，眼睛滴溜溜一转，计上心来，于是便打起精神，笑呵呵地回答："谢谢你的关心，我很好。"然后凑近一步，问仙鹤："仙鹤兄弟，我听说你是最聪明的动物，我有些问题想请教你一下。"

仙鹤高兴地说："你想问什么呀？"

"如果风从北边吹过来，你的头会朝哪个方向转啊？"

"当然是朝南转了。"

"如果风从东面吹过来，你的头朝哪个方向转啊？"

"朝西。"

"呵呵，仙鹤，看来众人所言不假啊，你果然很聪明！"

狐狸的这句话直夸得仙鹤晕了头，忍不住得意地昂起了头。狐狸趁此又上前一步，问："那如果风从四面八方吹过来呢？"

此时的仙鹤已经被狐狸吹捧得晕头转向了，它想也不想就得意地回答道："那我就把头埋进翅膀里啊。"说着，便做给狐狸看，把头埋进翅膀里去了。就在这时，狐狸上前一步扑了过去，一口咬住了仙鹤的脖子。

如果仙鹤真的很聪明的话，也就不会成为狐狸的腹中美味了。

一个人不聪明不可怕，但要懂得看清问题的本质，认清人的善恶。如果自己看不清楚，可以借助别人的眼看。而这一切最为关键的一点就是谦恭，只有持有谦恭的态度，才能搜集到众人的信息。很明显，这只仙鹤不懂得这个道理，所以便落入了狐狸之口。

箴言第十二：明察秋毫，从善如流

如果你想洞悉天下，就要谦恭地向别人打听，通过别人来搜集信息，一个人不行，就多找几个人做参谋，从多条信息中找出破绽，分析出谁忠谁奸，自然就能洞察事情的本质了。正如鬼谷子所说"明知千里之外，隐微之中，是谓洞天下奸，莫不暗变更"。这样一来，谁还能奈何得了你呢？

【阅读延伸】

春秋时期，鲁国大夫季武子没有嫡子，只得在庶子中选继承人，没嫡则应立长，本应立庶子中最年长的公弥，可是季武子却极为宠爱悼子，一心想立悼子为继承人。

有一天，季武子询问家臣申丰说："公弥和悼子我都很喜欢，但我想选择一个有才能的儿子为继承人。"申丰听后立马掉头回家了，然后就打算带着全家人出走。几天后，季武子又向申丰询问这个问题，申丰回答说："如果真的这样做的话，那我就得套上马车离开了。"这样一来，季武子就不再与他讨论继承人的问题了。

后来，季武子又拿着这个问题去询问臧孙纥，臧孙纥回答说："如果你宴请我喝酒，我就支持你立悼子为继承人。"季武子便招待大夫们喝酒，并把臧孙纥奉为上宾。

酒过三巡，臧孙纥命人朝北铺上两层席子，换上崭新的酒杯然后请出悼子。臧孙纥走下台阶迎接悼子，大夫们全都站起来。等到礼仪完毕，众人开始相互敬酒时，季武子才召见公弥，并让他与宾客们坐一起。给公弥这样的待遇，按当时的礼仪来讲，就是以士人的礼节对待他，这就很明确地告诉公弥，将来他不会继承季武子的爵位。这样做实在是太露骨了，季武子见了，觉得很意外，当时脸色都变了。

季武子欲盖弥彰地上前抚慰公弥，让他担任马正，可是公弥已经明白了季武子的用意，非常恼怒，不愿接受马正一职。闵子马见到公弥，劝说道："你这样做是不对的。是福是祸，全在于自己。做儿子就应该以孝为先，而不是只顾着地位。只要恭敬地对待父亲的命令，事情是不会固定不变的。如果你能够做到恭敬孝顺,将来你肯定能比悼子富很多。"

公弥闻之,觉得有理,就恭敬地早晚向季武子请安,谨慎地履行职务。季武子很是喜悦,让他招待自己喝酒,并且自己带着宴会用的器具,之后把这些器具全部送给了公弥。公弥变得越来越富有了,后来,公弥又出仕鲁君,做了鲁君的左宰。

以一己之力往往认识不到事情的本质及后果,只有以他人为耳目,多听他人的意见,才知道事情的真伪。公弥听从了闵子马的劝说,选择谦恭地对待父亲季武子,取得了季武子的信任与喜欢,虽然没当上继承人,却避免了灾祸,获得了财富。

名实相生，反相为情

循名而为，实安而完。①名实相生，反相为情。②故曰：名当则生于实，实生于理，理生于名实之德，德生于和，和生于当。③右主名。

【注释】

①循：顺，依照。名：名分。实安而完：按实际定名分。②相生：相互化生，相辅相成。反相为情：名分与实际相为本性。③当：适当，恰当。理：道理，此指对事物的正确认识。德：同"得"，相得，相当。和：吻合。

【译文】

依据客观事物的名分去考察事物的实际，按照客观事物的实际来确定事物的名分，使名分与实际相符合。名分和实际相互依存，互为表里，这本是事物的常情。所以说，适当的名分是由于其符合实际；事物的实际是由事物的理决定的，而理也是产生于名实的德，名实之德产生于名分与实际之间的相互符合，只有两者相互符合，取名才会恰当。以上说的是名实相符的重要性。

【智慧全解】

鬼谷子在此提出了"名实相生，反相为情"的理论，主张名分与实际相符合，才是事物的常理，如果名与实不相符就容易产生动乱。

名，名利、地位。人们都认为，名，可以提高自己的知名度，可以让人名垂青史，所以大多数人都在拼命地追名逐利，甚至不择手段。殊不知，追求名利，尤其是纯粹为了出名而不择手段做事，最后受到损害的必然是自己。过于在意自己名声的人，往往做事张扬。总是行走在名声的光环下，就容易产生虚荣之心。一旦张扬过度，就会招人嫉恨。世间不是有枪打出头鸟的说法吗？招摇必然会招惹是非。一个虚荣心过强的人，做事就会只关注面子工程，做起事来就会慢慢地偏离事情解决的正常轨道，最终导致自己功亏一篑。

由此可见，名利、地位并不像世人想象的那样总是给人带来好处，一不小心，就可能给我们带来灭顶之灾。聪明之人素来视名声为过眼云烟，总是以实干的精神努力让自己发展成实力派。只有具有实力才能让众人信服、敬佩。

生活中，越是有才智的人学习越深入，见闻越广博，往往越觉得学海无涯，而自己能力有限，为人处世也会越谦和。这种人从来不四处招摇、炫耀自己的学识渊博，从不四处博取好名声。只有那些学识浅薄之人才会到处招摇，夸夸其谈，唯恐他人不知道自己。殊不知，锋芒外露的人名声、地位越高，将来有可能摔得越惨。因为一个人再有才，再有名，也只是一个人，假如做事不得人心，必然会招致众人的鄙视与反对，众人的力量积少成多，最后肯定能拖垮你。

大家都熟知的《狐假虎威》的寓言充分说明，徒有虚名早晚有一天会被揭穿，到那时，带来的不仅仅是尴尬和难堪了，很可能带来更大的灾难。

只有名副其实，名实相符，才会给人带来永远的安全与荣耀。所以，在任何时候，我们切不可只夸大自己的名声，而忽略了自己的实力，只有不断增强自己的实力，抛开虚荣的束缚，才能生活得轻松、快乐。

【阅读延伸】

《三国演义》中，东汉末年，刘备三顾茅庐，才请得诸葛亮出山，

得言第十二：明察秋毫，从善如流

担任了自己的军师。当时诸葛亮还很年轻，一个毛头小伙子被刘备奉若上宾，动不动就夸赞说："得孔明，我如鱼得水。"刘备的众部将哪里能服气呢？刘备的拜把子兄弟关羽、张飞就是两个最不服气的人。

诸葛亮到刘备手下后，只是教练民兵，一身才华丝毫没能施展，三千兵马一直回旋于新野弹丸之地。

就这样过了一段时间，突然有探子来报，曹操派出大将夏侯惇、于禁率领十万大军直奔新野杀来。刘备顿时慌了神，马上召集众将商议应对之策。

关羽和张飞瞥了一眼诸葛亮，挖苦道："主公何不让孙明先生去抵抗呢，他那么有本事。"

诸葛亮当然很清楚此话中的意思，知道众人对自己很不服气，于是便向刘备要来尚方宝剑，开始分派任务："关羽领一千人在豫山埋伏，敌军来就放过，只等南面火起，就可驱兵出击，从后面烧毁他们的粮草。张飞带一千人去安林背后埋伏，看南面火起，便可出击。关平带五百人，预备引火之物，到博望坡后等候，到初更天敌人到来，便可放火。樊城赵云速回，让他作先锋，交战时只要败，不要胜。主公自带一支军队作赵云后援。你们各按计划行事，不得有误。"

所有任务都分派了出去，分任务者诸葛亮却没有半点任务，关羽心里很不舒服，便冷冷地问："我们都出城了，那军师做什么呢？"

诸葛亮丝毫不以为意，坦然地回答说："我坐守县城。"

张飞一听哈哈大笑，说："你说啥，让我们都去跟敌人拼杀，你却在县城里逍遥自在，那让我来陪着军师，可好？"

诸葛亮喝道："宝剑在此，违令者杀！"

尽管关、张二人尽管心中怒火直冒，但看一眼诸葛亮手中的尚方宝剑，也只得领命而去。其他将士内心也在打鼓，包括刘备，也是疑惑不安。诸葛亮安慰道："主公不要担心，今天便带兵到博望坡下屯驻。明日黄昏，敌军必到，主公便弃营撤退，见火起就回军掩杀。我在此准备庆功宴等你。"

这边夏侯惇、于禁率大军到达后,赵云领兵来战,夏侯惇与之交战几个回合,赵云且战且退。夏侯惇大笑道:"诸葛亮居然敢派出这等人马与我对阵,不等于是驱狗羊同虎豹决斗吗?亏得徐庶在丞相前夸口说诸葛孔明如何了得,我看他也是蠢物一个。"

部将韩浩说:"将军,赵云急于撤退,恐怕有埋伏。"

夏侯惇说:"敌军兵力如此微弱,就是十面埋伏,我怕什么!"

直追至博望坡,刘备领兵来战,几个回合后,同赵云一起撤退。夏侯惇对韩浩笑道:"哈哈,这就是所谓的伏兵吗?继续追击刘备,今晚不踏平新野,我誓不收兵。"

天色渐渐黑了下来,夜风也越来越大。夏侯惇发现两边都是芦苇的狭窄山路,正准备撤兵时,突然后面的粮草起了大火,两边芦苇也着了火,一时间,火借风势,风大火猛,迅速绵延一片。

夏侯惇、于禁和韩浩返回救粮草,却见刘备和赵云回军追杀而来,夏侯惇赶紧往博望坡回转,却被关羽的军队拦住厮杀,又有张飞伏兵。曹军顿时大乱,自相践踏,死者不计其数。

众将依计一直杀到天明,刘备才胜利收兵,直杀得曹军尸横遍野,血流成河。夏侯兰死于马下,韩浩夺路逃脱,夏侯惇收拾残部,狼狈返回许昌。

刘备大军得胜归来,诸葛亮摇着羽扇迎了上前,这一仗让关羽、张飞及诸将都见识了诸葛亮的本事,只见关、张二人一齐拜伏在诸葛亮面前,说:"以前是我们有眼不识泰山,今日一战方知军师不愧是英才啊,以后我等任由您差遣。"

在过去,刘备等人只是听说了诸葛亮的大名,却从未见识过他的实力,所以都对他有所怀疑,尤其是关羽、张飞二人看到刘备如此器重诸葛亮,心里更是不服。经过博望坡一战,诸将才真正认识到了诸葛亮的真本事。诸葛亮用自己的实力证明了自己并不是浪得虚名,彻底征服了关羽、张飞等人。自此,在众人心中,诸葛亮才真正成了名副其实的军师。

后 记

本书在出版的过程中，得到了李华伟、林中华、李华军、范高峰、林学华、张慧丹、林春姣、李雄杰、刘艳、李小美、林华亮、陈聪、曹阳、李伟、曹驰、庞欢、刘艳、张丽荣、李本国、林晓桂、李泽民、龚四国、周新发、林红姣、林望姣、李少雄、陈志、向丽、杨城、曹茜、杨卫国、孔志明、叶超华、金泽灿、罗斌、赵志远、汪建明、翟晓斐、林承谟、曹雪、林运兰、曹建强、陈娟、许伟、曹琨、曹霞、丁艳丽、金泽灿、林葳、梁晓丹、赵生香、丁彦彬、李雄杰、张培玉、邵鑫、朱成兰、王晓玉、常志强、李友仙、蒋永红、张宏洲、李华军、张红平、李丽芬、林丽娟、李伏安、丁一、刘屹松、林喆远、张恒、周宣、辛大念、孟凡君、陈艳、兰豪、陈胜、吴露、陈艳威、任勤超、张杨玲、陈怡祥、赵艳霞、王甫东、王智利等不少同仁的支持和帮助，在此特表示深切的谢意！